Liebe Leserin, lieber Leser

Wir alle teilen die Welt in eine helle und eine dunkle Seite. Wir haben ein natürliches Empfinden dafür, was gut und was böse ist. Aggressionen, Neid, Betrug, Egoismus sind bei uns negativ besetzt, Kooperation, Empathie und Altruismus dagegen bewerten wir als positiv.

Dennoch fesselt uns das Böse oft, hat es auf viele eine merkwürdige Anziehungskraft. Gefahr zieht uns an. Evolutionsbiologen wissen auch, warum: Denn das Gehirn wird durch jede Form der Bedrohung blitzartig aktiviert – Angst und Vorsicht waren schließlich die Lebensversicherung unserer Vorfahren.

Seit es Menschen gibt, müssen sie mit dem Risiko leben, dass ihnen von ihresgleichen Unheil droht. Deshalb, so vermuten Biologen, hat *Homo sapiens* ein angeborenes Warnsystem entwickelt: den Sinn für das Böse. Wenn Babys etwa den achten Monat erreichen, schrecken sie – überall auf der Welt, in allen Kulturen – plötzlich vor fremden Personen zurück. Viele Evolutionsforscher sehen in diesem „Fremdeln" ein Indiz dafür, dass sich der Blick für

Kernteam der Produktion (v. l.): Dr. Götz Froeschke (Verifikation), Sebastian Witte (Konzept), Carla Rosorius (Bildredaktion), Rainer Harf (Stellv. Chefredakteur), Uwe Fischer (Layout)

das „Böse" in unserer Entwicklungsgeschichte zu einem angeborenen, genetisch fixierten Sinn herausgebildet hat.

Die meisten Menschen wollen zu den Guten gehören. Und doch trägt jeder von uns von Natur aus beides in sich, können wir Mitleid empfinden und Trost spenden, aber auch neidisch sein, aggressiv und manchmal egoistisch.

Die dunkle Seite unserer Seele bestimmt also in Teilen unser Leben, ob wir es wollen oder nicht, und wohl kaum eine menschliche Eigenschaft hat so viele Facetten. Sie zeigt sich in Hass und Verachtung, in Machtstreben und

Unterdrückung, in Vergewaltigung und Mord. Sie offenbart sich in der Wut des Streitenden, in der Rache des Eifersüchtigen, in der Gefühlskälte des Narzissten. Wir erkennen sie in Diktaturen, fanatischen Ideologien und den Gräueln des Krieges – und in unseren geheimsten Fantasien.

Denn obwohl wir das Böse fürchten, es meiden und tabuisieren, betrachten wir es auch voller Faszination. Wir genießen die Angstlust, den Nervenkitzel: etwa wenn wir einen Thriller lesen oder einen Horrorfilm anschauen.

Oder wenn wir uns mit Verbrechen beschäftigen. In diesem Heft berichten wir daher nicht nur über den neuesten Stand bei der Erforschung der destruktiven Kräfte in uns, wir porträtieren nicht nur Menschen, die täglich mit dem Bösen in Kontakt kommen – sondern wir erzählen auch ausführlich von drei Männern, die ungeheuerliche Taten begangen haben und die zeigen, welche Abgründe sich zuweilen in der menschlichen Seele verbergen.

Das neue GEO WISSEN und zwei aktuelle Sonderhefte zum Thema Gesundheit und Ernährung

Doch am Ende berichten wir auch von der Macht der Moral. Von der Kraft der guten Tat. Davon, wie sich viele von uns in den Dienst einer guten Sache stellen. Und einem inneren Kompass folgen, der sie dazu bringt, ihren altruistischen Impulsen eher als den egoistischen zu folgen. Denn der Mensch ist letztlich – und das macht womöglich sogar seinen Erfolg aus – eine Spezies im Zwiespalt: gefangen in einem fortwährenden Konflikt zwischen seiner guten und seiner bösen Seite.

Herzlich Ihr

3

080 DER FOLTERER

Ein Mann entführt über Jahre Frauen und quält sie auf sadistische Weise. Was treibt ihn an?

054 DIE MACHT DER KRÄNKUNG

Demütigungen sind der Auslöser vieler Verbrechen. Wie erklärt sich ihre enorme zerstörerische Energie?

144 MORAL

Hilfe ohne Gegenleistung: Woher stammt unsere Vorstellung von Richtig und Falsch, Gut und Böse?

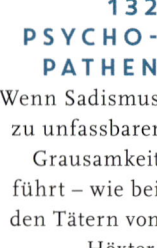

132 PSYCHO-PATHEN

Wenn Sadismus zu unfassbarer Grausamkeit führt – wie bei den Tätern von Höxter.

030 REIZ DES BÖSEN

Weshalb zieht uns das Grauen so sehr an? Von der Faszination der Angstlust.

INHALT

NR 49

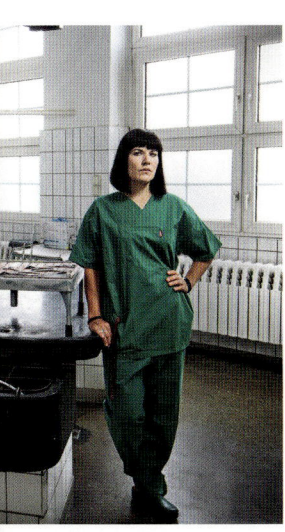

Alle Fakten und Daten in diesem Heft sind vom GEOkompakt-Verifikationsteam auf Präzision, Relevanz und Richtigkeit überprüft worden. Kürzungen in Zitaten werden nicht kenntlich gemacht. Redaktionsschluss dieser Ausgabe: 4. November 2016. Weitere Informationen zum Thema und Kontakt zur Redaktion: www.geokompakt.de
Titelbild: Paul Mayall

EXZESS DER GEWALT

Am 20. April 1999 ermordeten die beiden Schüler Eric Harris (18, im Bild links) und Dylan Klebold (17) zwölf Jungen und Mädchen sowie einen Lehrer der Columbine Highschool. Anschließend töteten sie sich selbst. Bis heute sind die Motive für die unfassbar grausame Tat nicht klar, wahrscheinlich waren Rachegefühle nach jahrelangem Mobbing einer der Auslöser

Die FINSTERE SEITE des Menschen

Wir haben eine widersprüchliche Beziehung zum Bösen, fühlen uns gleichermaßen vom ihm abgestoßen wie angezogen, sind schockiert wie fasziniert, verachten es und interessieren uns doch dafür. Nicht zuletzt rührt der paradoxe Reiz daher, dass sämtliche Erscheinungsformen des Bösen – ob Gier oder Aggression, Wut, Hass oder Mord – einen Blick gewähren auf die Schattenseite dessen, was den Menschen ausmacht. Und damit letztlich auch auf verborgene Teile unserer eigenen Psyche

8

DIE MACHT DES PROFITS
In der New Yorker Wall Street hat der Fotograf Antonin Kratochvil die überreizte Stimmung der Börsenhändler festgehalten. Das ungebremste Gewinnstreben an diesem Ort – das zeigt die Geschichte – vermag die gesamte Weltwirtschaft in Krisen zu stürzen

FETISCH GELD
Wer mehr hat, gilt mehr: Nicht zuletzt aus diesem Grund setzen viele Menschen alles daran, die eigenen Profite zu maximieren

DIE ZIRKEL DER MACHT
Das Gefühl, zu einer eingeschworenen Elite zu gehören, befeuert verantwortungslose Gewinnsucht

MITHALTEN UM JEDEN PREIS
Wer im Job Erfolg hat, weckt Begehrlichkeiten bei Kollegen. Doch ein Auto kann noch so teuer, ein Haus noch so luxuriös sein – es gibt immer einen, der mehr hat, den man beneidet. Denn dieses Gefühl wurzelt tief in der menschlichen Psyche

RISKANTE WETTEN
Trader nutzen jede Möglichkeit, jede Nische, um Profit zu generieren – und sei es mit waghalsigen Spekulationen

---

GIER

Mehr ist nicht genug

Nirgendwo offenbaren sich die Schattenseiten der Marktwirtschaft deutlicher als im Finanzkapitalismus: Befeuert von Konkurrenz, Neid und Gewinnmaximierung gieren viele nach immer mehr Geld, mehr Einfluss, mehr Status. Oft erfasst dieser Antrieb besonders jene Menschen, deren übersteigertes Verlangen nach Bestätigung sie skrupellos gegenüber anderen werden lässt: Narzissten. Doch so knallhart, dominant und rücksichtslos sie auftreten – im Kern verbirgt sich bei den meisten von ihnen ein schwaches Ich, das unablässig nach Anerkennung und Lob giert.

STATUS IST ALLES
Beim Kauf von Luxusgütern erleben manche erfolgreichen Geschäftsleute ein geradezu ekstatisches Hochgefühl

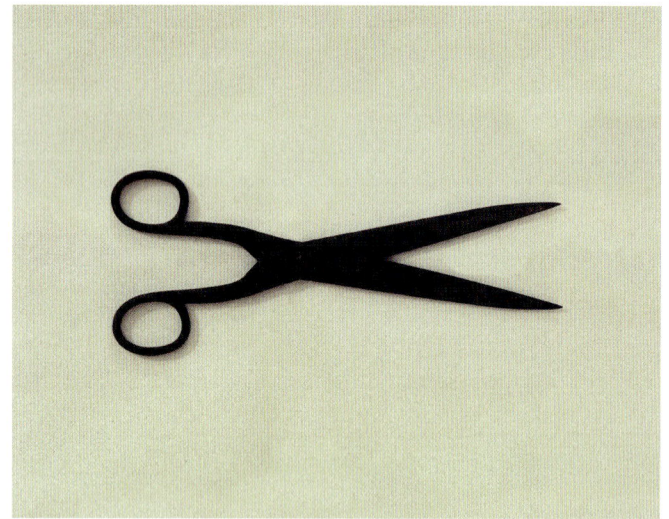

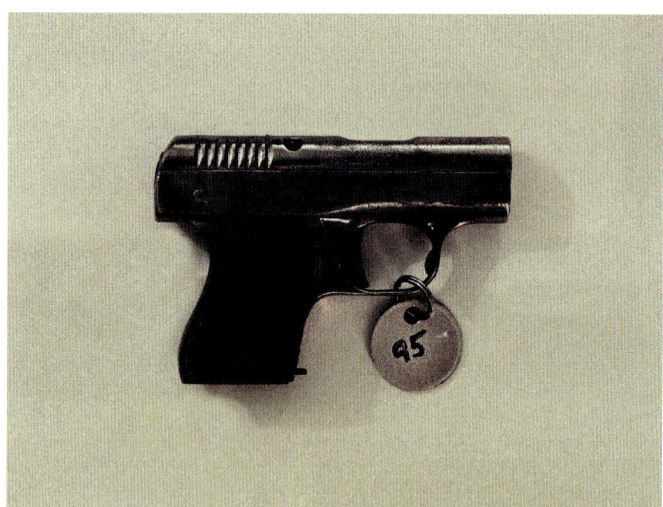

10

DEN TOD GEBRACHT

Für sein Fotoprojekt »Murder Weapons« hat der Fotograf Simon Menner etliche
Asservate aus der Sammlung der Berliner Polizei abgelichtet

Die tödliche Gewalt

Eigentlich hindert uns Menschen der Moralinstinkt — eine natürliche, tief im Gehirn verankerte Instanz —, anderen körperlichen Schaden zuzufügen. Und doch gibt es zahlreiche Gründe und Motive, durch die diese innere Hemmung ausgehebelt werden kann. Brennende Eifersucht, das Gefühl tiefer Kränkung, Rachsucht oder Habgier sind imstande, die Moral gleichsam zu verdrehen, warmes Mitgefühl ins Gegenteil zu verkehren.

TATWERKZEUGE
Briefbeschwerer, Schere, Stromkabel: Auch Alltagsgegenstände sind zuweilen Mordwaffen

11

VON KLEIN AUF VERBLENDET
Mit seiner Serie »For God, Race and Country« spürt der US-Fotograf Christopher Capozziello dem Rassismus einiger Anhänger des Ku-Klux-Klan im Süden Mississippis nach – und hält fest, wie die nächste Generation heranwächst

BIZARRE RITUALE
Die Flammen stehen für das Licht Christi, das, so glauben die Klan-Mitglieder, nur ihnen gegeben sei – nicht aber der gottlosen Welt um sie herum

12

KRUDE SYMBOLIK
Die Kapuzengewänder sollen die
angebliche Reinheit der weißen Rasse
widerspiegeln

IM ZEICHEN DES HASSES
Mit der Flagge der Konföderierten
im Amerikanischen Bürgerkrieg
erinnern die Klan-Angehörigen an
das Zeitalter der Sklaverei

VERACHTUNG

Vom Wahn
der Ausgrenzung

Es ist ein Erbe der Evolution, dass sich Menschen einer Gruppe zugehörig fühlen, sich mit ihr identifizieren und das Bedürfnis verspüren, sich gegen andere Gemeinschaften abzugrenzen. Doch diese Neigung kann sich zu einem geradezu wahnhaften Fanatismus auswachsen: so wie beim amerikanischen Ku-Klux-Klan, dessen Wurzeln in die 1860er Jahre zurückreichen. Seine Mitglieder fühlen sich als Angehörige einer überlegenen Rasse — und dazu berufen, Afroamerikaner, Juden, Homosexuelle mit allen Mitteln gewaltsam zu unterdrücken, einzuschüchtern, anzugreifen. Und zuweilen sogar zu ermorden.

14

IM RAUSCH DER AGGRESSION
Rechtsradikale in Rom zeigen den Faschistengruß.
Gleichgesinnte können den eigenen Hass verstärken

HASS

Das zerstörerische Gift

Kaum eine menschliche Regung wirkt derart destruktiv wie der Hass. Psychologisch betrachtet, wurzelt das Gefühl oft in einer schmerzlichen Ohnmacht: der Überzeugung, anderen ausgeliefert zu sein, übervorteilt zu werden. So richtet es sich etwa häufig gegen Fremde, die vermeintlich die eigene Lebensgrundlage bedrohen. Einmal entfesselt, lähmt die dunkle Leidenschaft den Verstand und lässt das Gegenüber in einem bösartigen, entmenschlichten Licht erscheinen. Wird der Hass ins Unermessliche genährt, dann sehen Betroffene irgendwann nur noch einen Ausweg: die gewaltsame Vernichtung des Feindes.

VEREINT IM ZORN
Empörung über die Macht der
Finanzwelt führte 2011 zur Gründung
der »Occupy Wall Street«-Bewegung

WUT

Der Aufruhr im Innersten

Das Gefühl überkommt uns oft ohne Warnung, setzt Aggressionen frei, lässt manchen die Selbstbeherrschung verlieren. Zorn kann zerstörerisch wirken, zu Gewalt und Misshandlung führen – und gilt vielen daher als schädliche Emotion. Doch Psychologen raten davon ab, die eigene Rage unterdrücken zu wollen. Wer seine Wut kontrolliert auslebt, kann sogar von ihr profitieren: weil sie ihm zeigt, was ihm wirklich am Herzen liegt und ihn bestärkt, für seine Ziele einzutreten. So wie es die hier gezeigten Demonstranten taten, die der Fotograf Peter Yang bei Protesten nahe der Wall Street in New York porträtiert hat.

BEREIT ZUM WIDERSTAND
Ärger kann Menschen hinter
gemeinsamen Zielen versammeln – und
ihre Durchsetzungskraft stärken

KEINEN SCHRITT WEITER
Aufgebrachter Protest setzt ein Warnsignal – und vermittelt dem Gegenüber
klare Grenzen für sein Handeln

**GERÜSTET
ZUM KAMPF**
Wut versetzt
den Körper in
Alarmstimmung:
Der Puls steigt,
der Geist wird **17**
wach

**GESUNDE
ERREGUNG**
Wer Zorn zu
lange unterdrückt,
glauben Psycho-
logen, kann krank
oder depressiv
werden

DEMÜTIGUNG

Unterdrückung mit System

Erniedrigung ist seit jeher ein Instrument der Herrschaft. Denn wer Einzelne gezielt demütigt, schürt Angst bei vielen anderen und erlangt so die Kontrolle über eine große Zahl von Menschen. Ein Prinzip, auf dem auch das Spitzelsystem der DDR fußte: Wer selbst nicht im Stasi-Gefängnis enden wollte, war oft gezwungen, Nachbarn, Freunde, ja sogar Partner zu verraten. Allerdings handelte längst nicht jeder aus existenzieller Not heraus. Manche genossen auch die Macht, durch Denunziation das Leben eines anderen zu zerstören. In Porträts, teils an realen Schauplätzen aufgenommen, hält die Fotografin Martina Cirese die Erinnerungen der Opfer des Regimes an die Unterdrückung fest.

IM SCHEINPROZESS VERURTEILT
Gilbert Furian wurde 1985 in der DDR verhaftet, weil er über Punks schreiben wollte. Die Gerichtsverhandlung war eine Farce. Der Autor kam für mehr als zwei Jahre ins Stasi-Gefängnis Berlin-Hohenschönhausen

18

DIE DIKTATUR DES VOLKES
Von 1971 bis 1989 war Erich Honecker als Staatschef der DDR für ein System der Bespitzelung und Denunziation verantwortlich, in dem Tausende weggesperrt wurden

IN DER FREMDE GEFANGEN

Der Göttinger Wolfgang Warnke saß rund anderthalb Jahre im Gefängnis ein, weil er versucht hatte, zwei DDR-Bürgern bei der Flucht über Osteuropa zu helfen

AUS DER FAMILIE GERISSEN

Edda Schönherz musste nach regime-kritischen Äuße-rungen drei Jahre mit 28 Frauen in einer winzigen Zelle verbringen. Ihre Kinder durfte sie nicht sehen

UNGEBROCHEN

Wegen versuchter Fluchthilfe wurde die Westdeutsche Siggi Grünewald einge-sperrt. Sie ließ sich nicht einschüchtern, und die Bundes-republik kaufte sie schließlich frei

IM SCHLAF TERRORISIERT

Nachts hämmerten im Gefängnis alle 15 Minuten Wärter gegen die Tür. Der aus Kuba stammende Übersetzer Jorge Luis García Vázquez war inhaftiert, weil er sich geweigert hatte, als Spion zu arbeiten

JAKOB ROTENBACH
Überlebender der
Konzentrationslager
Auschwitz-Birkenau und
Mauthausen-Gusen

MARIA BRZECKA-KOSK
Überlebende der Konzen-
trationslager Ravensbrück
und Buchenwald

20

FELIX GUTMACHER
Überlebender der Konzen-
trationslager Auschwitz und
Buchenwald

DANUTA BOGDANIUK
Überlebende der Konzen-
trationslager Auschwitz-
Birkenau und Ravensbrück

SABINA NAWARA
Überlebende der Konzentrationslager Auschwitz, Ravensbrück und Buchenwald

GENOZID

Im Wahn der Vernichtung

Die wohl schrecklichsten Untaten begehen Menschen, wenn Ideologien ihnen das Gefühl geben, sie könnten das Böse rechtfertigen. Fanatisierte Täter empfinden es geradezu als Pflicht, eingebildete Feinde zu verfolgen und zu beseitigen. Das grauenhafteste Beispiel für die Gewalt, die solche Denkmuster entfesseln können, ist die Tötungsmaschinerie des NS-Staats: Nach Schätzungen ermordeten die Nationalsozialisten zwischen 1933 und 1945 mindestens 13 Millionen Menschen, viele davon in Konzentrationslagern. Für das Projekt »The Irreversible« hat der Pole Maciek Nabrdalik 45 Frauen und Männer fotografiert, die ihre Lagerhaft unter dem NS-Regime überlebt haben.

Normalerweise zügelt
das Stirnhirn, quasi die
Stimme der Vernunft,
aggressive Impulse aus anderen
Hirnbereichen. Bei vielen
Gewaltverbrechern ist dieser
Mechanismus aber gestört

22

Die 39 Männer und zwei Frauen, die an diesem Tag im Jahr 1995 an den Füßen gefesselt in die Abteilung für Gehirnforschung an der University of California geführt werden, sind allesamt Schwerverbrecher, die getötet haben. Nun sollen sie an einem Experiment teilnehmen, das eine neue Ära in der Erforschung der Ursachen von Gewaltverbrechen begründet.

Denn erstmals werden Wissenschaftler tief in die Schädel von Mördern blicken – von Menschen also, die mehr als alle anderen für das Dunkle, Destruktive, Unberechenbare im *Homo sapiens* stehen.

IM Kopf DER TÄTER

Seit vielen Jahren untersuchen Forscher, weshalb manche Menschen ausgesprochen gewalttätig sind. Inzwischen wissen sie: Es gibt **anatomische Auffälligkeiten** im Gehirn, die offenbar dazu führen können, dass die Impulskontrolle der Betroffenen in kritischen Situationen versagt

TEXT: HENNING ENGELN UND

SEBASTIAN WITTE

ILLUSTRATIONEN: SIMÓN PRADES

Lässt sich das Böse in den Windungen ihrer Hirne aufspüren? Funktioniert das Denkorgan von Gewaltverbrechern anders als das friedfertiger Menschen? Kann man das Abgründige, Niederträchtige besser verstehen, wenn man seine neuronalen Grundlagen durchschaut?

Um diesen Fragen auf den Grund zu gehen, untersucht der Neurokriminologe Adrian Raine die Probanden mit einem Positronen-Emissions-Tomographen. Dieses Gerät registriert die Signale von schwach strahlenden Substanzen; daher hat der Forscher den 41 Mördern – und

einer gleich großen Gruppe von Kontrollpersonen – vor Versuchsbeginn eine für sie unbedenkliche Menge leicht radioaktiven Traubenzuckers gespritzt. Anhand der davon ausgehenden Strahlung kann der PET-Scanner präzise messen, in welchen Hirnregionen sich der Zucker konzentriert – ein Zeichen dafür, wie viel Energie die dortigen Nervenzellen verbrauchen, wie aktiv sie also jeweils sind.

Damit die Gehirne der Teilnehmer dauerhaft beschäftigt sind und die Forscher so eine Vielzahl von Signalen aufzeichnen können, bitten sie die Probanden, eine einfache Aufgabe zu lösen. Eine gute halbe Stunde lang sollen sie immer dann eine Taste drücken, wenn auf einem Bildschirm vor ihnen eine Null erscheint.

Adrian Raine will mit diesem Test vor allem herausfinden, ob der präfrontale Kortex im Kopf der Verbrecher Eigenheiten offenbart. Denn dieser hochentwickelte vordere Bereich der Großhirnrinde ist für komplexe Fähigkeiten und vernunftbasierte Entscheidungen wichtig. Selbstbeherrschung, Selbstreflexion, moralische Bewertungen und Taktgefühl haben dort ihren Sitz. Zudem ist der präfrontale Kortex als Kontrollinstanz dafür zuständig, andere Hirnstrukturen, die uns zu impulsivem Handeln veranlassen, gleichsam im Zaum zu halten.

Raine fragt sich: Kann es sein, dass diese Region bei Gewaltverbrechern unterentwickelt ist? Dass sie weniger aktiv ist als bei Normalmenschen? Dass Mörder und Totschläger sich aufgrund der neurologischen Strukturen in ihrem Hirn nicht so kontrollieren können wie andere?

Tatsächlich belegen die Ergebnisse des Experiments, dass der präfrontale Kortex bei der Mehrzahl der Mörder auffallend wenig Aktivität zeigt. Blaue und grüne Areale auf den Scans signalisieren, dass in dieser Hirnregion kaum etwas geschieht. Bei den Kontrollpersonen dagegen leuchtet es in der gleichen Region intensiv rot und gelb. Ihre Hirnzellen in diesem Bereich sind äußerst regsam, sie lassen sich durch die einfache Aufmerksamkeitsübung problemlos aktivieren.

Zwar sind auch die untersuchten Straftäter durchaus in der Lage, die von Raine gestellte Aufgabe zu erledigen, doch die Ergebnisse des Versuchs zeigen klar: Sollen sich die Gewalttäter – wie im Test erforderlich – für längere Zeit konzentrieren, bleibt ihr Stirnhirn weitgehend reglos.

Diese mangelnde Aktivität im vorderen Bereich der Großhirnrinde, so sind sich die kalifornischen Forscher sicher, ist die entscheidende Ursache für die Gewalttätigkeit der kriminellen Probanden. Denn Menschen, deren Frontalhirn nur unzureichend funktioniert, deren Kontrollinstanz also weitgehend versagt – so die Schlussfolgerung –, lassen sich von Emotionen und niederen Instinkten recht leicht beherrschen. Und neigen demnach zu ungehemmter Aggression.

Die spektakulären Befunde sind der Auftakt für eine ganze Reihe weiterer Studien, die Raines Ergebnisse und seine Vermutung untermauern. So finden etwa US-Forscher heraus, dass Vietnamkriegsveteranen, die Schädigungen im präfrontalen Kortex erlitten haben, zu erhöhter Aggressivität neigen. Auch in Versuchen mit Patienten, deren Stirnhirn etwa durch eine Operation verletzt wurde, zeigt sich: Arbeitet diese Region fehlerhaft, verhalten sich Menschen zügellos und unangemessen impulsiv.

All diese Untersuchungen lassen den Schluss zu: Die Gehirne von Gewaltverbrechern funktionieren tatsächlich anders als die friedfertiger Menschen. Doch was ist die Ursache dafür? Gibt es geborene Mörder? Oder führen bestimmte Erlebnisse in der Kindheit dazu, dass sich das Gehirn ungünstig entwickelt, ja anatomisch so verändert, dass eine kriminelle Karriere quasi vorgezeichnet ist?

Je mehr sich Neurowissenschaftler, Psychiater, Psychologen und Biologen mit den Wurzeln von Gewalt beschäftigen, desto deutlicher wird, wie sehr genetische Anlagen und Umwelteinflüsse die neuronale Entwicklung prägen und das Risiko für kriminelles Verhalten erhöhen können. Und desto besser verstehen sie auch, weshalb es zwei Typen von Mördern gibt: solche, die zu explosiven, unkontrollierten Gewaltausbrüchen neigen. Und jene, die eiskalt und offenbar gefühllos über Wochen, Monate ihre Taten planen.

Dass Menschen überhaupt Gewalt anwenden, ist ein uraltes Erbe der Evolution. Im Gehirn von Säugetieren, so wissen die Biologen heute, existieren spezifische, auf

komplexe Weise miteinander agierende Areale für Emotionen wie Angst, Ärger oder Wut sowie für aggressives Verhalten.

Die Bereitschaft zur Gewalt gehört zum Überlebensrepertoire aller Tiere. Sie brauchen dieses Aggressionspotenzial, um Beute zu fangen, um sich gegen Angreifer zu verteidigen und sich gegen Konkurrenten durchzusetzen.

Die neuronalen Netze, die die Emotionen und das aggressive Verhalten in Gang setzen, liegen im Gehirn von Säugetieren wie etwa dem Menschen tief verborgen im limbischen System. Zu dieser

EINIGE Täter
KÖNNEN VERMUTLICH
GAR NICHT ANDERS, ALS
MANCHMAL blind
UND kopflos
ZUZUSCHLAGEN

Region gehören Hypothalamus, Amygdala und Hippocampus – drei Areale, die beim Ausüben von Gewalt entscheidend beteiligt sind:

• Der Hypothalamus ist für grundlegendes Verhalten wie etwa Nahrungsaufnahme, Sexualität zuständig, aber eben auch für Angriff und Verteidigung.

• Die Amygdala bewertet Emotionen, reagiert besonders auf bedrohliche Situationen und sorgt dann zum Beispiel durch Angst- oder Wutgefühle dafür, dass ein Lebewesen die Flucht ergreift oder selber zum Angriff übergeht.

• Der Hippocampus schließlich ist ein wichtiger Organisator des Gedächtnisses. Indem er etwa bestimmte Erinnerungen wachruft, trägt er dazu bei, zu entscheiden, wann es sinnvoll ist, Gewalt einzusetzen, und wann dies eher unangenehme Folgen hat.

Diese Strukturen des limbischen Systems haben einen mächtigen intellektuellen Gegenspieler: den präfrontalen Kortex – jenen Hirnteil, der dank direkter Verbindungen zum limbischen System Emotionen und Aggressionen dämpfen sowie die Konsequenzen von Handlungen voraussehen und moralisch bewerten kann.

Doch diese Kontrollfunktion des Stirnhirns war bei etlichen der von Raine untersuchten Mörder offenbar gestört.

Einer von ihnen heißt Antonio Bustamante, ein aus Mexiko eingewanderter US-Amerikaner, der bereits eine zwei Jahrzehnte während Karriere als drogenabhängiger Kleinkrimineller hinter sich hatte, ehe er zum Mörder wurde.

Das geschah im September 1986: Damals brach er in ein Haus ein und entdeckte dort Reiseschecks, die er stehlen wollte. Doch in diesem Moment kehrte der 80-jährige Bewohner zurück. Statt die Flucht zu ergreifen, prügelte Bustamante den Greis in einem unbändigen Ausbruch von Wut und Gewalt zu Tode.

Es war eine von ungeheurer Erregung befeuerte Tat, die weder von Planung noch von Sinn zeugte: Bustamante ließ die Wohnung voller Blutspritzer und Fingerabdrücke zurück; er versuchte, die blutverschmierten Schecks einzulösen, und als ihn die Polizei verhaftete, trug er noch immer die Kleidung mit den Blutflecken seines Opfers.

Sein impulsives und unkontrolliertes Vorgehen war typisch für jene Mörder, bei denen Raine im PET-Scanner das Defizit im präfrontalen Kortex diagnostizierte.

Und es gab bei ihm Hinweise auf eine mögliche Ursache für die Fehlfunktion seines Gehirns. Denn als 20-Jähriger hatte er einen Schlag mit einer Brechstange auf den Schädel erhalten, woraufhin sich seine Persönlichkeit radikal veränderte. Aus dem wohlerzogenen Mann wurde ein aufbrausender Krimineller.

Eine derart unbeherrschte Form der Gewaltausübung wie bei Bustamante nennen Forscher „impulsiv-reaktive" Aggression. In einem solchen Fall reagieren Menschen auf eine vermeintliche oder tatsächliche Bedrohung mit einem impulsiven und für Außenstehende schwer verständlichen Wutausbruch, der sich in einen regelrechten Gewaltrausch steigern kann. Dabei ist es den Tätern völlig gleichgültig, ob ihre Opfer stark sind oder

Kaltblütige Täter wie etwa Serienmörder sind oft hochintelligent und in der Lage, ihre wahren Absichten geschickt zu maskieren

schwach, wehrhaft oder schutzlos: Sie können vermutlich meist gar nicht anders, als zuzuschlagen.

Denn in diesem Moment haben die emotionalen Zentren im Gehirn – allen voran die Amygdala – die vollständige Kontrolle übernommen. Das Stirnhirn scheint bei diesen Tätern also nicht in der Lage, die Gewaltausbrüche zu verhindern.

Hinzu kommt: Das limbische System dieser Verbrecher ist, wie Untersuchungen zeigen, in bestimmten Regionen offenbar deutlich aktiver als beim Durchschnitt der Bevölkerung. Gefühle wallen bei ihnen schneller und stets besonders heftig empor. Impulsiv-reaktive Täter sind beispielsweise Menschen, die ihre Partnerin im Streit umbringen, eine Frau aus Gelegenheit vergewaltigen oder jemanden, von dem sie sich gekränkt fühlen, in einer explosiven Entladung mit dem Messer niedermetzeln. Auf die kleinste vermeintliche Beleidigung, Ungerechtigkeit oder Bedrohung reagieren sie mit überschäumender Wut.

So lässt sich festhalten: Bei vielen unbeherrschten Gewaltverbrechern verstärken sich zwei neurologische Phänomene auf unheilvolle Weise. Einerseits ist ihr Stirnhirn unterentwickelt, vermag aggressive Impulse also nur begrenzt zurückzudrängen. Andererseits ist ihr limbisches System, der Hort ebenjener hitzigen Emotionen, besonders rege. Mit der Folge, dass diese Täter oftmals völlig enthemmt außer sich geraten.

Ganz anders gehen dagegen jene Mörder vor, die ihre Taten sorgfältig und meist lange im Voraus planen und dann äußerst zielstrebig ausführen.

Verbrecher solchen Schlages nennen Wissenschaftler „proaktiv-aggressiv". Oft sind diese Täter besonders geschickt darin, andere zu betrügen, zu manipulieren und zu täuschen. Sie kennen kaum Mitgefühl, keine Reue und haben offenbar keinerlei moralisches Empfinden. Psychologen und Psychiater attestieren Menschen mit solchen Wesenszügen zumeist eine „antisoziale Persönlichkeitsstörung".

In diese Kategorie fallen Menschen, die besonders grausame Verbrechen verüben, etwa Serienmörder, die nicht selten zudem sexuelle Sadisten sind. Diese Täter sind durchaus in der Lage, den Schmerz anderer Menschen – gleichsam abstrakt – zu registrieren. Sie empfinden die Pein eines Opfers aber nicht so, wie es bei gewöhnlichen Menschen der Fall ist.

Vielmehr deutet ihr Gehirn die Qual der anderen gewissermaßen ins Positive um, lässt sie höchste Lust und Erregung spüren. Nach gängiger Definition handelt es sich bei solchen Verbrechern oft um klinische Psychopathen (siehe Seite 132).

Ein drastisches Beispiel ist der amerikanische Frauenmörder Ted Bundy, der in den 1970er Jahren mindestens 30 Frauen und Mädchen ermordete, womöglich sogar 60 bis 100. Er sah gut aus, war intelligent, charmant, redegewandt und plante seine Taten mit höchster Umsicht.

So trug er mitunter einen Arm in der Schlinge, um eine Verletzung vorzutäuschen und bei den jungen Frauen, die er ansprach und um Hilfe bat, Mitleid zu erregen. Da er zudem über ausgesprochen gute Manieren verfügte und höflich war, gelang es ihm, seine Opfer in Sicherheit zu wiegen und an entlegene Orte zu locken – wo er sie grausam quälte, biss,

vergewaltigte, tötete und anschließend etliche von ihnen zerstückelte.

Selbst nachdem er gefasst worden war, versuchte sich Bundy als netter Kerl darzustellen. Es gelang ihm sogar, eine ehemalige Arbeitskollegin, die in ihn verliebt war, im Gefängnis zu heiraten. Und er schaffte es über mehrere Jahre, seine Hinrichtung aufzuschieben, indem er Stück für Stück immer neue Enthüllungen über weitere Opfer preisgab.

Noch am Abend vor seiner Exekution versuchte er Zeit zu gewinnen, indem er seine schrecklichen Neigungen gegenüber einem christlichen Psychologen als Folge von Pornografiekonsum darstellte –

BEI MANCHEN
Tätern IST EIN
BESTIMMTES Hirn-
areal DEFORMIERT.
DADURCH SPÜREN SIE
OFFENBAR WENIGER
Angst

in der Hoffnung, als geläuterter Täter im Kampf gegen die unsittliche Bilderflut nützlich zu sein. Vergebens: Am 24. Januar 1989 richteten Henker Bundy auf dem elektrischen Stuhl hin.

Dass proaktiv-aggressive Verbrecher wie Bundy die grausame Seite ihrer Persönlichkeit so lange und so geschickt verbergen können, liegt daran, dass ihr präfrontaler Kortex (anders als bei den impulsiv-reaktiven Tätern) weitgehend normal zu funktionieren scheint – ähnlich wie bei nicht gestörten Menschen.

Schon Adrian Raine hatte dieses Muster bei einigen Probanden festgestellt. Gleichzeitig, so vermuten manche Forscher, zeigt das limbische System, also der Hort archaischer Gefühle, bei jenen Tätern eine abweichende Aktivität: Be-

stimmte Areale, die die Grundlage für Angst, Schuldempfinden und Empathie bilden – etwa die Amygdala –, funktionieren offenbar nicht korrekt.

Das bedeutet: Aufwallende Gefühle haben zwar durchaus einen starken Einfluss auf Denken, Fühlen und Handeln dieser als äußerlich emotionslos und kaltblütig geltenden Personen. Doch die Kontrollinstanz Stirnhirn scheint in der Lage, die unheilvollen Impulse, die Aggression und die Gewaltfantasien zumindest eine Zeitlang gleichsam im Zaum zu halten.

So sind Killer wie Ted Bundy fähig, sich an ihren abnormen Bedürfnissen und Gelüsten zunächst im Stillen zu laben, ausgeklügelte Pläne auszuhecken und ihre Opfer schließlich wohlüberlegt in die Falle zu locken. Und erst dann, wenn sie sich unbeobachtet wähnen, lassen sie alle Hemmungen fallen.

Doch damit nicht genug: Wissenschaftler haben bei manchen proaktiv-aggressiven Tätern weitere Besonderheiten im Gehirn ausgemacht. So ist bei einigen Psychopathen der Hippocampus asymmetrisch, also in den beiden Gehirnhälften unterschiedlich groß. Die Folge: Diese Menschen verarbeiten möglicherweise emotionale Informationen nicht mehr richtig, verspüren generell weniger Angst und tun sich schwer damit, Konsequenzen aus negativen Erfahrungen zu ziehen – Fachleute sprechen von einer verminderten „Furchtkonditionierung".

Da nach Meinung einiger Forscher zudem ein weiteres Hirnareal (der posteriore cinguläre Kortex, der unter anderem emotionale Gedächtnisinhalte abruft) bei ihnen beeinträchtigt scheint, fällt es ihnen vermutlich schwer, abzuschätzen, wie sich ihr Handeln auf andere auswirkt.

Gefühlskalte Verbrecher, die ihre Taten lange im Voraus planen, weisen also ebenfalls deutliche neurologische Defekte auf: Zwar arbeitet ihr Stirnhirn vergleichsweise gewöhnlich, doch jene Zentren, die Emotionen bewerten und normalerweise echtes Mitgefühl ermöglichen, sind bei diesen Tätern gestört.

Aggressive Impulse können sie eine Zeitlang erfolgreich zurückdrängen – bis sie sich irgendwann in einem Gewaltrausch explosionsartig entladen.

Doch wie kommt es, dass das Gehirn schwerkrimineller Gewaltverbrecher – ob sie nun impulsiv-reaktiv sind oder proaktiv-aggressiv – in einigen Regionen oft anders ausgeprägt ist als bei normalen Menschen? Welche Rolle spielt das Erbgut, welche die Erziehung? Welchen Einfluss haben traumatische Erlebnisse oder Hirnschäden oder andere Einflüsse?

Schon vor Jahren fanden Forscher Hinweise darauf, dass bestimmte Gene bei impulsiv-reaktiven Tätern vermutlich eine gewichtige Rolle spielen: dass ihr Verhalten also zum Teil vererbt ist.

So untersuchten Humangenetiker eine niederländische Familie, in der viele männliche Mitglieder über Generationen hinweg bekannt waren für Gewaltbereitschaft und unbeherrschte Aggression. Der Arzt und Genetiker Han Brunner von der Universitätsklinik Nimwegen entdeckte: Sämtliche gewalttätigen Verwandten trugen eine besondere Variante des sogenannten MAOA-Gens in sich.

Dieses Gen steuert ein besonderes Enzym, das für den Abbau verschiedener Botenstoffe (Neurotransmitter) im Gehirn zuständig ist. Die Neurotransmitter sind im Gehirn unter anderem wichtig, wenn es darum geht, impulsive Handlungen zu kontrollieren. Bei den Betroffenen jedoch arbeitete das durch eine Mutation veränderte MAOA-Gen nicht richtig, sodass ein Enzymmangel eintrat und sich folglich der Spiegel einiger Botenstoffe drastisch erhöhte.

Auffallend viele der untersuchten Männer litten an der Aufmerksamkeitsdefizit-/Hyperaktivitäts-Störung, waren unbeherrscht und besonders risikofreudig oder neigten zum Alkoholismus. Studien in den Folgejahren ergaben, dass die Genveränderung jedoch nur dann aggressives Verhalten begünstigt, wenn die Betroffenen in der Kindheit durch Misshandlungen oder Vernachlässigung traumatisiert worden waren. Bei Weitem nicht jeder Träger des mutierten Gens ist also gewalttätig. Im Lauf der Jahre entdeckten Forscher weitere Genvarianten, die die Gewaltbereitschaft erhöhen können. Ihre Hauptwirkung auf das Gehirn besteht darin, dass sie den Spiegel des Serotonins niedrig halten, eines Botenstoffs, der beruhigend wirkt, Ängste reduziert und den

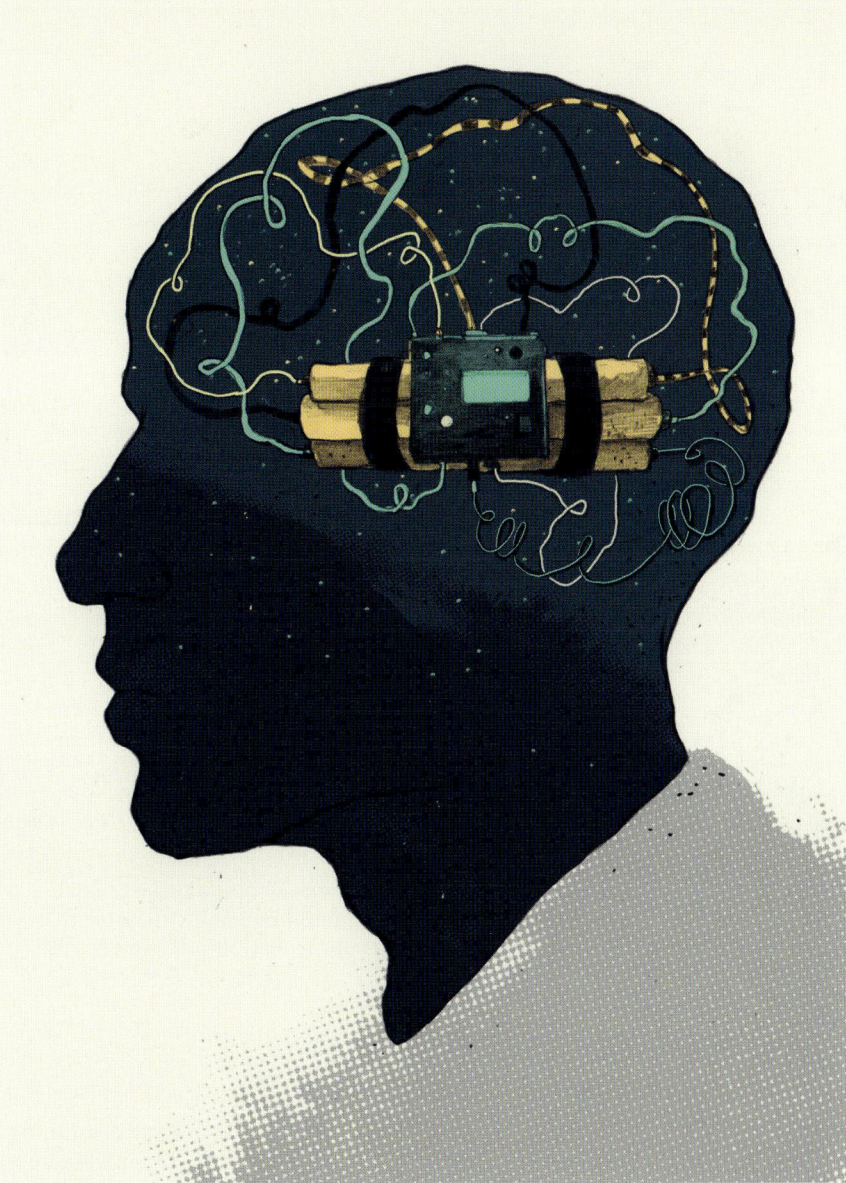

Einer Zeitbombe gleich schlummern im Gehirn von Psychopathen Aggression und Brutalität. Haben sie ein Opfer gefunden, explodiert die Gewalt

Umgang mit echter oder vermeintlicher Bedrohung mitbestimmt.

So kommt es, dass Menschen mit gestörtem Serotonin-System, die die entsprechenden Genvarianten in sich tragen, eher dazu neigen, sich schon bei der kleinsten Provokation bedroht zu fühlen, auszurasten und zuzuschlagen.

Auf eine weitere ungünstige Erbanlage stießen kürzlich Forscher des Karolinska-Instituts in Stockholm, als sie das Genom von 794 finnischen Gefängnisinsassen untersuchten. 538 Probanden waren verurteilte Gewaltverbrecher, 84 Studienteilnehmer hatten sogar mehr als zehn Ge-

waltdelikte begangen. Die Wissenschaftler entdeckten, dass die Kriminellen – insbesondere die Wiederholungstäter – in vielen Fällen eine bestimmte Form eines Gens namens CDH13 in sich tragen. Auch bei dieser Genvariante gehen die Fachleute davon aus, dass sie das Risiko für impulsive Gewalttaten erhöhen kann.

Bei proaktiv-aggressiven Tätern mit antisozialen und psychopathischen Charakterzügen wiederum scheint neben dem Serotonin-System noch ein weiterer, ganz anderer Hirnmechanismus gestört zu sein. Der Göttinger Psychiater Borwin Bandelow und seine Mitarbeiter haben jüngst entdeckt, dass bei Betroffenen vermutlich das körpereigene Opioid-System nicht richtig funktioniert. Welche Genvarianten dafür verantwortlich sind, ist noch nicht bekannt.

Normalerweise lösen die Wirkstoffe des Opioid-Systems, die Endorphine, Euphorie aus, etwa beim Bewältigen lebensbedrohlicher Kampfsituationen; sie lindern Schmerzen nach schweren Verletzungen oder werden bei beglückenden Erlebnissen wie etwa Sex ausgeschüttet. Weil das System bei vielen Gewaltverbrechern und Psychopathen aber offenbar nur unzureichend reagiert, müssen es diese Menschen weitaus stärker stimulieren, um einen Endorphin-Kick zu erleben. Daher neigen sie überdurchschnittlich stark zu Gewalttaten, Machtspielen oder riskanten Erlebnissen, so Bandelow.

T

Trotzdem betonen Hirnforscher wie der renommierte Bremer Biologe Gerhard Roth, dass niemand allein aufgrund bestimmter genetischer Anlagen zum Totschläger wird. Denn klar ist: Das komplexe Verhalten von Straftätern lässt sich nicht auf einige wenige Botenstoffe im Gehirn oder auf einige veränderte Gene reduzieren. Zudem wirken viele äußere Faktoren auf die komplexen Systeme im Gehirn ein – einige davon sogar schon vor der Geburt.

So kann Stress, den eine Schwangere erlebt, das fragile System, das den Serotonin-Spiegel im Hirn reguliert, schon beim Ungeborenen dramatisch schädigen – mit lebenslangen Folgen. Auch nach der Geburt, vor allem in den ersten sechs bis zwölf Lebensmonaten, bleiben die beteiligten Nervenzellverbindungen extrem anfällig für negative Einflüsse, für psychischen Druck von außen.

Bisweilen kann es – etwa infolge schwerer frühkindlicher Traumata wie massiver Gewalterfahrungen – gar zu anatomischen Veränderungen im Gehirn kommen. Bestimmte Nervenbahnen, die etwa nötig sind, um ausreichend Serotonin in zahlreiche Hirnregionen zu transportieren und um damit etwa Impulse aus dem limbischen System zu regulieren, wachsen dann nicht genügend heran.

Auch in der weiteren Entwicklung wirken erbliche Anlagen und Umwelt zusammen: Trägt ein Kind die ungünstigen Genvarianten in sich und kommen pre-

käre Einflüsse hinzu – etwa schwere Vernachlässigung, körperliche Misshandlungen oder sexueller Missbrauch – dann (und nur dann) verstärken sich die Negativfaktoren auf verheerende Weise. In guter Umgebung, von liebevollen Eltern umsorgt, vermag das gleiche Kind dagegen zu einem friedfertigen Menschen heranzuwachsen.

AUF EINEN BLICK

Unbeherrschte Gewalt

Viele impulsiv-aggressive Täter haben ein unterentwickeltes Stirnhirn. Dadurch können sie Affekte schlecht dämpfen.

Kaltblütige Killer

Bei Verbrechern, die Opfer sadistisch quälen, ist offenbar das limbische System gestört – ein Hirnareal, das unter anderem Mitgefühl ermöglicht.

Einfluss der Gene

Forscher haben etliche Genvarianten entdeckt, die das Risiko für Gewalttätigkeit und Aggressivität erhöhen können.

Prägungen in der Kindheit

Traumatische Erfahrungen – etwa schwere Misshandlungen – können zu neurologischen Defekten führen, die antisoziales Verhalten begünstigen.

Zumal, wenn es sich um ein Mädchen handelt. Schließlich sind schwerkriminelle Straftäter, die zu bestialischen Gewalttaten neigen, fast ausschließlich Männer. Biologen führen diesen Umstand auf unsere evolutionäre Geschichte zurück, infolge derer das männliche Gehirn schon zu Urzeiten besonders anfällig für brutale Gewalt war (siehe Seite 64).

Doch es gibt auch Frauen – wenn auch wenige –, die massenhaft töten. Das zeigt der Fall der Krankenschwester Jane

Toppan, die Ende des 19. Jahrhunderts in den USA mindestens 31 Menschen tötete. „Jolly Jane" – die fröhliche Jane –, wie die beliebte Pflegerin genannt wurde, war nach heutigem Verständnis eine Psychopathin. Einerseits charmant und umgänglich, andererseits eine notorische Lügnerin. Sie hatte kein Gefühl für Moral, konnte sich nicht in das Leiden ihrer Opfer einfühlen und weder Mitleid noch Trauer empfinden.

Es habe Jolly Jane besonderes Vergnügen bereitet, mit Giften zu experimentieren und zu beobachten, wie das Leben langsam aus ihren Opfern schwand, schildert der Kriminologe Adrian Raine, der sich ausführlich mit dem Fall beschäftigt hat. Sie verabreichte ihren Patienten eine Überdosis Morphium, saß geduldig neben ihnen und schaute ihnen fast wie eine Liebende in die Augen, um den Moment abzupassen, in dem sich ihre Pupillen zusammenzogen und der Atem flacher wurde. Manchmal verzögerte sie den Todeskampf mit einem Gift entgegengesetzter Wirkung, um dann umso genussvoller das Sterben zu beobachten.

Über den Mord an ihrer Schwägerin, deren Leiden sie auf diese Weise hinauszögerte, sagte sie: „Ich hielt sie in meinen Armen und beobachtete voller Entzücken, wie ihr das Leben unter Keuchen und Schnaufen entwich."

Und wenn sie später an die Toten dachte, empfand Jolly Jane – gar nichts. Sie konnte auch nicht nachvollziehen, warum sie die Verbrechen begangen hatte. Sie war sich selbst ein Rätsel.

Adrian Raine aber ist sich sicher: Hätte es damals schon einen PET-Tomographen gegeben, man hätte die Erklärung in den Nervenzellverbindungen ihres Gehirns entdeckt. Dann hätten jene Areale, die bei gewöhnlichen Menschen mitfühlende Emotionen, Moral und Schuldempfinden ermöglichen und im Scan hell aufleuchten, ihre ganze Schattenseite offenbart.

Und zwar in Form einer weitgehend dunklen, tiefen Ödnis •

DR. HENNING ENGELN, Jg. 1954, ist Wissenschaftsjournalist in Hamburg. Der Illustrator SIMÓN PRADES, Jg. 1985, lebt in Saarbrücken.

28

DER REIZ DES BÖSEN

INTERVIEW: RAINER HARF UND SEBASTIAN WITTE   FOTOS: STEPHEN DUPONT

Weshalb lesen viele
Menschen extrem brutale Krimis?
Warum gieren wir oft nach
den **Details perfider Morde**?
Wieso verlieben sich manche Frauen
in Serienkiller? Der Psychiater
Borwin Bandelow über die
Anziehungskraft des Grauens

Kriminelle üben oft eine merkwürdige Faszination
auf Normalbürger aus — und Künstler überhöhen die
zuweilen auch noch. So wie der Fotograf Stephen
Dupont, der Mitglieder einer raubenden und mordenden
Gang in Papua-Neuguinea ablichtete. Seine Porträts
dieser Männer und Jugendlichen zielen auf eine Ästhetik
des Schreckens, die bei diesem Thema eigentlich
vollkommen unangemessen ist. Und doch können
wir uns ihrem Reiz nicht entziehen

GEOkompakt: *Herr Professor Bandelow, die meisten Menschen lehnen Gewalt ab. Und doch verfolgen viele von uns grausame Verbrechen – etwa die eines Mörders – voller Faszination. Warum ist das so?*

Prof. Dr. Borwin Bandelow: Jeder Mensch verspürt eine gewisse Lust an der Angst – daran, sich zu fürchten, zu gruseln, sich der Illusion von Gefahr hinzugeben. Dabei geht es nicht um real erlebte Furcht: Niemand will einem Serienkiller von Angesicht zu Angesicht begegnen oder auf einem brennenden Hochhaus stehen. Es geht um das imaginierte Grauen, die inszenierte Angst.

Im Englischen gibt es dafür den Begriff *thrill*. Dieser Nervenkitzel zieht uns an. Ihm setzen wir uns freiwillig aus, weil wir darauf vertrauen können, dass die Sache – zumindest für uns – gut ausgeht.

Wenn wir wissen, dass die Gefahr nicht real ist, warum fürchten wir uns dann überhaupt?

Unser Angstsystem ist sehr primitiv, es kann nicht zwischen Wirklichkeit und Imagination unterscheiden. Daher kommt es, dass wir sogar bei einer fiktiven Kriminalgeschichte mitunter um das Leben der Protagonisten fürchten – obwohl uns ja klar ist, dass die Situation nur der Fantasie eines Autors oder Filmregisseurs entspringt.

Aus dem gleichen Grund zittern und schwitzen Menschen, wenn sie sich in eine Achterbahn setzen oder mit einem Bungee-Seil von einer Brücke springen. Ihr Angstsystem suggeriert ihnen: Du fliegst gleich garantiert aus der Kurve oder schlägst auf dem Boden auf. Das Gehirn wird dann mit Hormonen geflutet und regelrecht in Schrecken versetzt.

Worin liegt für einen Menschen der Genuss eines solchen Zustands?

In jeder Angst- oder Stresssituation setzt das Gehirn immer auch euphorisierende Stoffe frei, Endorphine. Sie sorgen für ein Hochgefühl, für Schmerzfreiheit, dafür, dass wir uns stark und beglückt fühlen.

Dieser Mechanismus war für unsere Vorfahren überlebenswichtig: Wer etwa im Kampf mit einem Raubtier verwundet wurde, gab aufgrund der freigesetzten Endorphine nicht gleich auf, sondern kämpfte weiter. Ohne Lust am Risiko, an der Angst, hätten unsere Ahnen vielleicht nie das Feuer gezähmt oder wären nie ins

Prof. Dr. Borwin Bandelow ist stellvertretender Direktor der Klinik für Psychiatrie und Psychotherapie der Universität Göttingen und Präsident der Gesellschaft für Angstforschung. Als Therapeut hat er sowohl Täter als auch Opfer von Gewalt behandelt

Die Lust

an der

GEWALT

verbirgt

sich in jedem

von uns

Unbekannte aufgebrochen. Ohne Nervenkitzel kein Erfolg.

Die Endorphine sind stärker als das Angstgefühl?

Das Erstaunliche ist: Wenn die Gefahr gebannt ist, wenn wir etwa aus der Achterbahn wieder aussteigen, ebbt die Angst sofort ab – die Endorphine zirkulieren aber noch eine Weile im Blut, wie nach einem Orgasmus. Darin liegt der eigentliche Grund, warum sich Menschen freiwillig dem vermeintlichen Risiko, der Angst aussetzen. Dafür bezahlen sie an der Kinokasse oder im Vergnügungspark. Es geht allein um den berauschenden Kick der Endorphine.

Macht es einen Unterschied, ob ein Verbrechen real oder fiktiv ist?

Je echter die Schilderung, desto effektiver wird das Angstsystem in Alarm versetzt – und desto mehr Endorphine zirkulieren schließlich durch den Körper. Diese Steigerung lässt sich entweder durch Effekte erzielen – etwa durch einen mächtigen Sound im Kino. Oder eben dadurch, dass ich als Leser oder Zuschauer weiß: Dieses Verbrechen hat tatsächlich stattgefunden.

Das Entscheidende ist: Unser intelligentes Gehirn ist sehr begabt darin, Bilder zu erzeugen, auf Grundlage von Informationen die Fantasie zu beflügeln. Je mehr Fakten wir kennen, desto konkreter, schauriger entspinnt sich das Geschehen vor unserem inneren Auge. So erklärt sich auch der gegenwärtige Erfolg von True-Crime-Geschichten.

Sollten wir uns nicht dafür schämen, dass wir uns am Leid anderer ergötzen?

Natürlich bewerten wir Delikte wie einen brutalen Mord auf der rationalen Ebene als abscheulich. Auch dafür ist letztlich eine Form der Angst verantwortlich: die soziale Angst. Sie bewirkt, dass wir uns gemäß den gültigen Normen und Werten verhalten, gewissermaßen nicht aus der Reihe tanzen und die anderen gegen uns aufbringen. Sie appelliert an unsere Moral, ist eine Stimme unseres Gewissens.

Aber gleichzeitig müssen wir uns eingestehen: Unsere Faszination für das Böse baut immer auch darauf, dass die Befriedigung, die der Verbrecher bei seiner Tat erlebt, auch ein Stück weit unsere Befriedigung als Leser oder Zuschauer ist.

Manches Gangmitglied des pazifischen Inselstaates brüstet sich damit, mehr als 30 Frauen brutal vergewaltigt zu haben. Wenn wir als Unbeteiligte von solchen Schandtaten erfahren, dann nimmt unser Nervenkitzel zu, je detailreicher die Schilderungen des – uns eigentlich abstoßenden – Verbrechens sind

Mitunter lechzen wir ja geradezu nach jedem noch so verstörenden Detail: Wie genau hat der Mörder sein Opfer gequält? War es noch bei Bewusstsein, als er das Ohr abtrennte? Benutzte er ein Beil oder eine Rasierklinge? Wozu fing er das Blut in einem Erlenmeyerkolben auf?

Wir bewundern den Täter, weil wir selber gern ein Killer wären?

Ich sage nicht, dass jeder Mensch zum Mörder taugt. Aber es ist nun einmal ein Erbe der Evolution, dass die Ausübung von Gewalt mit Hochgefühlen verbunden ist. Denn unter unseren Vorfahren setzten sich in erster Linie jene durch, die das brutale Töten von Raubtieren und Feinden besonders berauschte. Sie verfügten über die besten Nahrungsressourcen, hatten die besten Chancen, sich zu vermehren.

So kommt es, dass eine archaische Lust an Gewalt in jedem von uns verankert ist. Das Gegengewicht dazu bildet – wie erwähnt – die soziale Angst. Wird uns die genommen, begeistert uns Gewalt umso freimütiger.

Können Sie ein Beispiel nennen?

Geht ein vermeintlicher Held auf der Seite der Guten gegen das Böse vor, erachten wir Gewalt als legitim, die soziale Angst ist gewissermaßen ausgeschaltet. Der Kommissar kann den Verbrecher auf noch so perfide Art töten – solange die Tötung gerechtfertigt erscheint, empfinden wir in der Regel nichts als Behagen. So funktionieren ja viele Hollywoodfilme, in denen die Drehbuchautoren und Regisseure unsere Gefühle so manipulieren, dass wir mitunter aufseiten selbst eines dutzendfachen Killers sind.

Auch bei öffentlichen Hinrichtungen, die in manchen Ländern immer noch stattfinden, zeigt sich, wie unbefangen die archaische Lust an der Aggression zur Entfaltung kommen kann. Wer einem Henker zujubelt, der einen Delinquenten lyncht, kann Befriedigung empfinden, ohne sich schämen oder ein schlechtes Gewissen haben zu müssen. Nicht anders ergeht es uns, wenn im Kino ein Agent mit der Lizenz zum Töten begeistert.

Fasziniert Männer das Böse stärker?

Das gewalttätige Potenzial bei Männern ist sicher stärker ausgeprägt als bei Frauen. In der Entwicklungsgeschichte hatten aggressive und mutige Männer, die erfolgreicher bei der Jagd waren, bessere Chancen, ihre Familie zu ernähren. Ängstliche Frauen wiederum beschützten ihre Kinder besser. Ein aggressiver Mann in Verbindung mit einer ängstlichen Frau bot damit die beste Überlebensstrategie.

Nicht zufällig sind heute nur rund sechs Prozent der Insassen in deutschen Gefängnissen Frauen. Interessant ist jedoch: Der Anteil derjenigen, die sich für True-Crime-Geschichten und Kriminalromane interessieren, ist bei Frauen sogar größer. Ein Grund dafür ist, dass sie – so paradox es klingen mag – in der Beschäftigung mit dem Bösen auch eine Möglichkeit sehen, Ängste abzubauen.

Können Sie das genauer erklären?

Mehr als Männer fürchten sich Frauen zum Beispiel davor, überfallen zu werden, in die Hände eines Vergewaltigers zu geraten, getötet zu werden. Mithilfe des Thrills, der Lust an der Angst, können sie diese Furcht ein wenig in den Griff bekommen. Die Voraussetzung dafür ist: Sie müssen immer wieder erleben, dass am Ende alles gut wird, der Täter gefasst, der Mörder zur Strecke gebracht wird. Je häufiger sich die Spannung derart auflöst, desto stärker nimmt die Unsicherheit ab.

Ein spannender Thriller ist also auch eine Art emotionales Trainingsprogramm für den Alltag. Nicht zufällig schließen fast alle Krimis mit einem Happy End.

Gleichwohl empfinden wir das Böse als bedrückend und bedrohlich.

Darin liegt kein Widerspruch. Gerade weil das Böse so unbegreiflich und schwer beschreibbar ist, übt es eine derart starke Faszination aus. Nicht zuletzt verbirgt sich dahinter der Wunsch, möglichst alle Facetten des Menschlichen kennenzulernen und zu ergründen. Instinktiv spüren wir, dass es in unserer eigenen Seele Bereiche gibt, die verschattet sind.

Diese Abgründe wollen wir erhellen – zum Beispiel, indem wir uns für konkrete Geschichten von Verbrechen interessieren. Wir wollen dem Unbeschreiblichen ein Gesicht, einen Namen geben.

Bei manchen geht die Faszination für das Dunkle weit über die Lektüre oder das Kinoprogramm hinaus. Es gibt zum Beispiel immer wieder Frauen, die sich in einen brutalen Schläger oder gar einen Serienkiller verlieben. Welche Motive spielen dabei eine Rolle?

Man muss sich klarmachen, dass das menschliche Gehirn im Wesentlichen zweigeteilt ist. Einerseits besteht es aus einem rationalen, intelligenten Teil, der sich hinter der Stirn befindet und unsere Vernunft steuert. Er lässt uns logisch denken, die Absichten anderer Menschen erfassen, Optionen gegeneinander abwägen. Andererseits gibt es – tief verborgen im Inneren des Gehirns – einen sehr archaischen, animalischen Teil, der unser Triebverhalten bestimmt, unsere Gefühle lenkt. Und dieser Teil ist verantwortlich

34

dafür, dass sich manche Frauen von dem Gewalttätigen, Dunklen emotional und bisweilen sexuell angezogen fühlen – auch wenn sie dies vielleicht kaum zugeben oder sich selber eingestehen würden.

Also verbirgt sich auch dahinter eine tief verwurzelte, archaische Prägung?

Genau. Begehrte Partner waren in der Frühphase der Menschheit nicht zuletzt jene Männer, die durchsetzungsstark waren, die ihre Bedürfnisse bisweilen über die anderer stellten, die keine Skrupel hatten, auch Gewalt als Mittel zum Zweck einzusetzen. Eigenschaften wie ein ausgeprägter Jagdtrieb, mithin eine Neigung zum Blutrausch, übten überdies eine starke Anziehungskraft aus.

Dass diese Reize, wenn auch unbewusst, noch immer das heutige Denken, Fühlen und Handeln beeinflussen, sollte niemanden beschämen. Letztlich werden wir in vielen Bereichen des Lebens weiterhin von uralten Instinkten gesteuert. Bei

Bei Angst

setzt das

GEHIRN

stets auch

euphorisierende

Stoffe frei

Die Banden aus Papua-Neuguinea sind für ihre selbst gebauten Waffen berüchtigt. Eine evolutionär
sehr alte Hirnregion bewirkt, dass wir uns von Gewalttätern zuweilen gar emotional angezogen fühlen

der Partnerwahl und beim Sex zeigt sich
dies besonders deutlich.

So kommt es, dass man – überspitzt
gesagt – zur Faszination des Bösen auch
so etwas wie die Erotik des Verbrechens
hinzuzählen muss.

*Fehlt diesen Frauen die Einsicht in das,
was ein derartiger Täter Abscheuliches
getan hat?*

Durchaus nicht. Der Punkt ist: Die
primitiven, archaischen Gehirnteile können die rational arbeitenden Gebiete in
bestimmten Situationen völlig überstim-
men. Wir kennen dieses Phänomen auch
aus anderen Zusammenhängen, denken
Sie zum Beispiel an das Rauchen. Jeder
vernünftige Mensch weiß, wie schädlich
Zigaretten sind. Doch die Argumente gegen das Rauchen können noch so beste-
chend sein: Sie dringen gar nicht erst in
die primitiven Hirnbereiche vor. Die
signalisieren vielmehr: Wenn du jetzt eine
Zigarette rauchst, geht es dir gut.

Ähnliches geschieht bei jenen Frau-
en, die sich von grauenhaften Tätern angezogen fühlen. In allen anderen Bereichen des Lebens mögen sie durchaus
logisch agieren, von Vernunft gesteuert.
Nur in diesem einen Bereich, in ihrem
Verhältnis zu Männern, blenden sie Fakten, Risiken und rationale Argumente
vollkommen aus.

Können Sie Beispiele nennen?

Besonders eindrücklich ist der Fall
von Jack Unterweger, einem Österreicher,
der wohl elf Prostituierte auf bestialische
Weise ermordete und zu lebenslanger
Haft verurteilt wurde. Im Gefängnis begann er, Bücher zu schreiben, seine Auto-
biografie „Fegefeuer oder die Reise ins
Zuchthaus" wurde ein Bestseller.

Daraufhin meldeten sich zahllose
Frauen bei Unterweger, zeigten ihre Bewunderung für sein schriftstellerisches
Talent, kümmerten sich um ihn. Da war
eine schwerreiche Unternehmergattin,

die ihm eine monatliche Apanage über-
wies; eine Klosterschwester, die ihm rüh-
rende Briefe schrieb; eine Hausfrau, die
ihm gestand, dass ihr Mann sie schlage;
eine Rechtsanwältin, die ihn immer
wieder besuchte und sich – wie sie heute
bekennt – emotional von Unterweger angezogen fühlte. Aus Gesprächen mit ihr
schließe ich, dass sie auch ein sexuelles
Interesse hegte.

*Haben die Verehrerinnen bisweilen das
Gefühl, sie könnten Schwerkriminelle
durch ihre Zuwendung läutern?*

Durchaus. Häufig handelt es sich
um Frauen, die in ihrem sonstigen Leben
wenig selbstbestimmt sind oder meinen,
bei der Erziehung ihrer Kinder versagt zu
haben. Indem sie sich um einen Kriminellen kümmern, versuchen sie nun alte
Versäumnisse wiedergutzumachen. Die
Vorstellung lautet dann: Wenn ich diesem
brutalen Täter nur genug Liebe schenke,
werde ich ihn retten, und das Gute in ihm

Wir wollen dem Bösen nahe kommen – und doch weit genug weg sein, dass uns selber nichts geschieht

Gewalt eines sadistischen Verbrechers verbracht, wurde regelmäßig – auch von dessen Frau – brutal gequält, musste als Sexsklavin oft mehrere Stunden am Stück ihren Entführer befriedigen. Als ich vor einigen Jahren mit ihr sprach, sagte sie über den Täter: „Abgesehen davon, dass er mich brutal vergewaltigt hat, war er eigentlich ein ganz netter Kerl."

Wie ist das zu erklären?

Wenn man sich in die Situation des Opfers versetzt, ist diese Haltung nachvollziehbar. Man muss sich klarmachen: Bei einer Entführung ist das Leben massiv bedroht, das Gehirn schaltet in eine Art Überlebensmodus. Es geht einzig um die Frage: Wer sichert mein Überleben?

Den Geiselgangster zu verstehen, sich ihm unterzuordnen, ist Teil dieser Überlebensstrategie. Der Entführer ist ja nicht nur derjenige, der einem die Freiheit stiehlt, der womöglich vergewaltigt und Schmerzen zufügt, sondern er ist auch derjenige, der Essen bringt, der sich kümmert. Der einem gewissermaßen das Leben schenkt, solange er nicht mordet.

Manche Opfer lernen im Laufe der Zeit, alles Negative zu verdrängen, sich an kleinsten Zuwendungen zu erfreuen. Mag die Zuneigung zum Täter anfangs auch gespielt sein, irgendwann ist es leichter, sie auch zu verinnerlichen. Hinzu kommt: Für Opfer, die über Jahre von der Außenwelt isoliert werden, ist der Entführer oft der einzige Mensch, der für Abwechslung in einem Dasein voller Monotonie sorgt. Dies hat zum Beispiel Natascha Kampusch immer wieder betont …

wird siegen. Ich kenne Verbrecher, darunter gefühlskalte Kinderschänder, die im Gefängnis nicht selten Besuch von 50 oder mehr Frauen bekommen.

Selbst manche Opfer von Gewalttätern bauen zu ihren Peinigern eine positive Bindung auf.

Dabei handelt es sich um ein Verhalten, das in der Öffentlichkeit für noch mehr Unverständnis sorgt. Es ist zum Beispiel nicht unüblich, dass sich Entführungsopfer nach ihrer Befreiung schwer damit tun, den Täter zu denunzieren, ihn anzufeinden. Manche können noch Jahre später keinen Hass empfinden.

In einem besonders drastischen Fall aus den USA hat das entführte Opfer, eine junge Frau namens Jaycee Lee Dugard, nach der Befreiung zunächst sogar abgestritten, die vermisste Person zu sein. Sie konnte es kaum ertragen, dass die Polizei ihren Peiniger nun einfach wegsperren wollte. Dabei hatte sie 18 Jahre lang in der

Mit der
ANGST
des Opfers steigt
unsere eigene
Furcht – und
unser Genuss

…die mit zehn Jahren von einem Elektrotechniker in Wien verschleppt wurde.

Natascha Kampusch befand sich insgesamt 3096 Tage in der Gewalt ihres Peinigers Wolfgang Priklopil. Während der Gefangenschaft musste sie unvorstellbare Qualen erdulden. Mit einem Zeitschalter kontrollierte Priklopil das Licht in ihrem Verlies, mit einer Gegensprechanlage gab er Natascha Anweisungen. Wenn sie nicht gehorchte, wurde sie brutal mit Eisenstangen geschlagen, getreten oder gewürgt oder auch auf jegliche psychische Art gequält – durch Beschimpfungen und Beleidigungen.

Dennoch nannte Natascha ihren Peiniger „Wolfi". Sie freute sich auf gemeinsame Mahlzeiten, schenkte ihm Schokoladenplätzchen zu Silvester. Wenn

Priklopil abends nach Hause kam, nach einem Tag voller Langeweile, spielte er bisweilen „Mensch ärgere Dich nicht" mit ihr. Dann war er der Gute.

Erwartet die Öffentlichkeit eher ein Opfer, das den Täter uneingeschränkt zum Monster erklärt?

Absolut. Nicht selten werden Opfer nach ihrer Befreiung sogar angefeindet. Als Natascha Kampusch bei einem Ausflug mit Priklopil die Flucht gelang und sie in die Öffentlichkeit trat, waren viele Psychologen überrascht. Sie hatten ein verwahrlostes Mädchen erwartet, das allenfalls Dreiwortsätze sprechen kann, eingeschüchtert, depressiv, abgestumpft.

Tatsächlich präsentierte sich Natascha Kampusch überaus feinfühlig, gebildet, sie konnte sich besser artikulieren als ihre Eltern. Von Priklopil, der sich nach ihrer erfolgreichen Flucht vor einen Zug geworfen hatte, nahm sie in der Gerichtsmedizin Abschied. Das hat viele vor den Kopf gestoßen. In den Augen der Öffentlichkeit war sie nicht Opfer genug.

Und wenn das Opfer nicht Opfer genug ist, verliert ein Fall dann an Reiz für das Publikum?

Das spielt durchaus eine Rolle. Für die meisten Menschen gilt: Die Angstlust wird immer dann am ehesten befriedigt, wenn gewisse Stereotype erkennbar sind. Gut und Böse müssen klar fühlbar sein. Da ist auf der einen Seite das Monster, der Sadist, der Killer – und auf der anderen das durch und durch leidtragende, angsterfüllte Opfer. Mit der Angst und Abscheu des Opfers steigt unsere eigene Furcht. Und mithin der Genuss.

Das Böse, es muss uns nahe kommen – und doch weit genug entfernt sein. Dann können wir den Reiz am besten auskosten. Gemütlich, bei uns zu Hause, im Kinosessel. Wir laben uns daran, wie Menschen anderen Menschen auflauern, sie quälen und in Stücke hacken. Wir erzittern vor dem Abgrund des Menschenmöglichen. Anschließend werden wir mit einem Endorphin-Kick belohnt. Und können uns dabei auch noch in unsere Bettdecke kuscheln •

PROF. DR. BORWIN BANDELOW, Jg. 1951, ist Autor zahlreicher Bücher über unterschiedliche Facetten der menschlichen Psyche, etwa: »Wer hat Angst vorm bösen Mann? Warum uns Täter faszinieren« (Rowohlt).

IMPRESSUM

Gruner + Jahr GmbH & Co KG,
Am Baumwall 11, 20459 Hamburg.
Postanschrift der Redaktion: Brieffach 24, 20444 Hamburg
Telefon: 040/37 03-0, Fax: 040/37 03 56 47
Internet: www.GEOkompakt.de

CHEFREDAKTEUR
Michael Schaper

STELLVERTRETENDE CHEFREDAKTEURE
Rainer Harf, Claus Peter Simon

ART DIRECTION
Torsten Laaker

TEXTREDAKTION
Sebastian Witte (Konzept dieser Ausgabe);
Patrick Blume, Tilman Botzenhardt, Maria Kirady, Bertram Weiß

BILDREDAKTION
Carla Rosorius; Dorit Eichmann, Ulrike Jürgens, Katrin Trautner

VERIFIKATION
Dr. Götz Froeschke; Regina Franke, Susanne Gilges, Stefan Sedlmair, Bettina Süssemilch

LAYOUT
Uwe Fischer, Carolin Seng

SCHLUSSREDAKTION
Ralf Schulte, Olaf Stefanus

TECHNISCHER CHEF VOM DIENST
Rainer Droste

REDAKTIONSASSISTENZ
Angelika Fuchs; Ümmük Arslan, Anastasia Mattern, Helen Oqueka, Thomas Rost

HONORARE/SPESEN
Angelika Györffy

VERANTWORTLICH FÜR DEN REDAKTIONELLEN INHALT
Michael Schaper

PUBLISHER
Dr. Gerd Brüne

PUBLISHING MANAGER
Toni Willkommen

EXECUTIVE DIRECTOR DIRECT SALES
Heiko Hager/G + J Media Sales

VERANTWORTLICH FÜR DEN ANZEIGENTEIL
Daniela Krebs, Director Brand Solutions,
G + J e|MS, Am Baumwall 11, 20459 Hamburg. Es gilt die jeweils aktuelle Preisliste. Infos hierzu: www.gujmedia.de

DIRECTOR DISTRIBUTION & SALES
Torsten Koopmann, DPV Deutscher Pressevertrieb

MARKETING
Anja Wittfoth

HERSTELLUNG
G + J Herstellung, Heiko Belitz (Ltg.), Oliver Fehling

Der Export der Zeitschrift GEOkompakt und deren Vertrieb im Ausland sind nur mit Genehmigung des Verlages statthaft. GEOkompakt darf nur mit Genehmigung des Verlages in Lesezirkeln geführt werden.

Bankverbindung: Deutsche Bank AG Hamburg,
IBAN: DE30200700000032280000,
BIC: DEUTDEHH
Heft-Preis: 9,50 Euro (mit DVD: 16,50 Euro)
ISBN 978-3-652-00529-6 (978-3-652-00533-3)
© 2016 Gruner + Jahr Hamburg, ISSN 1614-6913
Litho: 4mat Media, Hamburg
Druck: appl druck GmbH,
Senefelderstraße 3–11, 86650 Wemding
Printed in Germany

GEO-LESERSERVICE

Fragen an die Redaktion
Tel.: 040/37 03 20 84, Fax: 040/37 03 56 48,
E-Mail: briefe@geokompakt.de
ABONNEMENT- UND EINZELHEFTBESTELLUNG
Kundenservice und Bestellungen
Anschrift: GEO-Kundenservice, 20080 Hamburg
persönlich erreichbar: Mo.–Fr. 7.30 bis 20.00 Uhr,
Sa. 9.00 bis 14.00 Uhr,
E-Mail: geokompakt-service@guj.de
Tel. innerhalb Deutschlands: 040/55 55 89 90,
Tel. außerhalb Deutschlands:
+49/40/55 55 89 90, Fax: +49/1805/86 18 00 2*
24-Std.-Online-Kundenservice:
www.meinabo.de/service

Preis Jahresabonnement: 38,00 € (D)/
44,00 € (A)/70,40 sfr (CH)
Preise für weitere Länder auf Anfrage erhältlich.
**BESTELLADRESSE FÜR GEO-BÜCHER,
GEO-KALENDER, SCHUBER ETC.
Kundenservice und Bestellungen**
Anschrift: GEOkompakt-Kundenservice,
74569 Blaufelden,
Tel.: +49/40/42 23 6 427, Fax: +49/40/42 23 6 663,
E-Mail: guj@sigloch.de

* 14 Cent/Min. aus dem deutschen Festnetz,
Mobilfunkpreis max. 42 Cent/Min.

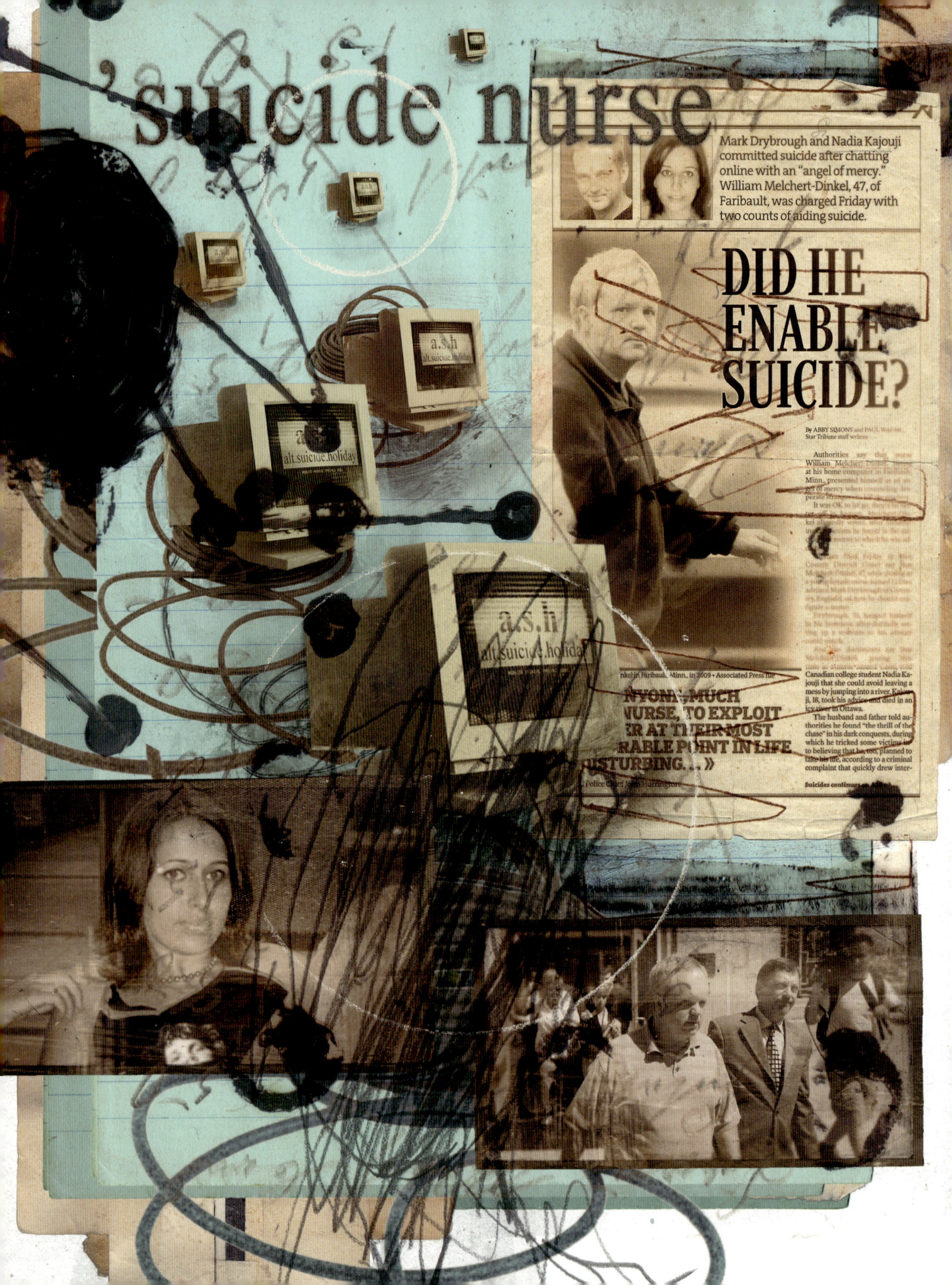

'suicide nurse'

Mark Drybrough and Nadia Kajouji committed suicide after chatting online with an "angel of mercy." William Melchert-Dinkel, 47, of Faribault, was charged Friday with two counts of aiding suicide.

DID HE ENABLE SUICIDE?

By ABBY SIMONS and PAUL WALSH
Star Tribune staff writers

Authorities say that now William Melchert-Dinkel, at his home computer in Faribault, Minn., presented himself as of an angel of mercy when counseling desperate to...

It was OK to let go, they [...]

...Canadian college student Nadia Kajouji that she could avoid leaving a mess by jumping into a river. Kajouji, 18, took his advice and died in an icy river in Ottawa.

The husband and father told authorities he found "the thrill of the chase" in his dark conquests, during which he tricked some victims into believing that he too, planned to take his life, according to a criminal complaint that quickly drew inter-

Suicides continues on...

a.s.h
alt.suicide.holiday

...inkel in Faribault, Minn., in 2009 • Associated Press file

...NYONE MUCH ...NURSE, TO EXPLOIT ...ER AT THEIR MOST ...RABLE POINT IN LIFE ...STURBING... »

...Police Chief Tim Harrington

In den TOD getrieben

In einem **Internetforum für Sterbewillige** erregt eine angebliche Krankenschwester Misstrauen, die genaue Anweisungen gibt, wie man sich am besten erhängt. Die digitalen Spuren führen allerdings zu einem Familienvater aus Faribault in Minnesota – und lassen einen ungeheuren Verdacht aufkommen

39

TEXT: CONSTANZE KINDEL   COLLAGEN: LARS HENKEL

Falcongirl wartet. Hält sich zurück, bleibt immer am Rand, im Hintergrund, kaum zu sehen für die anderen, die im Internetforum „alt.suicide.holiday" über Selbstmord diskutieren.

Sie kommentiert nur selten im öffentlichen Forum der Newsgroup, wo alle lesen können, was sie schreibt. Aber wenn jemand Rat bei ASH sucht, ist Falcongirl zur Stelle.

Und je verzweifelter und entschlossener ein Eintrag klingt, desto wahrscheinlicher kommt im Chat eine Antwort von ihr mit dem Satz: *Schau in deine Mails.*

Die 18-jährige Nadia Kajouji aus Ottawa (u. l.) springt im Winter 2008 in einen Fluss und ertrinkt. William Melchert-Dinkel (o. r.) soll sie in anonymen Chats zum Suizid ermuntert haben

Am späten Nachmittag des 1. März 2008 schreibt die 18-jährige Nadia aus dem kanadischen Ottawa unter dem Pseudonym „tearawayface" bei ASH, sie brauche einen Rat: *Ich habe früher nicht versucht, mich umzubringen, weil ich große Angst habe, zu scheitern, die Aufmerksamkeit, die das bringen würde, der Rehabilitationsprozess wären mehr, als ich ertragen könnte. Ich will nur ein schnelles Aus.*

Ein halbes Jahr zuvor ist Nadia Kajouji als Erstsemester an die Carleton University in Ottawa gekommen, nach einem Highschool-Abschluss mit Auszeichnungen. Wochen später aber geriet ihr Leben ins Schlingern.

Sie trennte sich von ihrem langjährigen Freund, verliebte sich in einen anderen, wurde schwanger, entschied sich für eine Abtreibung und hatte nach einer Partynacht mit viel Alkohol eine Fehlgeburt. Seither denkt sie viel ans Sterben.

Was soll ich tun? Was hat die größten Erfolgschancen? Mich vor einen Zug werfen? Ein Päckchen Crack schniefen und mit Medikamenten und Alkohol mischen? In den Fluss springen mit Steinen in den Taschen?

Die Mail in Nadias Postfach kommt von falcon_girl_507@hotmail.com, unterschrieben ist sie mit: Cami.

An einem Donnerstagnachmittag chatten sie zum ersten Mal. Cami schreibt, sie sei 31 Jahre alt, Krankenschwester in Minneapolis, Minnesota.

Ihre Sätze sind voller Tippfehler. Sie nennt Nadia *hun*, für honey, Liebes.

Erzähl mir deine Geschichte, schreibt Nadia. Cami antwortet: *zwölf Jahre lang schwere Depressionen, Medikamente, Therapie, Yoga, Gebete.*

Und fügt hinzu: *Nichts hat geholfen, dass es mir besser geht, also habe ich vor ungefähr acht Monaten angefangen, nach Methoden zu suchen, um loszulassen, und* weil ich jede Methode gesehen habe bei meiner Arbeit als Krankenschwester in der Notaufnahme, weiß ich, was funktioniert und was nicht, deshalb habe ich mich für Erhängen entschieden. Sie habe damit auch schon selbst experimentiert, schreibt Cami.

Nadia: *Ich plane, es diesen Sonntag zu versuchen.*

Cami: *Wow, okay, willst du dich auch erhängen?*

Nadia: *Ich werde springen.*

Cami: *Naja, das ist okay, aber die meisten Leute machen dabei einen Rückzieher, und außerdem wollen sie keine richtig schlimme Sauerei hinterlassen, die andere sauber machen müssen.*

Nadia: *Ich will, dass es wie ein Unfall aussieht. Es gibt eine Brücke über den Fluss, wo ein Riss im Eis ist. Das Wasser ist echt rau gerade, und es sollte mich unter das Eis tragen, sodass ich nicht auftauchen und Luft holen kann. Und wenn mich das Ertrinken nicht erledigt, wird es hoffentlich die Unterkühlung tun.*

Cami: *Okay, sonst hätte ich Erhängen vorgeschlagen, aber wenn du eine Szene willst, die nach Unfall aussieht, dann okay.*

Falls sie sich doch erhängen wolle, so schreibt Cami, könnten sie es online zusammmen machen, gleichzeitig. Damit es für Nadia weniger schrecklich ist.

Wenn ich einen Rückzieher mache, dann sollten wir das tun, schreibt Nadia.

Cami: *Ich habe das Seil und den Kram fertig.* Und: *Hast du eine Webcam?*

Nadia: *Ja.*

Cami: *Okay, gut, wenn es Erhängen wird, kann ich dir helfen mit der Cam? Das Seil richtig zu platzieren ist wichtig, das habe ich rausgefunden, aber darum kümmern wir uns, wenn/falls es so weit ist, hun.*

Nadia: *Danke.*

Cami: *:)*

Falls Nadia nicht springe, könnten sie sich Montag früh online treffen, schlägt Cami vor: *Ein gelbes Nylonseil aus dem Baumarkt, ungefähr drei Zentimeter dick, das ist alles, was du brauchst, und schau dich in deiner Wohnung nach etwas um, an dem du hängen kannst. Ich kann dir mit der Cam helfen, wenn du Hilfe brauchst.*

Erhängen ist schmerzlos, schreibt Cami, als sie am Abend wieder chatten, zehn Sekunden bis zur Bewusstlosigkeit, sie habe es geübt. *Ehrlich, es fühlt sich an, als ob man einschläft für eine Operation.*

Am Sonntagabend, kurz vor sieben, treffen sie sich zum dritten Mal im Chat. Nadia sagt, sie sei froh, dass an diesem

Erhängen ist schmerzlos, schreibt sie:

Nur zehn Sekunden bis ZUR BEWUSST-LOSIGKEIT

Abend alles vorbei sein werde. Cami fragt, ob sie sich ein Seil besorgt hat, falls sie einen Plan B brauche.

In dieser Nacht geht Nadia mit ihren Schlittschuhen zum Rideau River, der in der Nähe des Campus vorbeifließt, und springt in den Fluss.

Sechs Wochen bleibt sie verschwunden. Erst als Mitte April das Eis taut, wird ihr Körper flussabwärts gefunden.

In den Wochen, in denen Nadia Kajouji vermisst wird, durchsuchen Polizisten in Ottawa ihr aufgeräumtes Wohnheimzimmer. Auf Nadias Computer finden sie die Chats, in denen sie sich mit Cami/Falcongirl über das Sterben austauscht, und schicken eine E-Mail an falcon_girl_507@hotmail.com.

Und Falcongirl antwortet: *Nadia ist vor etwa zwei Wochen gestorben … hat sich von einer Brücke in den zugefrorenen Fluss gestürzt, das war das Letzte, was ich von ihr gehört habe, also gehe ich davon aus, dass es passiert ist.*

Der Internetanschluss, den Falcongirl benutzt, ist auf eine Adresse in der Kleinstadt Faribault in Minnesota registriert – die von Joyce Melchert-Dinkel in der Littleford Lane Nr. 510.

Die Ermittler in Ottawa wollen sichergehen, dass Falcongirl ihre eigenen Selbstmordabsichten nicht mehr umsetzen will. Sie bitten die Polizei in Faribault, die Adresse zu überprüfen.

Ein Beamter fährt in die Littleford Lane und spricht mit William Melchert-Dinkel, dem Ehemann von Joyce.

William wirkt besorgt, als er von den Ermittlungen erfährt. Seine Frau sei OP-Krankenschwester, aber sie benutze den Computer der Familie nicht. Seine beiden Töchter chatteten viel und nutzten den Namen Falcongirl, sie hätten durch die Arbeit seiner Frau medizinisches

Wissen. Er werde sich um das Verhalten der Mädchen kümmern und sie notfalls in Therapie schicken.

Mit dieser Auskunft gibt sich die Polizei vorerst zufrieden.

Etwa zu dieser Zeit stößt auch Celia Blay auf die Adresse in Faribault. Die pensionierte Lehrerin aus Südengland hat die Suche nach Falcongirl schon lange zu ihrer persönlichen Mission gemacht.

Im Sommer 2006 ist sie bei einer Internetsuche zufällig auf die Seite von ASH gestoßen und dabei nach und nach mit Mitgliedern des Selbstmordforums ins Gespräch gekommen. Eine 17-Jährige aus Südamerika erzählte ihr von einem Selbstmordpakt, den sie mit einer Krankenschwester geschlossen habe. Sie wollten sich gemeinsam erhängen, gleichzeitig, vor laufender Webcam, am folgenden Freitagnachmittag um vier.

Der Engländerin gelang es, dem Mädchen den Plan auszureden. Aber die Frage, wer so skrupellos ist, mit einer Minderjährigen eine Vereinbarung zum Sterben zu treffen, ließ sie nicht mehr los.

S

Sie stellte Nachforschungen an über die Krankenschwester, die sich online Li Dao nannte. Und fand heraus, dass es im Forum von ASH noch andere Teilnehmer gab, die Selbstmordpakte mit Li Dao geschlossen hatten.

Celia Blay recherchierte weiter und stieß dabei auf Geschichten von Menschen, die nach ihrem Kontakt mit Li Dao nie mehr auf der Seite auftauchten.

Wie Mark Drybrough, 32, psychisch krank, erschöpft, verzweifelt, der im Sommer 2005 bei ASH um Rat fragte, wie er sich erhängen könne. Am 27. Juli fand seine Schwester ihn im Schlafzimmer seines Hauses, erhängt mit einem Nylonseil an der Leiter zum Dachboden. Die letzte Mail auf seinem Computer stamm-

Nadia Kajouji war nicht das einzige Opfer, das mit Melchert-Dinkel in Kontakt stand. In dem Suizidforum ASH chattete der zweifache Familienvater über Jahre hinweg mit Dutzenden Selbstmordgefährdeten

a.s.h
alt.suicide.holiday

WEBSITE ARCHIVE 1993-MID 2002

WARNING

If you think you are one of these people, u
the authors of the work contained here.

KAJOUJI CASE

Nurse may be linked to multiple suicides, tracker

British amateur historian followed Internet footsteps, contacted Minnesota police

BY ERIN ANDERSSEN OTTAWA

A British woman who has
been tracking the Internet
footsteps of a Minnesota man

te vom selben Nachmittag. *Alles in Ordnung mit dir, Mark?*, fragte Li Dao.

Im Herbst 2006 wurden auch andere Mitglieder des Forums misstrauisch. Einige begannen, vor der Krankenschwester zu warnen, die so genau erklären konnte, wie man beim Erhängen den Knoten ansetzen muss, unter dem linken Ohr, seitlich vom Kinn, über der Halsschlagader.

Sie warnten vor der Frau, die alle *hun* nannte und sich in Mails mit *hugs*, Umarmungen, verabschiedete, die versprach, als Freundin immer da zu sein, auch in den letzten Minuten eines Lebens.

Li Dao gibt es nicht wirklich, glaubten jetzt viele, die ihr zuvor vertraut hatten. Für sie schien das alles eher ein Spiel zu sein: Menschen, die am Abgrund stehen, einen Stoß zu geben.

Li Dao merkte offenbar, dass andere Verdacht gegen sie geschöpft hatten, und zog sich aus dem Forum zurück.

Nach einigen Monaten des Schweigens war die Krankenschwester aber wieder da, nun unter einem neuen Namen: Falcongirl.

Und ihr Spiel begann von vorn.

Celia Blay sammelte weiterhin Beweise dafür, dass Falcongirl – wer immer sie wirklich war – Menschen dazu überredete, sich selbst zu töten. Sie versuchte, die Behörden einzuschalten, die Polizei in England, das FBI.

Vergebens. Niemand fühlte sich zuständig, niemand sah in dem, was Falcongirl oder Li Dao tat, eine Straftat.

Ihre Suche endete schließlich so zufällig, wie sie begonnen hatte. Im Januar 2008 setzte Blay ein anderes ASH-Mitglied auf Falcongirl an. Sie habe ihren Job verloren, schrieb die Frau, und wolle sich nun umbringen. Sie fragte, wie sie sich erhängen könne.

Unter Falcongirls Mailadresse meldete sich Cami, die ihre Hilfe anbot. Dann bewegte sie sich während eines Chats plötzlich für einen kurzen Moment vor die laufende Webcam. Kurz war ein Bild zu sehen: das Gesicht eines Mannes.

Wenig später der zweite Fehler, ein Name in der Kopfzeile einer Mail: William Melchert-Dinkel.

Ein ASH-Mitglied aus den USA konnte die Mailadresse zurückverfolgen und ermittelte Melchert-Dinkels Wohnort. Ende März 2008 schickte Celia Blay ihre Ergebnisse an die Polizei in Minnesota, an eine Spezialeinheit in der Hauptstadt

Seine Schwester findet ihn im Schlafzimmer: erhängt

MIT EINEM NYLONSEIL

Saint Paul, die sich mit Internetkriminalität gegen Kinder beschäftigt.

Doch es verging noch ein Dreivierteljahr, ehe wieder Polizisten vor dem Haus in Faribault standen.

D

Dass Suizidwillige auf Menschen treffen, die sie ermutigen, ist nicht selten. Menschen, die auf einem Brückengeländer stehen oder auf dem Dach eines Gebäudes, werden von Zuschauern durch Zurufe angespornt, endlich zu springen. Im November 2008 verfolgen 1500 Menschen live im Internet, wie sich ein Collegestudent in Florida vor laufender Webcam mit einer Überdosis Tabletten tötet. Manche feuern ihn an.

Aber William Melchert-Dinkel ist kein zufälliger Zuschauer, der sich im Schutz der Anonymität einen Augenblick lang selbst vergisst und Grenzen überschreitet. Er geht viel weiter.

Er macht sich gezielt unsichtbar, indem er sich hinter einer weiblichen Identität versteckt. Sucht sich seine Opfer aus, passt deren verletzlichste Momente ab. Tritt nicht als einer von vielen Fremden in ihr Leben, sondern als Freund, als der eine Mensch, der mitfühlt und versteht.

Am 7. Januar 2009 stehen die Ermittler vor der Haustür in Faribault. William Melchert-Dinkel ist 46 Jahre alt, ein dicklicher Mann mit grauen Haaren und einem weichen, jungenhaften Gesicht, seit fast 20 Jahren verheiratet, Vater von zwei blonden Teenager-Töchtern. Die ältere ist nur ein Jahr jünger als Nadia Kajouji, mit der er sich Monate zuvor zum Sterben

verabredet hat. Er arbeitet als Pfleger in einem Altenheim.

Aufgewachsen ist er in der Industriestadt Duluth, der Vater arbeitete als Anstreicher für die Schulbehörde, die Mutter, gläubige Katholikin, war Hausfrau und nahm Pflegekinder auf.

Mit 26 heiratet William Dinkel die sieben Jahre ältere Joyce Melchert. Die beiden sind aktive Gemeindemitglieder in der Trinity Lutheran Church, ihre Kinder schicken sie auf kirchliche Schulen. Kleinstadtbewohner, Durchschnittsfamilie, Mittelklasseleben.

Wenn es etwas gibt, das auffällt an William Melchert-Dinkel, dann sind es seine häufigen Jobwechsel. Mehr als ein paar Jahre bleibt er an keinem Arbeitsplatz. Seine erste Verwarnung durch die Pflegeaufsicht liegt mehr als zehn Jahre zurück. Er könne nicht kritisch denken, Informationen nicht für sich behalten, Anweisungen nicht befolgen.

In Krankenhäusern und Pflegeheimen arbeitet er schlampig oder eigenmächtig, verabreicht falsche Medikamente und zuweilen gar keine. Er fällt auf, weil er Patienten anschreit oder während des Dienstes im Tagesraum schläft. Mal kündigt er freiwillig, wenn es Probleme gibt, mal wird er entlassen.

Bei der Befragung gibt er zu, andere zum Suizid ermutigt zu haben. Vielleicht fünf Menschen habe er Hilfe zum Selbstmord geleistet, 15 bis 20 habe er gefragt, ob er bei ihrem Suizid per Webcam zuschauen könne, weil er ein Problem damit habe, wenn Menschen allein sterben.

Aber nie habe jemand zugestimmt.

Mit etwa zehn Personen sei er Selbstmordpakte eingegangen, aber nicht alle hätten sich umgebracht. Er habe, sagt er, keine kriminellen Absichten. Er dachte, dass er ein Helfer sei für diejenigen, die sterben wollten. Aber er spricht auch von einer Faszination, die völlig außer Kontrolle geraten sei. Von Jagdfieber.

Als die Polizisten das Haus verlassen, nehmen sie seinen Computer mit. William Melchert-Dinkel lässt sich in ein Krankenhaus überweisen. Er habe einen

Auch Mark Drybrough (r. M.) begeht nach Chats mit Melchert-Dinkel Suizid. 2008 gelingt es einer Lehrerin aus Südengland, den Mann aus Minnesota zu enttarnen – sie schaltet die Behörden ein

"The darkness is death
- we can speak, but we are not heard

alt.suicide.methods

Suicide Partner, B'ham UK

2 messages - Collapse all - Report discussion as spam

PJ View profile
I am looking for a suicide partner who lives near or in Birmingham.
Please reply if your interested.

Reply   Reply to author   Forward   Report spam   Rate this post: ☆☆

Boulevard of Death View profile
On Sep 26, 8.32 pm, PJ <thethornt_@blueycnder.co.uk> wrote:

> I am looking for a suicide partner who lives near or in Birmingham.
> Please reply if your interested.

So PJ, whats your preferred method, when are you thinking of doing the
deed, are you looking for a specific partner (male / female). I'm 27
male and i live in North Staffordshire (approx 65 miles NW of
Birmingham).

Reply   Reply to author   Forward   Report spam   Rate this post:

End of messages

September, Rice

County District Judge Theresa Neville
ruled that Robert-Dinkel, pictured, had assisted
suicide of Janis Drybrough, 32, of Coventry, Eng

Man arrested in Brampton teen's
suicide formed from internet

'You were ... soliciting people to die'

a.s.h
alt.suicide.holiday

Mail Online

Home | News | U.S. | Sport | ... | ...
Latest Headlines | News | World News | ...

**Former nurse is jailed for ...
how to hang himself and ...
teenager to jump in river ...
in online chatroom**

- William Melchert-Dinkel was ordered Wednes...
- Melchert-Dinkel, 52, must report to jail October...
- Convicted of one count of assisting a suicide and ...
  to assist a suicide in the deaths of English...
- In 2011 he was convicted, but ...
  unconstitutional restriction on ...
- Posed as female nurse Cami ...

Was hat den Täter

wirklich angetrieben?

Bis heute

bleiben die

MOTIVE

RÄTSELHAFT

Suizid-Fetisch, gibt er bei der Aufnahme an, sei süchtig nach Selbstmordforen. Fühle sich wertlos, schuldig.

Der Bundesstaat Minnesota hat strenge Gesetze gegen Sterbehilfe. Melchert-Dinkel wird wegen der Hilfe zum Selbstmord in zwei Fällen bei Nadia Kajouji und Mark Drybrough angeklagt. Als er 2010 vor Gericht steht, will er von Schuld nichts mehr wissen.

Er wehrt sich mit allen Mitteln gegen eine Verurteilung. Erklärt, er leide unter dem Asperger-Syndrom, einer Angststörung, möglicherweise auch unter Depressionen. Das Geständnis sei ungültig, durch Einschüchterung erzwungen, argumentiert Melchert-Dinkels Verteidiger.

Sein Mandant arbeitet jetzt als Fernfahrer. Die Aufsichtsbehörde hat ihm seine Pflegelizenz entzogen.

W

Was William Melchert-Dinkel wirklich angetrieben hat, aber bleibt ein Rätsel.

Auffällig sei die Grausamkeit, mit der er vorgegangen sei, erklärt der Psychiater Paul Appelbaum von der Columbia University. Nur Wenige würden sich so verhalten, darunter Psychotiker, die die Welt von „schwachen" Menschen befreien

2015 wird Melchert-Dinkel wegen Beihilfe zum Selbstmord verurteilt, doch sein Verteidiger hat Berufung angekündigt. Der Fall liegt in einer rechtlichen Grauzone und beschäftigt die Gerichte bis heute

wollten. Oder Psychopathen, die es genießen, wenn andere leiden. Oder Paraphile mit abweichenden sexuellen Neigungen, etwa einer Vorliebe fürs Erhängen.

Es ist eine Art Machtrausch, glaubt der ermittelnde Polizeibeamte Neil Nelson. Der Fall, sagt er, sei einer der wenigen in seiner Berufslaufbahn, bei denen er sich hätte vorstellen können, Gewalt anzuwenden. Was Melchert-Dinkel getan hat, sei für ihn unvorstellbar.

Nelson erinnert sich an einen der Namen, die sie auf seinem Computer gefunden und zurückverfolgt haben zu einem Mädchen in New York, keine 18 Jahre alt, die Melchert-Dinkel überredet hat, sich zu erhängen. Zu einem Vater, der ihnen sagt, seit ihrem Selbstmordversuch sei seine Tochter in Therapie, und er könne ihr nicht sagen, dass es die Freundin, der sie vertraut hat, nie gab. Dass sie stattdessen Beute war.

Nach moralischen Maßstäben ist das Vorgehen von Falcongirl ein Fall ohne Zweifel, ohne Grauzone. Aber rechtlich entzieht er sich fast allen Kategorien.

Melchert-Dinkel wird 2011 wegen Beihilfe zum Suizid in zwei Fällen verurteilt und legt Berufung ein, das Verfahren landet beim Obersten Gerichtshof von Minnesota und beginnt von vorn. Ein halbes Jahr sitzt er nach einer weiteren Verurteilung 2014 im Gefängnis, wird entlassen und legt gleich wieder Berufung ein.

Das vorerst letzte Urteil fällt das Berufungsgericht von Minnesota im Dezember 2015: schuldig wegen Sterbehilfe im Fall von Mark Drybrough.

Die Verurteilung für den Versuch, Nadia Kajoujis Selbstmord zu unterstützen, hebt das Gericht auf, mangels Beweisen, dass er ihr genaue Anleitungen zum Erhängen gegeben hat – und weil Nadia am Ende doch gesprungen ist.

Die Verteidigung kündigt eine weitere Berufung gegen die Bewährungsauflagen an, und Melchert-Dinkel bleibt auf freiem Fuß. Wie seine Rechtsanwälte vorgehen wollen, das lässt sich aus ihrem Plädoyer im ersten Prozess herauslesen: *Als Gesellschaft würden wir es vielleicht vorziehen, dass Mr. Melchert-Dinkel anders gehandelt hätte. Dass er alles in seiner Macht Stehende getan hätte, um diese Menschen von ihren Plänen abzubringen. Aber rechtlich sei er nicht dazu verpflichtet gewesen.*

Wenn man es so betrachtet, hat William Melchert-Dinkel alias Falcongirl tatsächlich nichts Böses getan ●

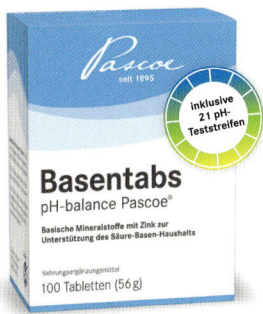

WARUM WIR ALLE EINE DUNKLE SEITE HABEN

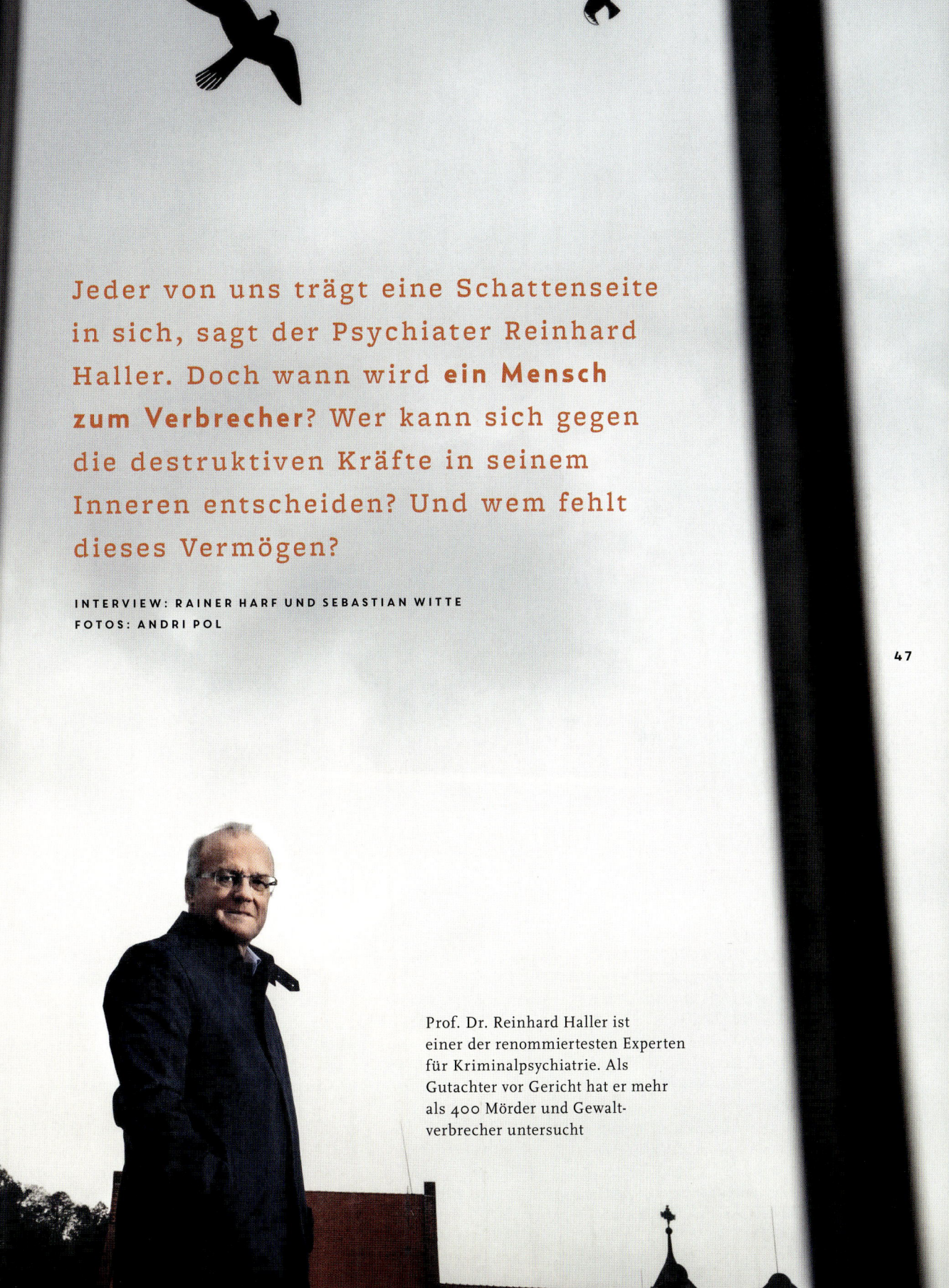

Jeder von uns trägt eine Schattenseite in sich, sagt der Psychiater Reinhard Haller. Doch wann wird **ein Mensch zum Verbrecher**? Wer kann sich gegen die destruktiven Kräfte in seinem Inneren entscheiden? Und wem fehlt dieses Vermögen?

INTERVIEW: RAINER HARF UND SEBASTIAN WITTE
FOTOS: ANDRI POL

Prof. Dr. Reinhard Haller ist einer der renommiertesten Experten für Kriminalpsychiatrie. Als Gutachter vor Gericht hat er mehr als 400 Mörder und Gewalt- verbrecher untersucht

48

GEOkompakt: *Herr Professor Haller, als Gerichtspsychiater beschäftigen Sie sich seit Jahrzehnten mit den Schattenseiten der menschlichen Psyche, mit dem Bösen in uns. Was aber ist das Böse?*

Prof. Dr. Reinhard Haller: Darauf eine Antwort zu geben ist überaus schwierig. Der Begriff des Bösen ist vielschichtig, schillernd und nur äußerst schwer zu beschreiben. Der Ausdruck ist geprägt durch Merkmale wie aggressiv, frevlerisch, infam, amoralisch, krank, gemein, niederträchtig, teuflisch. Eigenschaften wie Gehässigkeit, Rachsucht und Neid, Arglist, Übelwollen und Verschlagenheit gehören ebenso zum Verwerflichen wie alles, was mit Zerstörung, Krankheit, Ka-

tastrophe, Verderben und Verbrechen zu tun hat. Das Böse ist ein mysteriöses Konstrukt, unter dessen Dach sich alle möglichen Varianten des Unguten versammeln. Es ist der Inbegriff des Negativen, des Schlechten und des Zerstörerischen.

Das Böse, es ängstigt und bedrückt uns, es ist unheimlich, unfassbar und oftmals unaussprechbar.

Und doch überaus faszinierend.

Durchaus, und seit jeher hat der Mensch das Bedürfnis, dem Bösen eine Gestalt zu geben. Es wurde in Naturerscheinungen, wilden Tieren und bösen Geistern gesehen, in Dämonen und strafenden Göttern, in Ungeheuern, Krank-

heiten und Katastrophen. Und natürlich im Teufel, dem gefallenen Engel, der sich gegen Gott auflehnt und zum Fürsten der Finsternis wird. Folgt man der althochdeutschen Wurzel des Wortes, erkennt man seine Kraft in einer destruktiven Energie: „Bosi" bedeutete so viel wie anschwellend, aufgeblasen, erdrückend.

Und doch hat jede Disziplin wiederum eigene Deutungen des Bösen.

Welche Interpretationen sind das?

Aus religiöser Sicht wird unter dem Bösen eine gottfeindliche Haltung verstanden. Unter den mannigfachen Interpretationen der Philosophie ragen jene des unabwendbaren Übels heraus, das

WAS IST
DAS BÖSE?

Wie lässt es sich fassen?
Was muss geschehen, damit
aus guten Menschen
böse werden?

Verwerfliche
Gedanken und
Vorstellungen
sind nicht von
vornherein etwas
Schlechtes: Sie
können innere
Konflikte befrie-
den, so Haller

man wie eine Naturkatastrophe erdulden muss. Immanuel Kant wiederum sah den Ursprung des Bösen in der durch Egoismus, Gier oder Hass geprägten menschlichen Natur. In der Morallehre gilt es als böse, wenn sich der Mensch unmittelbar durch Triebe leiten lässt. Die psychoanalytischen Theorien dagegen sehen die Ursache des Bösen im Todestrieb, während die evolutionsbiologische Forschung die Aggression – das Böse – als Voraussetzung zur Selbsterhaltung und Fortpflanzung interpretiert.

Wie definiert die Psychiatrie das Böse?
Erstaunlicherweise hat meine Disziplin den Begriff lange Zeit vermieden.

Dabei muss man sich gerade bei der gerichtlichen Begutachtung und Behandlung von Verbrechern mehr als irgendwo sonst mit dem Bösen beschäftigen. Wer sollte kompetenter sein für die Ergründung dessen, was das Böse ist, als wir Gerichtspsychiater? Erst in jüngster Zeit gibt es eine zögerliche Auseinandersetzung mit dem Phänomen.

Woher kommt diese Scheu vor der Benennung des Bösen?
In der Psychiatrie muss man allzu oft mit Stigmatisierungen kämpfen. Unschuldige Menschen werden leichtfertig mit Etiketten versehen, ausgegrenzt. Das sieht man bei allen möglichen psychi-

schen Erkrankungen. Da kann schnell ein völlig falscher Eindruck entstehen.

Denken Sie etwa an den unter Depressionen leidenden Piloten, der im Frühjahr 2015 eine Passagiermaschine gegen ein Felsmassiv in den französischen Alpen steuerte und 149 andere Menschen mit in den Tod riss. Durch manche Berichterstattung entstand der gänzlich irrige Verdacht, Depressive seien gemeinhin gefährlich.

Wie würden Sie persönlich das Böse bezeichnen?
Für mich offenbart es sich in Handlungen, die sich destruktiv gegen die körperliche, psychische und soziale Integrität anderer Menschen richten. Hinzu kommt: Zum Bösen gehört immer der freie Wille – oder zumindest die Fahrlässigkeit. Wird ein Mensch aber gezwungen, einem anderen Menschen zu schaden, oder ist die destruktive Energie – und in ihrer Folge ein Verbrechen – das Symptom einer psychischen Krankheit, dann fehlt ja das Element der Schuld. Ist ein Mensch jedoch frei von Schuld, kann er aus meiner Sicht nicht wirklich böse sein.

Bestimmte Taten werden gemeinhin als besonders verwerflich bewertet; in der Rechtskunde zählt man dazu Mord, Vergewaltigung und Diebstahl. Alles Delikte, die unabhängig von jeder rechtlichen und religiösen Wertung als böse eingeschätzt werden. Und die zu jeder Zeit und in jeder Kultur als moralisch untragbar und sündhaft gelten.

Gibt es im Menschen so etwas wie eine genetisch angelegte Empfindung dafür, was böse ist?
Ja. Wir Menschen haben eine zum Teil im Erbgut verankerte Fähigkeit, zwischen Gut und Böse zu unterscheiden: unseren Moralinstinkt. Dass wir überhaupt imstande sind, das Böse zu erkennen, ist schließlich auch eine notwendige Bedingung dafür, dass wir das Gute sehen.

Anders gesagt: Ohne das Böse könnte das Gute gar nicht existieren.

Dieser Moralinstinkt umfasst jedoch noch mehr, nämlich die Einhaltung bestimmter sozialer Regeln, die für ein Zusammenleben von Menschen unabdingbar sind, ferner die Achtung der Rechte des anderen und die Eindämmung eigener egoistischer Ansprüche.

Vor allem aber hindert ein gut entwickelter Moralinstinkt uns daran, das

Leben anderer zu zerstören. Und somit, gewisse böse Anteile in uns nach außen zu kehren – und in die Tat umzusetzen.

Trägt jeder von uns böse Anteile in sich?

Man muss unterscheiden zwischen bösen Fantasien, bösen Plänen – und bösen Handlungen. Jeder Mensch, da gibt es keine Ausnahme, hat böse Gedanken und Vorstellungen. Jeder von uns entwickelt negative Ideen, spürt in sich aggressive Impulse und destruktive Strebungen, schadet in seiner Fantasie hin und wieder anderen Menschen.

Und das ist gut so. Denn solche Vorgänge sind keineswegs von vornherein etwas Schlechtes: Das gedankliche Durchspielen hat oft eine entlastende, konfliktbereinigende Funktion.

Solange es nur beim Gedanken bleibt …

Für die Psychohygiene ist es von größter Wichtigkeit, dass die Gedanken tatsächlich frei sind – und der Mensch nicht durch moralische Vorstellungen vom anständigen Denken dieser inneren Übungswiese beraubt wird.

Werden aus bösen Gedanken dann böse Pläne mit all ihren schrecklichen Einzelheiten, verlässt der Betreffende zum Teil bereits den Bereich der persönlichen Freiheit und Verantwortbarkeit.

Entscheidend ist aber immer die Tat. Wenn also Vorstellungen, Gedanken und Pläne tatsächlich in Handlungen umgesetzt werden.

Wenn jeder von uns finstere Fantasien hegt, ist dann auch jeder fähig, die bösen Gedanken in die Tat umzusetzen?

Diese Frage hat man sich – letztlich auch aus Furcht vor dem eigenen Bösen – immer wieder gestellt. Könnte jeder Mensch unter bestimmten Bedingungen zum Verbrecher werden? Oder ist das wirklich Böse nur den Persönlichkeitsgestörten, den Sadisten, den Psychopathen vorbehalten? Man hat spekuliert, ob die Massenmörder der NS-Zeit, der Stalin-Diktatur oder des Pol-Pot-Regimes psychisch abnorm waren.

Erstaunlicherweise sind nach allen wissenschaftlichen Studien nur fünf bis zehn Prozent der Massenmörder psychisch gestört. Die Untersuchungen der Hauptkriegsverbrecher vor dem Nürnberger Tribunal brachten, entgegen den Erwartungen, keine besondere Psychopathologie, keine Hinweise auf psychische

Krankheit oder Persönlichkeitsstörungen zutage. Sondern normale Befunde.

Das heißt aber nicht, dass jeder Mensch zum Kriegsverbrecher werden kann.

Gerade in Zeiten des Krieges offenbart sich mitunter auf schier unerträgliche Weise mancher Abgrund des ganz normalen – paradoxen – Menschseins. Wie kann es sein, dass der freundliche ältere Herr in unserer Straße als Lagerkommandant in einem Konzentrationslager Tausende Menschen in den Tod geschickt hat? Wie ist es möglich, dass ein sympathischer Kollege im Krieg an Gräueltaten beteiligt gewesen ist?

Aber: Würden Sie für sich und Ihr Verhalten garantieren, wenn Sie extrem begeistert oder bedrückt, wenn Sie höchst erregt oder brennend eifersüchtig, völlig berauscht oder vom Sog der Masse mitgerissen sind? Sind Sie ganz sicher, dass Sie sich in einem totalitären System der Pflichterfüllung widersetzen könnten? Dass Sie einen Befehl verweigern könnten, wenn dies Ihre Freiheit oder Ihr Leben in Gefahr bringt?

Das wird kaum jemand sicher beantworten können, der sich nicht in einer entsprechenden Situation erlebt hat.

Und das liegt eben daran, dass in jedem Menschen das Gute und das Böse vorhanden sind und dass es je nach Veranlagung, Erziehungseinflüssen, Lebenserfahrungen – und eben auch äußeren Umständen – in der einen oder anderen Form manifest werden kann.

Sofern psychische Krankheiten keine Rolle spielen, muss der Mensch die Fähigkeit zur Spaltung in ganz Gut und ganz Böse, in Normal und Abnorm besitzen und imstande sein, mit diesem unmittelbaren Nebeneinander zu leben.

Wie stuft man die Bösartigkeit eines Verbrechens ein?

Es ist ungemein schwierig, eine Tat mit einer anderen zu vergleichen. Das zeigt sich unter anderem darin, dass viele Menschen das Böse sehr verschieden beurteilen und als Opfer unterschiedlich darauf reagieren.

Und doch gibt es natürlich Versuche, das Böse zu quantifizieren. Der US-Psy-

chiater Michael Stone hat nach akribischer Auswertung mehrerer Hundert Mordfälle eine Skala des Bösen entwickelt, die „Gradations of Evil". Diese 22-stufige Skala ist so aufgebaut, dass jede Stufe die Verderbtheit der vorhergehenden beinhaltet und ein zusätzliches böses Element enthält. Danach gilt: Je reflexartiger ein Verbrecher handelt, desto weniger böse ist er. Und umgekehrt: Je stärker ein Mensch seine Tat plant, desto böser ist er. Wer in der Not, im heftigen Affekt, im Vollrausch einen anderen erschlägt, der gilt nach Stone als vergleichsweise wenig böse. Wer mit kaltem Verstand in langer Vorausschau einen brutalen Mord vorbereitet, der ist ganz besonders böse.

Weshalb spielt die Planung eines Verbrechens eine so zentrale Rolle?

Der Planungsgrad ist ein enorm wichtiges Kriterium – denn Planung setzt Freiheit voraus. Und je mehr der Wille durch tiefgreifende Emotionen, durch den dynamischen Druck oder mitreißenden Sog einer Gruppe, durch Drogeneinfluss oder durch psychische Krankheiten

beeinträchtigt ist, umso mehr verschiebt sich die Grenze zwischen Bösem und Gestörtem, zwischen freier Entscheidung und unfreiem Handeln.

Je klarer der Verstand, desto größer die Möglichkeit zur bösen Entscheidung. Der Leitgedanke des Planungsgrades einer Tat zieht sich vom Profiling noch nicht identifizierter Täter bis hin zur Quantifizierung des Bösen, zur Verwerflichkeit einer bösen Handlung.

Gibt es in Ihren Augen einen bestimmten Wesenszug, der besonders bösartig ist?

Meiner Ansicht nach steht eine Persönlichkeitsstruktur für den bösartigsten Charakter überhaupt: der maligne Narzissmus. Der Begriff „maligne" heißt bösartig, wie wir es bei körperlichen Tumoren verwenden. Fast alle Serienkiller und Sexualmörder sind maligne Narzissten.

Was zeichnet diese Menschen aus?

Narzisstisch sind sie nicht in dem Sinne, wie die meisten von uns das Wort gebrauchen – um zum Beispiel jemanden zu charakterisieren, der sich ganz beson-

ders toll, gescheit, gut aussehend findet, also selbstverliebt ist. Der maligne Narzisst leidet vielmehr unter schweren Minderwertigkeitsgefühlen. Um diese emotionalen Defizite zu kompensieren, schwingt er sich zu furchtbaren Größenfantasien auf, zum Herrn über Leben und Tod. Er spürt den absoluten Drang, sich über andere zu stellen. Bildlich gesprochen ist er – aufgrund seiner Minderwertigkeitsgefühle – ein einäugiger König, der sich nur dann gut fühlt, wenn er Menschen um sich schart, denen er das Augenlicht nimmt, die er zu Blinden macht.

Und dazu muss er andere verletzen?

Um sich über andere zu erheben und die erwünschte Macht zu spüren, trachtet der bösartige Narzisst danach, andere Menschen maximal zu entwerten. Er erniedrigt sie, er quält, vergewaltigt, tötet.

Ein unauffälliger Durchschnittsbürger, der ein Kind in seine Gewalt bringt und vergewaltigt, ist in seiner Schrecklichkeit diesem hilflosen Wesen überlegen. Der Sexualtäter hebt sich aus seinem höchst durchschnittlichen Leben heraus, wenn er als gefürchteter Despot über das Schicksal eines Menschen bestimmt.

Machtausübung ist für den malignen Narzissten von zentraler Bedeutung und von höchster Befriedigung. Zwar bleibt er im Kern minderwertig, aber er schafft sich seine narzisstische Position, indem er über das Schicksal waltet und andere bis zum Tod entwertet.

Wodurch sind maligne Narzissten noch charakterisiert?

Ein wichtiges Charakteristikum sind psychopathische Züge und die Neigung zu antisozialem Verhalten. Das zeigt sich bereits in der Kindheit und Jugend – durch Tierquälerei, Weglaufen, Schuleschwänzen, delinquentes Verhalten, frühe Straftaten, etwa Brandlegen. Zudem sind maligne Narzissten oft extreme Sadisten, viele schöpfen aus der körperlichen und seelischen Pein ihrer Opfer sexuelle Lust. Sie weiden sich förmlich an ihrer Angst.

Schließlich gibt es ein weiteres Charakteristikum, das maligne Narzissten auszeichnet: Die meisten sind beinahe an das Wahnhafte grenzend misstrauisch. Sie verlieren selten die Kontrolle über die Situation, lassen sich nicht von Affekten treiben, agieren nicht unüberlegt im Rausch. Andere Menschen sind in ihren Augen Feinde – oder Narren.

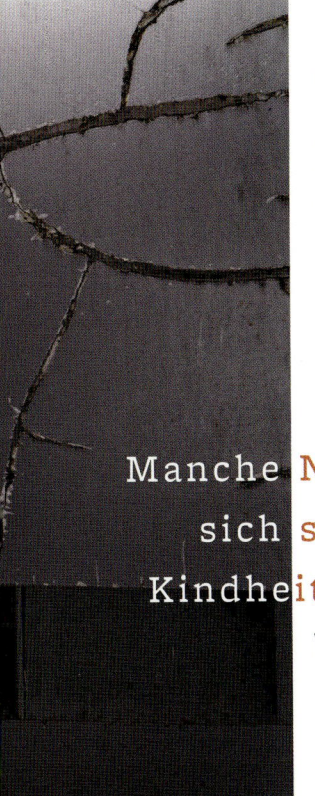

Um sich über sie zu erheben, trachten manche danach, andere maximal zu entwerten, sagt Reinhard Haller

Manche Neigung zeigt sich schon in der Kindheit: **TIERQUÄLEREI, WEGLAUFEN, FRÜHE STRAFTATEN**

Bösartige Narzissten haben in der Regel einen überdurchschnittlich hohen Intelligenzquotienten. Das macht sie unter anderem so gefährlich, weil sie sehr gut planen können, höchste Vorsicht anwenden, kaum Spuren hinterlassen. Und mithin kriminologisch äußerst schwer dingfest zu machen sind – das ist der Grund, weshalb Serienmörder oft so lange nicht gefasst werden. Berechnungen des FBI zufolge laufen allein in den USA derzeit etwa 150 Sexualkiller frei herum.

Hat ein bösartiger Narzisst einen freien Willen, ist er also schuldfähig?

Ja. Er ist nicht geisteskrank oder verwirrt, er ist nicht im psychotischen Wahn wehrlos. Er leidet nicht unter Halluzinationen oder Stimmen, die ihm befehlen, zu morden. Der maligne Narzissmus ist eine Persönlichkeitsstörung, doch Betroffene sind schuldfähig.

Wird man so geboren?

Noch ist dies nicht vollends erforscht. Teilweise beruht die Ausbildung eines solchen Charakters wahrscheinlich auf genetischer Veranlagung. Teilweise hat sie offenbar mit Besonderheiten des Hirnaufbaus und der Hirnfunktion zu tun. So arbeiten zum Beispiel jene Teile, in denen das Empathievermögen lokalisiert ist, anders als bei den meisten anderen Menschen.

Und natürlich hat eine solch massive Charakterstörung auch mit der Kindheit zu tun. Erfahrungen in frühen Jahren vermögen zwar jene finsteren Persönlichkeitsmerkmale nicht gänzlich zu erklären. Doch außer Frage steht, dass die Kindheit im Hinblick auf spätere Täterschaft einen Hauptrisikofaktor darstellt.

Viele Täter litten als Kinder an völligem Liebesmangel, oft gepaart mit Misshandlungen. Auf perverse Art verdreht sich dieses ungestillte Bedürfnis nach Wärme, die Betroffene dann auf bösartige, sadistische Weise erzwingen wollen.

In seltenen Fällen kann allerdings auch umgekehrt ein Zuviel an Zuneigung zu einer narzisstischen Sucht führen: Der Betroffene bekommt nie genug Lob und Anerkennung. In seiner unstillbaren Sucht versucht er, dies zu erzwingen. Diese beiden Pole gibt es.

*Immer wieder begegnet man der Aussage, sadistische Mörder hätten kaum Empathievermögen. Muss aber nicht der Sa-*dist *in gewisser Weise mitfühlen können, dass sein Opfer wirklich Qualen erleidet?*

Richtig. Das bestätigt auch die moderne Forschung. Ein intelligenter Serienkiller, der nicht verwirrt oder psychisch krank ist, sondern im vollen Besitz seiner Geisteskraft, hat ein hohes Vermögen, die Emotionen anderer zu erfassen. Und doch unterscheidet sich dieses Empathievermögen von dem der meisten Men-

Für manche ist Töten ein SEXUELLER STIMULUS

schen. Es ist kein warmes Mitgefühl, sondern eine kalte Form der Empathie, die vor allem falsch programmiert ist.

Durch das Quälen anderer erfährt der Mörder einen Lustgewinn. Er ist auf perverse Art ein Meister des Einfühlens: Er weiß genau, was er anderen antun muss, um sie maximal zu erniedrigen, zu peinigen, in Todesangst zu versetzen.

Was läuft im Moment der Tat im Kopf eines solchen Menschen ab?

Sie verschafft vielen Mördern letztlich – im weitesten Sinne – eine Art sexuellen Stimulus. Sie haben ein Hochgefühl, beziehen erregende Gefühle durch das Quälen anderer, durch deren Angst und Hilflosigkeit. Im Augenblick des Tötens erreicht diese Lust gewissermaßen einen Höhepunkt. Es ist sozusagen ein Äquivalent zum Orgasmus.

Können Sie erklären, warum es diese Menschen geradezu sexuell erregt?

Wirklich erklären lässt sich das bis heute nicht. Es gibt jedoch verschiedene Hypothesen. Biologisch betrachtet könnte es – vereinfacht gesagt – eine Fehlverdrahtung im Gehirn sein. Jeder Mensch erlebt eine beglückende Ausschüttung von Endorphinen beim Sex. Dieser Kick allerdings gelingt den Betroffenen am ehesten durch drastische Mittel der Machtausübung.

Ähnlich wie beim Sex fallen nicht wenige Mörder danach übrigens ebenso in eine Leere hinein – so wie sie viele Menschen post coitum erleben. Nach der Tat bricht die zuvor hochgeschnellte orgiastische Kurve rapide ein.

Fallen bösartige Narzissten im Alltagsleben auf?

In der Regel nicht. Sie werden von ihrer Umgebung nicht leicht erkannt. Fast schon sprichwörtlich ist ihr Charme. Sie verfügen über eine hohe schauspielerische Begabung. Ein Beispiel dafür ist der österreichische Serienkiller Jack Unterweger, den ich psychiatrisch begutachtet habe. Unterweger, der 1994 in Haft Selbstmord begangen hat, wird noch heute von vielen Frauen umschwärmt.

Hat der Kontakt zu Menschen wie Unterweger Ihre Sicht auf das Böse verändert?

Inzwischen habe ich 400 Menschen mit Tötungsdelikten untersucht. Ich habe also weit mehr als zwei Jahre meines Lebens mit Straftätern in Einzelhaft gesessen. Dazu gehört, die Schilderung von Gewalttaten auszuhalten – sadistische Quälereien, Folter, Kindstötung.

Schon zu Beginn meiner Tätigkeit als Gerichtspsychiater gelangte ich zu einer für mich erstaunlichen Erkenntnis: Verbrecher sind in der überwiegenden Mehrzahl ganz durchschnittlich. Es sind Menschen oft ohne besondere Lebenswege, doch mit besonderen Schicksalen.

Die meisten Straftaten stellen sich als unselige Endergebnisse eines längerfristigen Prozesses, einer ungünstigen Lebensgeschichte oder einer Reihe von belastenden Umgebungsfaktoren dar.

Wären Verbrechen generell vermeidbar, wenn jeder Mensch unter günstigen Bedingungen aufwüchse?

Ganz sicher würde es deutlich weniger Kriminalität geben. Und doch: Eine Gesellschaft ganz ohne jedes Verbrechen wäre auch dann nicht denkbar. Ich bin mir sicher: Das Böse wird so lange existieren, wie es Menschen gibt. Es wird sich immer Bahn brechen, in unterschiedlicher Gestalt. Denn das aggressive Potenzial ist nun mal Teil unseres archaischen Erbes. ●

PROF. DR. REINHARD HALLER, Jg. 1951, leitet die Suchtklinik »Maria Ebene« im österreichischen Vorarlberg und ist Autor zahlreicher Bücher – darunter »Das ganz normale Böse« (Ecowin) und »Die Seele des Verbrechers« (Rowohlt). **ANDRI POL**, Jg. 1961, ist Porträtfotograf in Zürich.

52

Die Macht der Kränkung

Sie sind die Ursache der meisten zwischenmenschlichen Zerwürfnisse, sie führen nicht selten zu psychischen Leiden – und mitunter entladen sie eine ungeheure destruktive Wucht: Kränkungen sind die Wurzel vieler krimineller Handlungen. Woher rührt ihre enorme **zerstörerische Energie**?

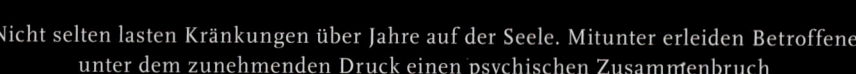

Nicht selten lasten Kränkungen über Jahre auf der Seele. Mitunter erleiden Betroffene unter dem zunehmenden Druck einen psychischen Zusammenbruch

TEXT: UTE EBERLE
ILLUSTRATIONEN: HANNA BARCZYK

D a ist der vermögende, kinderlose 88-Jährige, dessen Nichten und Neffen sich liebevoll um ihn kümmern. Sie nehmen ihm Alltagserledigungen ab und treffen ihn regelmäßig zum Sonntagskaffee. Doch als sich der Rentner ein teures Sportauto kauft und die Verwandten ihn daraufhin fragen, ob das in seinem Alter nicht übertrieben sei, ist er so erbost, dass er seinen Reichtum einer gemeinnützigen Organisation hinterlässt.

Da ist das jung vermählte Paar, das am dritten Tag der Hochzeitsreise einen Radiobeitrag hört über eine Künstlerin, die zehn Jahre lang am Bild eines Penis gemalt hat. Den würde sie ja gern einmal sehen, scherzt die Frau. Ihr Gatte versteht die Bemerkung als Anspielung, dass sein eigener Körper wenig bewundernswert sei. Es gibt Streit und Tränen. Das Paar bricht die Flitterwochen ab.

Da ist der erfolgreiche 44-jährige Tischler, der sich einen Betrieb mit 30 Mitarbeitern aufgebaut hat. Als seine Frau andeutet, sein Handwerksstil sei altmodisch, gar „kitschig", rastet er aus. Er holt eine Motorsäge aus dem Betrieb und zerlegt zu Hause alle Möbel in Wohnzimmer, Küche und Schlafzimmer.

Und da ist der 22-jährige Sohn eines Filmregisseurs in Santa Barbara, Kalifornien, der mit einer Pistole zwei Studentinnen erschießt und eine weitere verletzt. Er tötet auch seine drei Mitbewohner und einen zufällig vorbeikommenden Passanten. In einem 137 Seiten langen „Manifest" erklärt der Amokläufer sein Hauptmotiv: Nie habe sich eine Frau in ihn verliebt. Dafür wolle er sich rächen.

Was all diese Fälle offenbaren, ist einer der destruktivsten psychischen Mechanismen des menschlichen Charakters: die Macht der Kränkung.

Wissenschaftler beobachten immer wieder, auf welch erschreckende Weise Demütigungen jede Form des Miteinanders ruinieren können. Wie selbst geringfügige Affronts – etwa ein stichelnder Kommentar oder eine vergessene Dankeskarte – aus zuvor friedfertigen Menschen rachsüchtige Gewalttäter werden lassen. Und vor allem: welche verheerenden Folgen größere Demütigungen mit sich bringen können, zum Beispiel, wenn ein Chef einen seiner Mitarbeiter vor versammelter Belegschaft tadelt, schmäht, beleidigt. Oder wenn ganze Gruppen von Menschen innerhalb einer Gesellschaft Diskriminierung, Entwürdigung erfahren.

Es gibt keinen Streit, der nicht auf Kränkungen zurückzuführen ist, so der renommierte österreichische Gerichtspsychiater Reinhard Haller, der sich ausgiebig mit den Ursachen und Folgen von Demütigungen beschäftigt hat.

Wissenschaftler wie Haller studieren, welche Motive zu Morden, Vergewaltigungen oder Brandstiftungen führen, wie es zu Beziehungsabbrüchen, Familientragödien oder Racheakten kommt, worin internationale Konflikte, Terroranschläge und Amokläufe wurzeln. Ihre Erkenntnis: Meist tragen mehrere Faktoren zu solchen Ereignissen bei, etwa psychische Probleme oder über einen langen Zeitraum gärende Spannungen sowie Aggressionsgelüste und Eifersucht.

Doch wenn die Forscher weit genug in die Vorgeschichte eines Verbrechens zurückblicken, untersuchen, was sich im Vorfeld eines Gewaltaktes abgespielt hat und wann es zu entscheidenden Auslösern gekommen ist, stoßen sie fast immer auf eine oder mehrere Situationen, bei denen sich der spätere Täter von anderen zurückgestoßen fühlte – also gekränkt.

Diese Episoden wirken wie eine Initialzündung. Wie ein Funke, der eine Lunte entfacht, bis es schließlich zum Ausbruch der Aggression kommt.

So hat der US-Wissenschaftler David Luckenbill sämtliche 70 Morde analysiert, die sich in einem Zeitraum von zehn Jahren in einem kalifornischen Landkreis mit 350 000 Einwohnern ereignet hatten. Luckenbill entdeckte: Das Verhängnis nahm ausnahmslos seinen Anfang mit der Überzeugung der Mörder, sie seien zuvor beleidigt worden. Etwa dadurch, dass die Lebensgefährtin mit fremden Männern flirtete. Oder dass sich andere über den späteren Täter lustig machten.

Oder dass ihn ein Bekannter einen Schmarotzer nannte. In einem Fall reichte es dabei schon aus, dass das spätere Opfer das Auto des anderen abfällig als „Schrottkarre" bezeichnet hatte.

Manche Psychologen sehen in Kränkungen und dem Gefühl des Gekränktseins sogar die Wurzel der meisten menschlichen Übel. An ihnen zerbrechen Ehen und Wirtschaftsbeziehungen, sie verwandeln beste Freunde in erbitterte Feinde, lassen Liebe in unversöhnlichen Hass umschlagen.

Die Sprengkraft der Demütigungen ist derart groß, dass die Konfliktforscherin Evelin Lindner solche Affronts als „emotionale Atombomben" bezeichnet.

Die Psychologin hat unter anderem den Verlauf von Kriegen und Völkermorden untersucht und ist davon überzeugt, dass selbst bei solchen Massenkatastrophen Demütigungen eine entscheidende Rolle spielen. Etwa beim Genozid von Ruanda 1994, bei dem Angehörige der Hutu beinahe eine Million Menschen töteten – vornehmlich Angehörige der Volksgruppe Tutsi, von denen sich die Hutu viele Jahre lang unterdrückt und gedemütigt gefühlt hatten.

Oder beim Bürgerkrieg in Somalia, der vermutlich in Blutfehden verfeindeter Clans wurzelt und durch immer neue gezielte Demütigungen wie Entführungen und Attentate angetrieben wird.

W as aber verschafft Kränkungen ihre enorme destruktive Energie? Wie kommt es, dass mitunter schon eine einzige falsch aufgefasste Geste, eine einzige unüberlegte Bemerkung verheerende Folgen nach sich zieht? Und stimmt die Behauptung mancher Psychologen, dass der moderne Mensch immer reizbarer wird? Nimmt die Macht der Kränkung im digitalen Zeitalter noch zu?

Sobald man sich mit dem Phänomen der Demütigung und ihren Auswirkungen ein wenig intensiver befasst, fällt eine Tatsache rasch auf: Kränkungen sind unvermeidlich. Denn Forscher fassen unter dem Schlagwort ein großes Spektrum von Verhaltensweisen zusammen, die dazu führen, dass sich Menschen in ihrer Selbstachtung verwundet fühlen.

Kränkungen können zuweilen tatsächlich krank machen: So entwickeln manche Gedemütigte
gar körperliche Symptome wie etwa Beklemmung und Schmerzen

Das reicht von gedankenlosen Ausrutschern (wenn wir vergessen, einen Kollegen beim Umtrunk mit einzubeziehen) über versehentliche Taktlosigkeiten (wenn wir ironisch auf ein in unseren Augen hässliches Geschenk reagieren) und unverhältnismäßig harsch formulierte Kritik bis zu ganz bewusst vorgenommenen Akten der Erniedrigung – etwa wenn Schüler einen Klassenkameraden ausgrenzen, sich über ihn lustig machen, ihn mit Hassmails überschütten.

Oder wenn Eltern eines ihrer Kinder bewusst bevorzugen. Wenn ein Geschäftspartner den anderen bei einem Meeting absichtlich lange warten lässt.

Große und kleine Demütigungen sind derart verbreitet, dass kaum ein Mensch auch nur einen einzigen Tag verlebt, ohne sich irgendwann gekränkt zu fühlen. Oder einen anderen zu kränken.

Die Folgen sind unvorhersehbar. Zwar bleiben viele Kränkungen scheinbar ohne jede Konsequenz – der Getroffene verwindet den Affront, relativiert die Demütigung oder vergisst die Kränkung schnell wieder. Doch zuweilen endet das Ganze katastrophal – wie bei den Morden in Kalifornien.

Forscher, die verstehen wollen, wie es zu solchen Reaktionen kommt, müssen in die dunklen Regionen der Psyche vordringen. In jene Bereiche des Denkens und Fühlens, in die Menschen selbst enge Vertraute selten hineinlassen: weil dort die verletzlichen, die wunden Seiten der Seele und die Selbstzweifel verborgen liegen. In diesen schattenhaften Bereichen unserer Psyche (und oft gestehen wir uns das nicht einmal ein) können wir zum Beispiel von der Angst erfüllt sein, körperlich unattraktiv zu wirken. Oder von Minderwertigkeitskomplexen, die noch aus der Kindheit stammen.

Trifft uns eine Geste, ein Kommentar oder die Handlung eines Gegenübers an ebenjenen empfindlichen Schwachstellen, geschieht im Gehirn etwas Erstaunliches.

In derartigen Situationen steigen besonders intensive Gefühle in uns auf. Das stellten Psychologen in den Niederlanden jüngst in einem Versuch fest: Dabei maßen sie die Gehirnaktivität von Probanden, die sich unterschiedliche Szenarien vorstellen sollten.

In einem Fall mussten sie imaginieren, in einer Wohngemeinschaft zu

58

Das Gefühl, von anderen ausgeschlossen zu werden, gehört zu den schmerzhaftesten
Demütigungen für ein soziales Wesen wie den Menschen

leben, und ein Hausgenosse hatte während ihrer Abwesenheit eine wilde Party geschmissen, bei der – unter anderem – sämtliche Weingläser zu Bruch gegangen waren.

In einem weiteren Szenario sollten die Versuchsteilnehmer vor ihrem geistigen Auge folgende Situation durchspielen: Man verabredet sich mit einer Bekanntschaft aus dem Internet zu einem ersten Date. Doch als sich die erwartete Person dem Treffpunkt nähert und sieht, wer dort auf sie wartet, macht sie auf dem Absatz kehrt.

Im ersten Fall empfanden die Probanden vor allem Ärger – mehr aber auch nicht –, im zweiten gaben sie dagegen an, sich erniedrigt und gekränkt zu fühlen. Und hier zeigten die Scans bei den Versuchsteilnehmern im Schnitt eine deutlich höhere Gehirnaktivität.

Nach der Demütigung wallten die Emotionen also noch weitaus heftiger empor als bei der Wut.

Verblüffend dabei ist aber auch, welche Areale des Denkapparats sich regen, wenn wir uns zurückgestoßen fühlen.

Dazu gehören viele Regionen, die sonst in die körperliche Schmerzverarbeitung involviert sind. Das heißt: Versetzt uns eine Verabredung oder hören wir zufällig mit, wie Bekannte abfällig über uns reden, fühlt sich das – neurologisch betrachtet – so ähnlich an, als würden wir barfuß in eine Glasscherbe treten.

Die Parallelen sind derart groß, dass Forscher in den USA ein zunächst eher bizarr anmutendes Experiment erdachten. Sie ließen Versuchspersonen drei Wochen lang ein Schmerzmittel schlucken.

Und tatsächlich: Solange die Freiwilligen das Medikament nahmen, litten sie

weniger unter Kränkungen. Das konnten die Forscher unter anderem anhand einer Skala ermitteln, auf der die Probanden jeden Tag angeben sollten, ob und wie stark sie sich während der letzten Stunden gekränkt gefühlt hatten.

Dass ein gedemütigter Mensch regelrechten Schmerz empfindet, ist vermutlich kein Zufall. Forscher gehen davon aus, dass wir auf Schmähungen und Herabsetzungen so ähnlich wie auf körperliche Verwundungen reagieren, weil sie uns in vergleichbarer Weise bedrohen.

Für unsere Ahnen war es überlebenswichtig, dass sie einer Gruppe angehörten. War ein Mensch in der Wildnis allein auf sich gestellt, Raubtieren und Wetterunbilden ausgesetzt, kam das oft einem Todesurteil gleich.

Daher scheint der Mensch ein emotionales Alarmsystem entwickelt zu haben, das hochsensibel auf jedes Anzeichen der Ablehnung reagiert.

Wir merken auf, wenn die Nachbarin beim Vorbeifahren plötzlich nicht zurückwinkt: Vielleicht hat sie uns einfach nicht gesehen – aber womöglich ist der unterlassene Gruß auch ein erstes Warnzeichen dafür, dass sich im gesellschaftlichen Umfeld Unmut gegen uns bildet.

Eng mit dem Gefühl der Kränkung sind noch zwei weitere Emotionen verbunden: Eifersucht und Neid. Auch sie wurzeln darin, dass wir um unsere Stellung in der Gruppe fürchten und bangen, ob uns andere ausstechen.

Diese Gefühle lassen sich schon bei Kleinkindern nachweisen.

Experimente zeigen, dass bereits sechs Monate alte Babys weinerlich reagieren, wenn ihre Mutter mit einer lebensechten Puppe schmust. Aus Angst, vernachlässigt zu sein, versuchen diese Säuglinge dann, mit Gesten, Gurren oder Geplärr die Aufmerksamkeit der Mutter wieder auf sich zu ziehen. Ältere Kinder laufen sogar zum vermeintlichen Rivalen hin und hauen teils wüst auf ihn ein.

Liest die Mutter dagegen ein Buch oder beschäftigt sich mit einem Puzzlespiel, stört das den Nachwuchs weitaus weniger.

Der Instinkt des Menschen, seinen Platz in der Gruppe sichern zu wollen, ist Studien zufolge derart tief in uns verankert, dass wir uns selbst dann noch gekränkt fühlen, wenn uns Personen ausschließen, die wir selber gar nicht mögen.

Natürlich ist nicht jeder von uns auf gleiche Weise kränkbar. Manche Menschen reagieren selbst auf grobe Beschimpfungen gelassen. Andere verstört schon ein einziges barsches Wort.

Wie empfindlich jemand auf Kränkungen reagiert, hängt vermutlich vom Temperament sowie den Erfahrungen der frühen Jahre ab.

Psychologen vermuten: Kinder, die wenig Liebe von ihren Eltern erfahren oder häufig zurückgewiesen werden, entwickeln mit der Zeit immer stärkere Selbstzweifel. Als Erwachsene werden die Betroffenen häufig von schweren Minderwertigkeitskomplexen geplagt. Und entsprechend schnell fühlen sie sich dann gekränkt.

Aber auch wenn die Eltern ein Kind permanent loben, wenn sie ihm jedes Hindernis aus dem Weg räumen und ihm das Gefühl geben, dass es nichts verkehrt machen kann, wird der Heranwachsende oft besonders empfindlich.

Kaum je mit Kritik konfrontiert, entwickeln sich die Kinder nicht selten zu selbstherrlichen Narzissten, die jegliche Ablehnung und jedes Scheitern ihrer Pläne maßlos verwunden (siehe Seite 72).

Dagegen schützt ein gesundes Selbstwertgefühl vor vielen Kränkungen. Wer seine Stärken kennt und seine Schwächen akzeptiert, ist emotional so stabil, dass er die Handlungen, Meinungen und Aussagen anderer Menschen nicht automatisch persönlich nimmt.

u

Und doch: Niemand ist gegen die Macht der Kränkung vollkommen gefeit.

Vergisst etwa ein Freund wiederholt den Geburtstag, lobt der Chef immer nur den Kollegen und nie einen selbst oder knurrt der Hund des Bruders bei jedem Besuch, obwohl er das bei keinem anderen tut, werden viele an sich zu zweifeln beginnen. Ihr Selbstvertrauen sinkt. Sie werden unsicher.

So greifen Kränkungen das Bild an, das wir von uns selber haben, sie erschüttern den Kern der Persönlichkeit. Darum

---

**Kränkungen
werden häufig
überwunden, doch
manche brechen
sich Bahn –
und enden kata-
strophal**

---

ist, wie Experten sagen, kaum jemand ihrer zermürbenden Kraft gewachsen.

Mehr noch – es ist nicht nur so, dass uns Kränkungen schmerzen: Wenn uns ein anderer erniedrigt, kann dies auch ein Gefühl von Scham auslösen. Studien belegen zudem, dass wir weniger klar denken, wenn wir sozial zurückgewiesen werden. Anders gesagt: Unser Intelligenzquotient sinkt vorübergehend.

Eine Kränkung kann also zur Konsequenz haben, dass sich ein Zustand einstellt, vor dem wir uns ängstigen: Wir verlieren an Geisteskraft, sind oft nicht mehr so schlagfertig wie sonst.

Autoritäre Herrscher haben die zerstörerische Macht von Erniedrigungen über die Jahrhunderte immer wieder ausgenutzt – wie auch das Strafsystem in vielen Ländern. Lange Zeit war es etwa üblich, Verurteilte öffentlich zu demütigen. Diebe, Betrüger oder Querulanten wurden am Pranger zur Schau gestellt oder durch die Straßen getrieben, verlacht und bespuckt.

Diese besonders schweren Formen der Kränkung sollten die Straftäter mit einer solchen Scham erfüllen, dass sie fortan gesetzestreu leben würden.

Und so waren Schmähungen und Erniedrigungen bis weit in die zweite Hälfte des 20. Jahrhunderts auch ein anerkanntes Mittel der Kindererziehung.

Viele Eltern denken sich bis heute wenig dabei, Söhne oder Töchter mit Bemerkungen wie „Du bist ein böses Kind!" oder „Jetzt sei doch nicht so eine Heulsuse!" zu verunglimpfen.

Die Scham, die solche Bemerkungen auslösen, soll den Nachwuchs zum Benehmen animieren. Nicht selten steht hinter derartigen Erziehungsmaßnahmen – bewusst oder unbewusst – die Auffassung, der Wille der Heranwachsenden müsse gebrochen werden, damit sie zu ordentlichen Mitgliedern der Gemeinschaft heranreifen.

Vor noch nicht allzu langer Zeit gehörte die Erniedrigung in manchen Institutionen zur Erziehung, etwa in katholischen Kinderheimen oder Internaten, und führte mitunter zu geradezu sadistischen Unterwerfungsriten. Stockschläge, Beschimpfungen, erniedrigende Praktiken wie das peinliche Kontrollieren benutzter Unterwäsche waren etwa in etlichen Kinderheimen keine Seltenheit.

Erst vor Kurzem haben Experten begonnen, sich mit dem Ausmaß des

Wie leicht sich jemand kränken lässt, hängt häufig von der Kindheit ab: Wer früher
oft zurückgewiesen wurde, reagiert als Erwachsener meist empfindlicher

Schadens zu beschäftigen, den schwere Erniedrigungen bei den Betroffenen, aber auch in der Gemeinschaft anrichten.

Sie haben festgestellt: Starke Kränkungen hinterlassen Spuren in der Psyche, die nicht verblassen. Wunden, die nie wirklich heilen. Darin unterscheidet sich der emotionale Schmerz sogar von den Qualen einer körperlichen Blessur.

Bricht sich ein Mensch ein Bein, kann er sich später nur auf abstrakte Weise an den erlittenen Schmerz erinnern. Ruft er sich aber ins Gedächtnis, wie er beim Schulsport stets als Letzter von den Klassenkameraden aufgerufen wurde, wenn es darum ging, Mannschaften zu bilden, überfluten ihn ebenjene verletzenden, tief empfundenen Gefühle der Erniedrigung immer wieder von Neuem.

Manche Menschen verinnerlichen eine solche Kränkung derart, dass sie dauerhaft verbittern. Die Symptome ähneln denen einer Depression oder posttraumatischen Belastungsstörung. Betroffene schlafen oft schlecht, haben keinen Appetit mehr, verlassen kaum noch ihre Wohnung oder ihr Haus. Sie verlieren die Lebensfreude und werden schwermütig. Häufig entwickeln sie auch körperliche Beschwerden wie etwa Schmerzen.

m

Mitunter kommt es zudem vor, dass eine Kränkung regelrecht gärt in der Psyche des Getroffenen wie eine fiebrige Infektion. Bis sich schließlich – manchmal noch Jahre später – die destruktive Energie der Demütigung entlädt.

Dann sinnt der Erniedrigte auf Rache. Dieser schwelende Prozess des emotionalen Aufschaukelns läuft für Außenstehende oft im Verborgenen ab – und kann dann, wenn der Betroffene zur Tat schreitet, andere völlig unvorbereitet treffen und gänzlich fassungslos machen.

So war der 18-jährige Schüler, der im Juli 2016 im Olympia-Einkaufszentrum von München neun Menschen und schließlich sich selbst tötete, von seinen Mitschülern lange Zeit gemobbt worden – und wollte sich dafür vermutlich an der Gesellschaft rächen.

Das ist kein Einzelfall. Bei fast allen Schulattentaten in Europa und den USA, die Psychologen untersucht haben, fühlten sich die Täter von anderen gekränkt.

Auch bei anderen Verbrechen liegt der entscheidende Auslöser oft in einer tiefen Gekränktheit.

Experten berichten von Brandstiftern, die Feuer legen, weil sie etwa von einer Frau abgewiesen wurden. Von Einbrechern, die sich „zurückholen" wollen, was die Gesellschaft ihnen ihrer Meinung nach an finanziellem Wohlstand schuldet. Von Terroristen, die derart gekränkt sind über die Ungerechtigkeiten der Welt, dass sie ihrer Kultur oder ihrem politischen Anliegen mit Gewalt Respekt verschaffen wollen.

Wissenschaftler vermuten, dass es oftmals ein Teufelskreis aus Demütigungen ist, der viele internationale Konflikte antreibt.

Im Gazastreifen etwa müssen Araber oft stundenlang an der Grenze zu Israel anstehen. Häufig zwingt man sie dabei, ihre Hände auf den Kopf zu legen, eine Geste des Sich-Ergebens. Zudem können Grenzsoldaten willkürlich entscheiden, wer sich einer Leibesvisitation unterziehen muss – und Palästinensern auch dann die Einreise verweigern, wenn die alle Regeln befolgt haben.

Derartige erniedrigende Erfahrungen führen bei manchen Betroffenen zu solchen Aggressionen und Rachewünschen, dass sie zu Attentätern werden. Das wiederum bewirkt, dass Israel Palästinensern die Einreise weiter erschwert.

e

Experten haben ein weiteres Phänomen beobachtet: Aus verschiedenen Gründen sind Menschen in den vergangenen Jahrzehnten anfälliger geworden für Kränkungen.

Diese zunehmende Sensibilität liegt zum einen an der modernen Lebensweise: Technische Neuerungen wie Kurznachrichten, E-Mail oder Soziale Medien verschaffen dem Einzelnen immer weiter reichende Netze an Kontakten. Jeder von uns steht mit immer mehr anderen Menschen im Austausch.

Statistisch betrachtet bedeutet dieser Umstand zwangsläufig: Im Mittel ist jeder heutzutage eher in Gefahr, einen seiner Mitmenschen zu kränken. Oder von einem anderen gekränkt zu werden.

Gleichzeitig verstärken Trends – etwa das Zurschaustellen des eigenen Alltags auf sozialen Plattformen – narzisstische Tendenzen. Je mehr wir die eigene

Experten haben beobachtet:
In den letzten Jahrzehnten sind Menschen immer anfälliger für Kränkungen geworden

---

AUF EINEN BLICK

Verletzte Psyche

Menschen empfinden Demütigungen als höchst schmerzhaft. Im Gehirn sind teils die gleichen Areale aktiv wie bei körperlicher Pein.

Langfristige Folgen

Mitunter nagen Kränkungen über Jahre an der Seele, bis sie sich unvermittelt Bahn brechen – etwa in Form gewalttätiger Racheaktionen.

Ursprung des Bösen

Nicht zufällig sehen manche Wissenschaftler daher in Kränkungen die Wurzel der meisten menschlichen Übel.

Heilsame Vergebung

Gelingt es Menschen, ihren Demütigern zu verzeihen, eröffnet sich die Chance, Kränkungen zu überwinden.

Person in den Mittelpunkt stellen, je wichtiger wir uns selber nehmen, desto kränkbarer werden wir.

Dazu erhöht vermutlich ein weiterer Faktor die generelle Kränkbarkeit: So haben viele Menschen heutzutage ganz andere Erwartungen an ihr Leben.

Anders als in den früheren Klassengesellschaften erwarten die meisten Menschen in westlichen Kulturkreisen, dass alle Bürger ebenbürtig behandelt werden. Dass Frauen und Männer, Arme und Reiche die gleichen Rechte haben. Wird dieser Wunsch nicht erfüllt, verletzt das unser Gerechtigkeitsempfinden.

Genau hierin zeigt sich aber auch, dass Kränkungen sogar einen nützlichen Effekt haben können.

Denn der Schmerz, den eine Demütigung entfacht, offenbart mit aller Härte, wo Schwachstellen liegen, wo Ungerechtigkeit wurzelt. Er macht deutlich, wo es wunde Punkte gibt – sowohl hinsichtlich bestimmter Menschen als auch einer ganzen Gesellschaft.

Und somit vermag das Leid der Kränkung eben auch Wege des Wandels zu weisen: Wo besteht Handlungsbedarf? Wie sollten wir uns ändern? Im Hinblick auf welche Belange sollte sich unsere Gemeinschaft weiterentwickeln?

Daher bieten Kränkungen den Betroffenen immer auch eine Chance, wie Psychologen festgestellt haben: Die psychischen Energien, die sie freisetzen, können genutzt werden, um Positives zu bewirken.

Und nicht zuletzt können sie auch den Umgang mit zukünftigen Schmähungen verbessern. Im Idealfall erreichen Menschen die Gabe, ihren Demütigern zu verzeihen.

Dies ist ein schwieriger Prozess, der eine besondere Form der psychischen Reife erfordert, Mut verlangt und Verzicht.

Doch er lohnt sich. Denn solange ein Mensch unversöhnlich ist, bleibt er gleichsam gefangen – und gibt letztlich seinem Peiniger Macht über ihn, Bedeutung und Einfluss. Erst durch Vergebung, erst durch Verzeihen können wir Kränkungen endgültig auflösen.

Und innere Freiheit gewinnen ●

UTE EBERLE, Jg. 1971, arbeitet als Wissenschaftsautorin in Baltimore, USA. Die Illustratorin HANNA BARCZYK, Jg. 1983, lebt in New York.

Jetzt Weihnachtsträume verwirklichen!

Verschenken Sie hochwertige Produkte aus dem GEO Shop.

Im Panorama-Format!

GEO SAISION Panorama-Kalender: Meeresweiten

Die einjährige Weltreise folgt den schönsten Küsten aller Kontinente, von den Kreidefelsen der Ostsee zu den Eisbergen der „Disco Bay" auf Grönland, von Badeparadiesen im Mittelmeer zu den Granitskulpturen und Palmenhainen am Traumstrand der Seychelleninsel „La Digue". Am Great Barrier Reef in Queensland, Australien, umspült kristallklares Türkis sanft „Lady Musgrave Island", und in „Big Sur", in Kalifornien, trotzt die Steilküste schäumenden Pazifik.

Maße: 120 x 50 cm; Best.-Nr.: G729170; Preise: 99,99 € (A) / 110.00 Fr. (CH)

99,99 €

Vorteilspreis für Abonnenten:
89,99 €

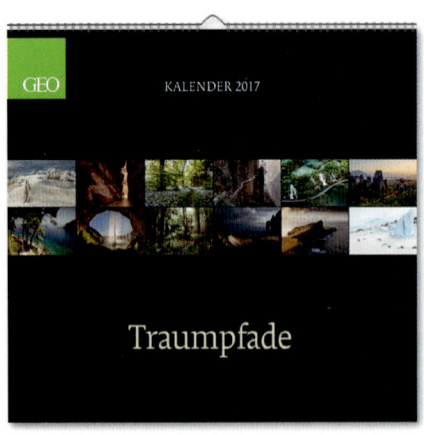

49,99 €

Vorteilspreis für Abonnenten:
44,99 €

GEO Klassiker-Kalender: Traumpfade

Manche Wege sollten niemals enden. Sie führen durch Blütenmeere und entlang schroffer Felsgrate, verlaufen hinter Wasserfällen, in den grünen Gewölben der Urwälder, an den Ufern einsamer Inseln. Die schönsten von ihnen zeigen die Fotografien des GEO-Kalenders.

**Maße: ca. 60 x 55 cm
Best.-Nr.: G729166
Preise: 49,99 € (A) / 54.90 Fr. (CH)**

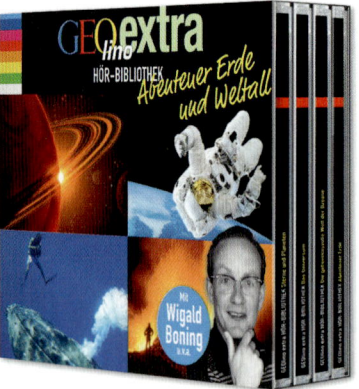

19,99 €

GEOlino extra Hör-Bibliothek „Abenteuer Erde + Weltall"

Die GEOlino-Box Abenteuer Erde und Weltall enthält die beliebten Wissensabenteuer Welt der Ozeane, Abenteuer Erde, Sterne und Planeten und Das Universum. In spannend produzierten Hörspielen nimmt Wigald Boning uns mit auf eine Reise zu den extremsten Lebensräumen der Welt: von der glühend heißen Wüste über die frostige Antarktis und die Tiefen der Ozeane bis ins Weltall. Empfohlen ab 10 Jahre.

Best.-Nr.: G729181; Preise: 19,99 € (A) / 22.90 Fr. (CH)

Entdecken Sie unsere Produktvielfalt unter **www.geoshop.de/weihnachten**

Oder per Telefon bestellen unter **+49 (0) 40/42 23 64 27** (Bitte geben Sie immer den Aktionscode an: G00138)

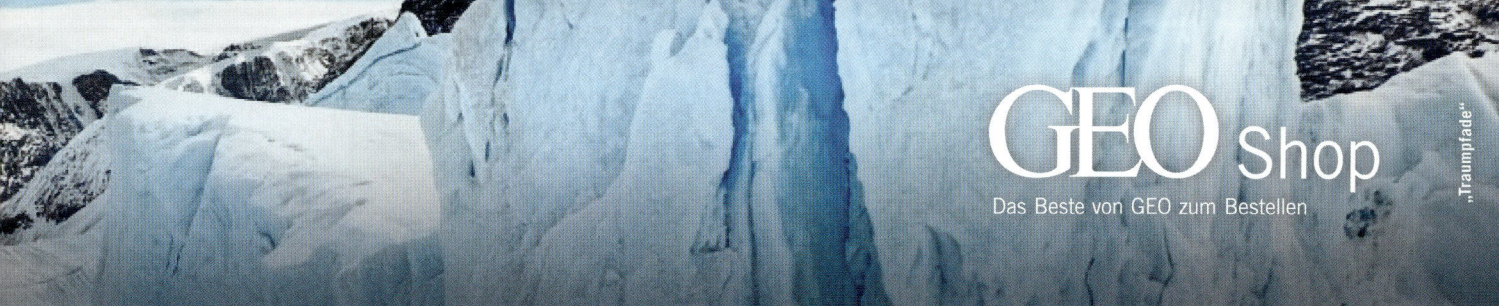

GEO Shop

Das Beste von GEO zum Bestellen

„Traumpfade"

49,95 €

GEO Buch „Grasart"

In diesem wunderbaren Bildband hat der Ausnahme-Fotograf Ingo Arndt die scheinbar endlosen Grasländer unserer Erde und ihre Bewohner in atemberaubend schönen Aufnahmen porträtiert.

**Maße: 27 x 31,7 cm; 256 Seiten
Best.-Nr.: G729183
Preise: 51,40 € (A) / 54.90 Fr. (CH)**

39,99 €

GEO Buch „166 Tage im All – Wie Deutschlands berühmtester Astronaut die Erde neu entdeckte"

Der bekannte Astronaut Alex Gerst gibt Einblicke in sein Tagebuch, zeigt bisher unveröffentlichte Fotos und zieht Bilanz aus 166 Tagen im All. Der GEO-Reporter Lars Abromeit recherchierte dazu monatelang und formte aus trockenen Fakten lebendiges Wissen.

**Maße: 26,8 x 28,9 cm; 192 Seiten
Best.-Nr.: G729185
Preise: 41,20 € (A) / 43.90 Fr. (CH)**

34,95 €

GEO Buch „Wildlife Fotografien des Jahres, Portfolio 26"

Pracht und Vielfalt der Natur – die besten Naturfotografien des Jahres 2016. Der renommierte, bei Naturfotografen weltweit äußerst begehrte Wettbewerb »Wildlife Photographer of the Year« prämiert herausragende künstlerische Aufnahmen der Natur. Die 100 besten Bilder der Sieger und der lobend Erwähnten des Wettbewerbs 2016 zeigt dieser Band.

**Maße: 25 x 25 cm; 160 Seiten
Best.-Nr.: G729184
Preise: 36,– € (A) / 37.90 Fr. (CH)**

Coupon einfach ausfüllen, ausschneiden und senden an: GEO Kundenservice, 74569 Blaufelden

GEO-Bestellcoupon – versandkostenfreie Lieferung ab 80,– €!

Ich bestelle folgende Artikel:

Produktbezeichnung	Best.-Nr.	Preis D	Menge
☐ GEO SAISON Panorama-Kalender „Meeresweiten"	G729170	99,99 €	
☐ GEO Klassiker-Kalender „Traumpfade"	G729166	49,99 €	
☐ GEOlino extra Hör-Bibliothek „Abenteuer Erde + Weltall"	G729181	19,99 €	
☐ GEO Buch „166 Tage im All"	G729185	39,99 €	
☐ GEO Buch „Grasart"	G729183	49,95 €	
☐ BBC Bildband „Wildlife 26"	G729184	34,95 €	
Gesamtsumme: (zzgl. 3,90 € Versandkosten, versandkostenfreie Lieferung ab einem Bestellwert von 80,00 €)			

Meine persönlichen Angaben: (bitte unbedingt ausfüllen)

Abonnentennummer (wenn vorhanden)

Name I Vorname   Geburtsdatum

Straße I Nummer   PLZ I Wohnort

Telefon   E-Mail

☐ Ja, ich bin damit einverstanden, dass GEO und Gruner+Jahr mich künftig per E-Mail oder Telefon über interessante Medien- und Produktangebote ihrer Marken informieren. Der Nutzung meiner Daten kann ich jederzeit widersprechen.

☐ Ich zahle per Rechnung

☐ Ich zahle bequem per Bankeinzug (nur in Deutschland möglich)

BIC   IBAN

Bankinstitut

SEPA-Lastschriftmandat: Ich ermächtige die Gruner+Jahr GmbH & Co KG, Am Baumwall 11, 20459 Hamburg, Gläubiger-Identifikationsnummer DE31ZZZ00000031421, wiederkehrende Zahlungen von meinem Konto mittels Lastschrift einzuziehen. Zugleich weise ich mein Kreditinstitut an, die von der Gruner+Jahr GmbH & Co KG auf mein Konto gezogenen Lastschriften einzulösen. Die Mandatsreferenz wird mir separat mitgeteilt. **Hinweis:** Ich kann innerhalb von 8 Wochen, beginnend mit dem Belastungsdatum, die Erstattung des belasteten Betrages verlangen. Es gelten dabei die mit meinem Kreditinstitut vereinbarten Bedingungen.

☐ Ich zahle bequem per Kreditkarte

Kreditkartennummer   Gesellschaft   Gültig bis

(Auslandspreise auf Anfrage.)

Widerrufsrecht: Sie können die Bestellung binnen 14 Tagen ohne Angabe von Gründen formlos widerrufen. Die Frist beginnt an dem Tag, an dem Sie die erste bestellte Ausgabe erhalten, nicht jedoch vor Erhalt einer Widerrufsbelehrung gemäß den Anforderungen aus Art. 246a § 1 Abs. 2 Nr. 1 EGBGB. Zur Wahrung der Frist genügt bereits das rechtzeitige Absenden ihres eindeutig erklärten Entschlusses, die Bestellung zu widerrufen. Sie können hierzu das Widerrufs-Muster aus Anlage 2 zu Art. 246a EGBGB nutzen. Der Widerruf ist zu richten an: GEO Versandservice, 74569 Blaufelden; Telefon:+49(0)40–42236427; Telefax: +49(0)40–42236663; E-Mail: guj@sigloch.de

Aktionsnr.: G00138

Datum I Unterschrift

UNSER FINSTERES
ERBE

Der Mensch ist vielleicht nicht das **aggressivste Wesen** auf Erden, aber das wohl grausamste. Weshalb attackiert er seinesgleichen auf bisweilen unfassbar niederträchtige Weise – etwa bei einem Amoklauf?

TEXT: ALEXANDRA RIGOS

FOTOS: ANDREA GJESTVANG

S „Sima de los Huesos" („Knochengrube") nennen die Einheimischen eine Karsthöhle in der nordspanischen Sierra de Atapuerca. Hier haben Archäologen fast 7000 Knochensplitter von Urmenschen der Art *Homo heidelbergensis* gefunden.

In mühevoller Puzzlearbeit ordneten die Forscher die Fragmente verschiedenen Personen zu. Als sie die 52 Bruchstücke des Schädels Nr. 17 zusammensetzten, machten sie eine bemerkenswerte Entdeckung: Auf der linken Stirnseite klafften zwei exakt gleich große, gleich geformte Löcher.

Da es wenig wahrscheinlich erschien, dass das Opfer zweimal mit dem Kopf auf den gleichen Gegenstand gestürzt war, blieb für die Forscher nur eine Erklärung: Jemand hatte dem zum Tatzeitpunkt etwa 20-jährigen Mann mit einer stumpfen Waffe den Schädel eingeschlagen. Die Gewalttat ereignete sich vor 430 000 Jahren, wie Datierungen zeigen – und gilt damit als der erste bekannte Totschlag der Menschheitsgeschichte.

Mord und Totschlag gab es demnach schon lange bevor unsere Art, der *Homo sapiens*, sich vor etwa 200 000 Jahren entwickelte. Offenbar, so legen mehr und mehr Funde aus prähistorischer Zeit nahe, ist die Aggression tief im evolutionären Erbe der Menschheit verwurzelt.

 Im Juli 2011 tötet der Extremist Anders Breivik bei einem Amoklauf auf der norwegischen Insel Utøya 69 Menschen

64

65

In einem Fotoprojekt hat die Norwegerin Andrea Gjestvang Überlebende des Massakers von Utøya porträtiert. Deren körperliche und seelische Wunden zeugen von der oft unfassbaren Brutalität, die Amokläufer gegen ihre Opfer richten — wie im Fall der 15-jährigen Ylva Helene Schwenke, der Anders Breivik in die Schulter, den Bauch und die Oberschenkel geschossen hat

Wer verstehen will, wo das Böse seinen Ursprung hat, weshalb Machtstreben, Egoismus, Gewalt und Gräueltaten bis heute das Menschsein prägen, muss daher einen Blick in unsere Stammesgeschichte werfen. Und das Verhalten jener Geschöpfe studieren, mit denen wir ein evolutionäres Erbe teilen: der Tiere.

Noch vor wenigen Jahrzehnten hielten Forscher tödliche Gewalt zwischen Angehörigen der gleichen Art für ein vor allem bei Menschen anzutreffendes Übel. Der berühmte Verhaltensforscher Konrad Lorenz ging sogar davon aus, dass unter Tieren eine ausgeprägte Tötungshemmung gegenüber Artgenossen herrsche.

Inzwischen jedoch haben umfangreiche Beobachtungen gezeigt, dass extreme Aggression auch im Tierreich nicht selten ist: So beißen Löwen, die ein Rudel übernehmen, mitunter die Jungen ihres Vorgängers tot, damit die Weibchen schnell von ihnen selbst trächtig werden können.

Wohl aus ähnlichen Gründen bringen männliche Delfine zuweilen Neugeborene der eigenen Spezies mit Bissen und Schlägen ihrer Schwanzflosse um. Auch neigen die Meeressäuger dazu, hin und wieder Weibchen sexuell zu nötigen.

66

Schimpansen schließen sich zu Überfällen auf benachbarte Sippen zusammen, die oft blutig enden. Und selbst Ameisen führen Vernichtungskriege gegen konkurrierende Völker.

So hässlich diese Fakten auch erscheinen mögen: Nicht zufällig ist Aggression im Überlebenskampf der Natur oft eine lohnende Strategie. Denn wo Ressourcen begrenzt sind, erhöht der Ein-

Wenn ein Männchen mehrere Weibchen für sich beanspruchen kann, steigt die Zahl seiner potenziellen Kinder um ein Vielfaches, während die Junggesellen leer ausgehen. Wer unter diesen Umständen nicht mit allen Mitteln um Paarungschancen kämpft, dessen Gene sterben meist mangels Nachwuchs binnen weniger Generationen aus.

Polygam veranlagte Arten zeichnen sich daher vielfach dadurch aus, dass die Männchen größer sind als ihre Partnerinnen und häufig schwer bewaffnet: Hirsche haben Geweihe, männliche Robben oder Gorillas können doppelt so viel wiegen wie Weibchen. Auch beim Menschen übertreffen Männer Frauen im Durchschnitt an Körpergröße und Muskelkraft, wenngleich der Unterschied gegenüber anderen Primaten mäßig ausfällt.

Und obwohl monogames Zusammenleben in westlichen Gesellschaften als Ideal gilt, wird Vielweiberei in anderen Teilen der Welt ganz selbstverständlich praktiziert. So sind sich viele Evolutionsbiologen einig, dass der Mensch – zumindest von Natur aus – eher zu den polygam veranlagten Wesen zählt.

Homo sapiens gehört demnach auch zu den eher aggressiven Arten in der Natur, nimmt aber keinesfalls den Spitzenplatz ein: Schimpansen etwa tragen Konflikte weitaus häufiger gewaltsam aus, Mantelpaviane jagen und beißen bisweilen gar ihre eigenen Partnerinnen, wenn sich diese anderen Männchen nähern.

„Wenn sie Atomwaffen hätten", so der US-Biologe Edward O. Wilson über die Vertreter dieser Art, „würden sie wohl binnen einer Woche die Welt zerstören."

mit möglichst vielen Gespielinnen zu paaren. Weibchen hingegen lassen bei der Partnerwahl gewöhnlich größere Sorgfalt walten, um einen kräftigen, gesunden Vater für ihre Nachkommen zu finden.

Das bedeutet aber nicht, dass weibliche Wesen stets friedfertig zusammenleben. Im Tierreich tragen sie ebenfalls aggressive Konflikte aus, ringen um Dominanz, triezen Rivalinnen, verteidigen Nachwuchs und Revier. Nur erreicht ihre Angriffslust selten das männliche Maß.

Beim *Homo sapiens* drückt sich weibliche Aggression zudem oft nicht körperlich aus, sondern indirekter, beispielsweise durch Arglist und soziale Ausgrenzung.

Frauen schlagen seltener zu, im Vergleich zu Männern verletzten sie jedoch, wie Studien zeigen, weitaus öfter und wirksamer mit Worten – etwa indem sie lästern, mobben, intrigieren.

So kommt es, dass Männer zwar nicht zwangsläufig das aggressivere, aber das mit Abstand gewalttätigere Geschlecht sind. Im kulturübergreifenden Vergleich, dies zeigte eine Studie aus vierzehn Ländern, morden sie 26-mal häufiger als Frauen, etwa neun von zehn Gefängnisinsassen sind männlich.

D

Dass die Kampfeslust der Männer eng verzahnt ist mit Fortpflanzung und Sex, spiegelt sich noch heute in der Organisation ihres Gehirns wider: Jene Areale, die aggressives Verhalten steuern, sind höchstwahrscheinlich auch für Sex und Territorialverhalten zuständig (siehe Seite 22). Bei Frauen hingegen wird Aggression offenbar von anderen Regionen im Gehirn aus gelenkt. Wie genau, ist jedoch bislang weitgehend unbekannt.

Ein anderes lange als sicher geltendes Forschungsergebnis gerät dagegen zunehmend ins Wanken. So galt noch vor Kurzem als unstrittig, dass ein hoher Spiegel des männlichen Geschlechtshormons Testosteron bei beiden Geschlechtern die Gewaltbereitschaft steigere – und dass der Hormonhaushalt bei Männern (in deren Körpern naturgemäß sehr viel mehr Testosteron zirkuliert) zu deren oft höherer Aggressivität beitrage.

Ein solcher Zusammenhang zeigte sich vor allem in Tierstudien etwa an Rat-

*Paradoxerweise neigt der Mensch zu **AGGRESSIVEM VERHALTEN**, auch weil er gelernt hat, zu kooperieren*

zelne seine Fortpflanzungschancen in der Regel beträchtlich, wenn er Artgenossen Nahrung, Territorium oder Sexualpartner abjagt. Zugleich schmälert er die Aussicht der Rivalen, viele Nachkommen zu zeugen. Deshalb setzen sich Gene, die aggressives Verhalten begünstigen, für gewöhnlich durch.

Besonders angriffslustig geben sich oft Tiere, die hochgradig polygam leben.

Es ist wenig verwunderlich, dass die männlichen Tiere in der Regel sehr kampfeslustig sind: Schließlich sind es im Tierreich fast immer die Männchen, die um Weibchen konkurrieren. Denn Eizellen zu bilden oder wie bei Säugetieren ein Kind im Leib heranwachsen zu lassen, kostet weitaus mehr Energie, als Spermien zu produzieren. So kommt es, dass männliche Tiere dazu neigen, sich

Die beiden Freundin-
nen Victoria Frøyd
und Sofie Caroline
Nilsen konnten sich
vor Breivik schüt-
zen, indem sie sich
im Schulgebäude auf
Utøya versteckten

Mohamad Hadi
Hamed lag aufgrund
von Schussverletzun-
gen fast zwei Monate
im Koma, sein linkes
Bein und der linke
Arm mussten ampu-
tiert werden

ten. Doch neuere Untersuchungen am Menschen offenbaren auch gegenteilige Ergebnisse. So gibt es erste Hinweise, dass Testosteron möglicherweise sogar altruistisches Verhalten fördern kann.

Doch die Aggressivität des *Homo sapiens* geht nicht nur auf den Kampf unserer tierischen Vorfahren um Ressourcen, Reviere und Sexpartner zurück.

Paradoxerweise neigen wir auch deshalb zu destruktivem Verhalten, weil wir – wie alle sozial lebenden Tiere – gelernt haben, zu kooperieren, zu teilen, die Bedürfnisse anderer vermehrt zu respektieren.

Denn wer zum Überleben aufeinander angewiesen ist, tendiert dazu, sich gegen die Außenwelt abzugrenzen und rivalisierende Verbände als Gegner zu be-

greifen. Bei Geschöpfen, die in Gemeinschaften leben (das gilt für viele Primaten, Wölfe, Delfine und staatenbildende Insekten), sind gewalttätige Auseinandersetzungen daher nicht ausschließlich Zweikämpfe wie bei Hirschen oder Hähnen. Häufig gehen sie von der gesamten Gruppe aus – und stellen somit eine völlig neue Qualität aggressiven Verhaltens dar.

Schon in den 1970er Jahren hat die Affenforscherin Jane Goodall bei ihren Studien in Tansania festgestellt, dass Schimpansen kollektive Attacken gegeneinander führen, die zuweilen zur Vertreibung der gegnerischen Gruppe führen.

Kooperation und Solidarität sorgen daher nicht nur für ein friedfertiges Zusammenleben – sondern auch für Fremdenfeindlichkeit, Gemetzel und Krieg.

Obendrein bringt das soziale Miteinander eine weitere Spielart der Aggression hervor: Wer sich nicht an die Regeln der Gruppe hält, muss bestraft werden, denn sonst würden Trittbrettfahrer die Gemeinschaft ausnutzen und ihren Zusammenhalt untergraben. Grausame Racheakte, „Ehrenmorde" oder die Hinrich-

Håkon Roalsø konnte sich vor dem Attentäter ins Wasser flüchten und wurde schließlich von einem Boot gerettet

Zusammen mit 46 anderen Jugendlichen fand die Polizei Alexander Sandberg im Schulhaus, nachdem der Amokläufer gefasst war

tung echter oder vermeintlicher Verräter sind folglich Exzesse, die dem Bedürfnis entspringen, Egoisten zu bestrafen. Ohne Sanktionen würde der Wille zur Zusammenarbeit schwinden, eine Gemeinschaft vermutlich rasch auseinanderfallen.

Marius Hoft verbarg sich an einer Felswand, sein bester Freund rutschte aus und verunglückte tödlich, als er versuchte, das Versteck von Marius zu erreichen

B

Bei näherer Betrachtung zeigt sich also, dass Niedertracht und Gewalt, Rachegelüste und Krieg – so düster diese unterschiedlichen Facetten der Aggression erscheinen mögen – einen archaischen Ursprung haben, mithin einer evolutionären Logik entspringen. Nur weil Aggression in der Natur so oft eine lohnende Strategie ist, prägt sie bis heute das Verhalten vieler hochentwickelter Spezies und nicht zuletzt das des Menschen.

Dieser evolutionäre Nutzen der Gewalt erklärt auch, weshalb das Gehirn aggressive Handlungen belohnt (wie in Studien an Ratten und Mäusen nachgewiesen werden konnte): Bei einer siegreichen gewalttätigen Auseinandersetzung setzt es die gleichen Botenstoffe frei, die dafür sorgen, dass wir gutes Essen oder Sex angenehm finden. Fußballrowdys schwärmen davon, wie euphorisierend sie es finden, auf ihren Gegner einzudreschen und zu sehen, wie der andere zu Boden geht. Dies ist vermutlich nichts anderes als ein hormoneller Glücksrausch.

Während es beim Sex aus evolutionärer Sicht jedoch schwerlich ein Zuviel geben kann, gilt es, die Aggression zu dosieren. Denn sie verspricht nicht nur Aussicht auf Gewinn, sondern verursacht auch Kosten: Kämpfe verbrauchen viel Energie und bergen vor allem das Risiko, verletzt oder getötet zu werden. Daher stachelt das Gehirn uns zwar einerseits zu aggressiven Ausbrüchen an, regelt die Angriffslust mit anderen Nervennetzen jedoch zugleich herunter. Schließlich soll sich ein Geschöpf nur dann in den Kampf stürzen, wenn die Mühe lohnt und die Siegeschancen gut stehen. Insbesondere der dämpfende Botenstoff Serotonin wirkt dem antreibenden Dopamin entgegen.

Im hochentwickelten menschlichen Denkorgan existieren darüber hinaus weitere Nervennetze, die Aggression bremsen. Dazu zählen etwa Bereiche in der Großhirnrinde, die uns dazu befähigen,

Eirin Kristin Kjær wurde von vier Kugeln getroffen, als sie sich schützend vor andere stellte

Affekte zu kontrollieren, und vor allem: die es uns ermöglichen, dass wir uns in andere hineinfühlen können.

Diese Gabe verdanken wir bestimmten Nervenzellen, den Spiegelneuronen, die uns nachempfinden lassen, was ein anderer vor unseren Augen erleidet. So zeigen Hirnscans, dass im Kopf eines Beobachters teils die gleichen Areale aktiv sind wie bei dem Gepeinigten selbst. Deshalb ist es uns unter normalen Bedingungen unangenehm, ja sogar oft unerträglich, mitanzuschauen, wie einem anderen Menschen Schmerzen zugefügt werden.

Sind wir allerdings etwa Opfer eines Angriffs, wäre eine zu empathische Reaktion geradezu gefährlich. Dann sollen wir uns wehren und nicht um eine mögliche Verletzung des Angreifers sorgen.

Daher kann das Gehirn das Einfühlungsvermögen in solchen Situationen kurzzeitig umgehen. Starke Emotionen wie Wut und Angst können dann für eine

Art Kurzschluss im Gehirn sorgen. Nervenimpulse, die uns zuschlagen oder eine Waffe führen lassen, rauschen dann quasi an Arealen der Großhirnrinde vorbei – also an jenen Regionen, die für Empathie und rationales Denken zuständig sind.

Dies erklärt unter anderem, wieso unbescholtene, friedfertige Bürger mit einem Mal bereit sind, einen Kinderschänder zu lynchen – oder weshalb einer zornigen Mutter im Affekt die Hand ausrutscht, obwohl sie ihre Kinder über alles liebt.

Auch blinde Folgsamkeit, das unbedingte Vertrauen auf eine Autorität, kann dem Mitgefühl entgegenwirken. Wohl keine andere Studie hat dies so eindrücklich belegt wie das inzwischen zum psychologischen Allgemeinwissen zählende Milgram-Experiment von 1961.

In diesem spektakulären Versuch an der Yale-Universität in Connecticut sollten Probanden auf Anweisung eines Ver-

69

In bestimmten Situationen kann das Gehirn **EMPATHISCHE GEFÜHLE** vorübergehend unterdrücken

suchsleiters andere Studienteilnehmer (die in einem Nebenraum saßen, aber zu hören waren) für deren Fehler bei einem Gedächtnistest mit Stromstößen bestrafen, wobei sie die Stärke des Stoßes bei jedem Irrtum weiter steigern sollten.

Sie wussten dabei nicht, dass die Impulse nur zum Schein übermittelt wurden und die vermeintlichen Reaktionen von einem Tonband stammten. Das Ergebnis: Alle Probanden teilten Elektroschocks aus, selbst dann noch, als ihnen Schmerzensschreie vorgespielt wurden.

Wie erschütterbar unsere Empathie ist, wie sehr sie zuweilen vom Umfeld abhängt, zeigt sich auch in kriegerischen Auseinandersetzungen, in denen der Feind häufig abgewertet und ihm auf diese Weise ein gleichwertiges, menschliches Empfinden abgesprochen wird.

So werden Opfer von Genoziden etwa häufig zu niederen Tieren degradiert. Das führt dazu, dass Täter jedes Mitgefühl verlieren. Die Hutu-Agitatoren des Massenmordes in Ruanda etwa bezeichneten die Tutsi stets als „Ungeziefer". So fiel es den Aggressoren leichter, sich nicht mit ihren Opfern zu identifizieren und sie erbarmungslos niederzumetzeln.

Derartige Massaker, in denen Nachbarn morden und Freunde plötzlich zu Feinden werden, belegen: Letztlich steckt das Böse in jedem von uns. Und: Die Bereitschaft, Gewalt anzuwenden oder schlimmstenfalls zu töten, ist nicht nur eine Frage der Veranlagung. Ebenso können bestimmte Umstände gute Menschen dazu bringen, Böses zu tun.

Normalerweise wird unsere natürliche Aggressivität gedämpft – von körpereigenen Mechanismen und nicht zuletzt von den sozialen Normen der Gesellschaft. In Extremsituationen, etwa im Krieg, verlieren diese Regeln aber ihre Gültigkeit. Dann können moralische Maßstäbe rasch erodieren und die tief im Menschsein verborgene Gewaltbereitschaft zum Ausbruch kommen.

Es gibt aber auch Menschen, die generell fähig sind, Mitgefühl und Empathie auszublenden. Zu ihnen zählen oft die brutalsten Verbrecher, die wir kennen: Sadisten, Serienmörder, Folterknechte.

AUF EINEN BLICK

Archaische Prägung

Die Neigung zur Aggressivität wurzelt tief in der Evolution des Menschen: Mit Gewalt versuchten unsere Ahnen, sich gegen Konkurrenten durchzusetzen.

Hormonelle Belohnung

So erklärt sich, warum das Gehirn aggressives Verhalten belohnt: Bei Gewaltausübung setzt es die gleichen Botenstoffe frei wie beim Sex.

Ungleiche Geschlechter

Zwar sind Männer das gewalttätigere Geschlecht, doch auch Frauen zeigen eine Menge Angriffslust – nur offenbart sich die oft weniger körperlich.

Fragile Empathie

Unser Mitgefühl lässt sich leicht erschüttern – etwa in kriegerischen Auseinandersetzungen, in denen der Feind oft bewusst abgewertet wird.

Polizisten, die solche Gewalttäter verhören, berichten oft fassungslos, wie diese ohne sichtbare Regung ihre Morde schildern, wie sie noch die abgründigsten Details ihrer Taten ungerührt ausmalen.

Ursache für eine solche Gefühlskälte kann ein Hirnschaden sein, meist aber entspringt sie einem komplexen Wechselspiel aus selbst erlebter Gewalt und Anlagen im Erbgut, die anfällig für traumatische Erfahrungen machen.

Ihre emotionale Unzulänglichkeit versetzt die Täter in die Lage, ihr aggressives Potenzial, mithin ihre sadistischen Neigungen ganz ungehemmt ausleben zu können. Die Gewalt wird gewissermaßen zum Selbstzweck, ist derart stark mit Lust verknüpft, dass sie sich bisweilen zum Blutrausch auswächst.

Wer keine echte Empathie angesichts der Qualen anderer empfindet, ist jedoch nicht zwangsläufig ignorant: Viele psychopathische Verbrecher wissen sehr genau,

---

wie sich ihre Opfer fühlen – es macht ihnen lediglich nichts aus. Sie erleben den Schmerz der Gepeinigten also nicht – wie normale Menschen – in gewissem Maße körperlich mit.

Vielmehr findet im Gehirn der Täter eine Art Umdeutung statt: Die Ohnmacht und die Pein des Opfers wird dann zur mitunter einzigen Quelle echter Hochgefühle. Gerade weil sie das Innenleben der Gepeinigten verstehen, können Sadisten andere besonders wirksam quälen und erniedrigen (siehe Seite 46 und 132).

Neben der Empathie ist es aber auch unsere Vernunft, die uns im alltäglichen Leben davon abhält, unseren Aggressionen ungehemmten Lauf zu lassen: Wir rammen das Auto nicht, dessen Fahrer uns gerade geschnitten hat, weil wir wissen, dass teure Reparaturen und ein Strafverfahren die Konsequenz sein würden. Und wir wissen, dass es fast immer mehr Erfolg verspricht, einen Konflikt mit Worten zu lösen als mit Fäusten.

Beides, Vernunft und Einfühlungsvermögen, sind Leistungen des Großhirns, die uns Menschen auszeichnen. Bei Tieren findet man sie allenfalls in Ansätzen. Diesen Eigenschaften verdanken wir es, dass die meisten von uns die meiste Zeit friedlich zusammenleben.

Andererseits sind es genau diese Eigenschaften, die menschliche Aggression mitunter zur Tragödie, zum Exzess auswachsen lassen. Denn erst das Einfühlungsvermögen macht gerichtete Grausamkeit überhaupt möglich: Nur wer genau weiß, was seine Taten bewirken, kann Rachepläne schmieden, foltern oder sich an den Qualen anderer ergötzen.

Und die schrecklichsten Kriege und Massaker der Menschheitsgeschichte, etwa der Völkermord in Ruanda, waren keine spontanen Gewaltausbrüche, sondern das Ergebnis von Planung und Kalkül.

So ist der Mensch vielleicht nicht die aggressivste Spezies auf dem Planeten. Wohl aber begeht *Homo sapiens* die größten vorstellbaren Grausamkeiten – und zwar gerade deshalb, weil seine Intelligenz und seine Empathie die aller anderen Lebewesen übertreffen .

ALEXANDRA RIGOS, Jg. 1968, ist Wissenschaftsjournalistin in Berlin. Für ihre Serie »One Day in History« wurde die Fotografin **ANDREA GJESTVANG**, Jg. 1981, mit dem Sony World Photography Award ausgezeichnet.

Sie sind erfolgreich, überzeugend und charmant. Doch oft versteckt sich hinter der **Fassade narzisstischer Menschen** ein schwaches Selbst. Sie gieren nach Bestätigung – und schaden anderen oft ohne Skrupel

TEXT: SUSANNE PAULSEN UND MARIA KIRADY
ILLUSTRATIONEN: PETER M. HOFFMANNN

D

Die Persönlichkeit eines Menschen kann viele Facetten haben, die irgendwo in dem breiten Spektrum zwischen Gut und Böse liegen und mitunter schwer zu fassen sind. Aber wohl kein Charakter ist zwiespältiger, polarisiert stärker und wirkt zugleich schillernder und faszinierender als der Narzisst.

Viele von uns bewundern Menschen mit solchen Eigenschaften als energiegeladen, durchsetzungsfähig, entscheidungsfreudig. Von nichts scheinen Narzissten mehr überzeugt als von ihrer eigenen Großartigkeit: Sie sonnen sich in ihrer Selbstliebe, sind häufig beruflich erfolgreich, wissen sich zu inszenieren und andere mit ihrem Selbstbewusstsein zu beeindrucken. Sie brennen für ihre eigenen Ideen, haben Mut zu unpopulären Entscheidungen, gründen Unternehmen und bereichern als charismatische Filmstars, Musiker und Politiker die Kunst und das öffentliche Leben.

Aber Narzissten hungern auch: nach noch mehr Erfolg, Ruhm, Anerkennung.

Fast suchtartig verlangen sie danach, bewundert zu werden, immer im Mittelpunkt zu stehen.

SCHREI NACH LOB

Extreme Narzissten leben in dem Glauben, sie seien in höchstem Maße bewundernswert. Wie nach einer Droge verlangen sie nach Anerkennung anderer Menschen, nach Zuspruch und Verehrung – und bekommen doch nie genug

Gleichzeitig neigen sie zu Neid und Missgunst, Eitelkeit und Dominanz. In zwischenmenschlichen Beziehungen verhalten sich Narzissten ausbeuterisch und werten Mitmenschen ab. Nicht wenige halten sie deshalb für überheblich, erfolgsversessen, gewissenlos.

In extremen Fällen kann Narzissmus sogar zur Krankheit werden, zur narzisstischen Persönlichkeitsstörung. Auch Schwerverbrecher und Serienkiller weisen auffallend oft ein extremes Selbst auf (siehe Seite 132).

Wie wenige andere Menschen balancieren Narzissten auf dem schmalen Grat zwischen Wagemut und Selbstüberschätzung, Durchsetzungskraft und Gewissenlosigkeit, Gut und Böse.

Aber wo genau hört normale, harmlose Eigenliebe auf, und wo fängt zerstörerisch egoistisches Verhalten an?

Wann wird Selbstbewusstsein zur Rücksichtslosigkeit? Welchen Einfluss haben Narzissten auf ihr Umfeld, die Gesellschaft? Worin liegen die Ursachen der übermäßigen Eigenliebe?

Und: Woran erkennt man Menschen mit einer entsprechenden Persönlichkeit oder gar einer Wesensstörung?

Der Begriff »Narzissmus« geht auf eine Legende zurück. In der griechischen Mythologie ist Narziss der schöne Sohn des Flussgottes Kephissos, der sich derart in sein eigenes Spiegelbild verliebte, dass er alle potenziellen Verehrerinnen und Verehrer zurückwies und schließlich vor seinem Ebenbild starb. In der Alltagssprache bezeichnen wir Personen, die sich egozentrisch oder selbstgefällig verhalten, als Narzissten.

73

Viele Egomanen erleben einen schmerzhaften Widerspruch zwischen Größenfantasien und einer beständigen Angst

Im psychologischen Fachjargon steht Narzissmus dagegen für etwas deutlich Komplexeres, etwas Grundlegendes, das als wichtige Persönlichkeitseigenschaft auch zum gesunden menschlichen Wesen gehört: Er beschreibt die Einstellungen und Strategien, die das Selbstwertgefühl eines Menschen bestimmen.

Psychologisch gesehen ist Narzissmus also nicht zwangsläufig etwas Negatives.

Im Gegenteil: Zum Narzissmus zählt etwa auch die Fähigkeit, sich als besonders und einzigartig zu erfahren und sich Leistungen zuzutrauen, die man dann auch erbringt.

Diese weit verbreitete, durchaus übliche Form der Selbstliebe hilft dem Menschen, sich von anderen abzugrenzen, seine Interessen zu wahren und sein Ich vor Kritik, Abwertung und Missbrauch zu schützen.

Sie ermöglicht ihm darüber hinaus auch, eigene Zweifel und Ängste zu überwinden, Mut zu fassen und sich nach einer Niederlage wieder aufzurichten und weiterzumachen.

Selbst wenn die Ichbezogenheit in etwas stärker ausgeprägter Form auftritt, ist sie gut für die eigene seelische Gesundheit. Die betreffenden Menschen stehen gern im Mittelpunkt. Sie sind optimistisch und leistungsbereit, fühlen sich weitgehend von anderen unabhängig und tendieren dazu, ihre Erfolge besonders hervorzuheben.

Doch dieser positive Narzissmus geht fließend in negative Ausprägungen über. Hochgradig narzisstische Persönlichkeiten besitzen kein stabiles, sondern ein ständig gefährdetes Selbstwertgefühl.

Sie versuchen sich (und andere) darüber hinwegzutäuschen und ihre unterentwickelte Selbstachtung zu stabilisieren, indem sie ihre Fähigkeiten und Leistungen extrem überschätzen.

Die Vorstellung von der eigenen Unverletzlichkeit und Größe legt sich bei diesen Menschen wie ein massiver psychischer Schutzwall um ihr eher schwach ausgeprägtes Ich. Ihr ganzes Denken und Handeln zielt darauf ab, diese Mauer aufrechtzuerhalten.

Extreme Narzissten glauben beispielsweise, dass die Umwelt sie besonders ehrerbietig behandeln müsse. Sie gieren unablässig nach Anerkennung und Lob wie nach einer Droge, ihr empfindliches Ego will ständig mehr und mehr gefüttert werden.

Ist diese Tendenz derart ausgeprägt, dass sie selber darunter leiden oder ihre Mitmenschen leiden lassen, sprechen Psychologen von einer krankhaften narzisstischen Persönlichkeitsstörung.

Meist gehen die Betroffenen offensiv mit ihren Vorstellungen und Bedürfnissen um. Sie verhalten sich offen dominant, sind oftmals beruflich wie privat äußerst erfolgreich, nicht selten sogar sehr prominent.

Auf der Suche nach Bestätigung drängen sie sich in den Mittelpunkt oder machen andere nieder, um selber größer zu erscheinen.

So bleiben die Mitmenschen stets nur Publikum, aus Beziehungen wird ein Kampf um Dominanz, und Gegenmeinungen werden abgeschmettert, seien sie noch so fundiert.

„Ich weiß nicht immer, wovon ich rede", sagte etwa die Boxlegende Muhammad Ali, ein bekennender Narzisst, „aber ich weiß, dass ich recht habe."

Erst eine tiefe Niederlage, etwa ein Jobverlust, eine Scheidung oder die plötzlich hereinbrechende Einsamkeit des Alters vermag diese Egomanen zu erschüttern, ihre Verletzlichkeit zu offenbaren. Dann stürzen sie mitunter in eine tiefe Depression, flüchten sich in eine Sucht oder wählen als letzten Ausweg gar den Suizid.

Oft bedarf es einer langen Therapie, bis sie erkennen, dass ihr im Kern schwaches Selbst die Ursache ihres Leidens ist.

Kaum jemand aber weiß, dass es unter Narzissten noch einen zweiten, deutlich unauffälligeren Typ gibt. Gegenüber Außenstehenden verbergen die Betroffenen zunächst, dass sich für sie alles um ihr Ego dreht. Im ersten Kontakt geben sie sich oft betont bescheiden. Lernt man sie näher kennen, wird jedoch klar, dass auch sie sich im Geheimen für grandios halten, eine überzogene Anspruchshaltung haben und Mitmenschen abwerten.

Ursache für ihr vermeintlich defensives Auftreten ist, dass sie viel stärker als offene Narzissten mit Gefühlen von Scham, Furcht und Empfindsamkeit zu kämpfen haben. Der innere Schutzwall ist bei ihnen gewissermaßen durchlässiger, das schwache Selbst macht sich deutlicher bemerkbar.

So erleben viele dieser Menschen einen schmerzlichen Widerspruch zwischen den eigenen Großartigkeitsfantasien und der ständigen Angst, ihrem inneren Anspruch nicht gerecht, von anderen nicht ausreichend gewürdigt zu werden. Oft machen die Betroffenen dann Mitmenschen für diesen Missstand verantwortlich, werfen ihnen Gleichgültigkeit oder Ungerechtigkeit vor.

Manche haben daraus mit der Zeit gar die Kunst entwickelt, ihr direktes Umfeld durch ständiges Nörgeln, Fordern und Beleidigtsein psychisch wie materiell auszunutzen, sich niemals zufrieden zu geben, immer noch mehr zu verlangen, weil kaum etwas ihren Bedürfnissen je gerecht werden kann.

Dieser „verdeckte" Narzissmus wird häufig, aber nicht nur, von Frauen gelebt. Sie folgen damit einem weiblichen Rol-

HANG ZUR DOMINANZ

Sind Narzissten erst einmal in eine Machtposition gelangt, versuchen sie die weiter auszubauen. Sie unterdrücken etwa Kollegen und formen mit der Zeit ihr Umfeld so, dass kaum mehr jemand Widerworte gibt

lenbild, weder zu wettbewerbsorientiert noch zu selbstbewusst zu sein.

Manchmal benutzen sie den Partner oder die Kinder, um ihr fragiles Selbstwertgefühl zu stützen: Sie nehmen die Angehörigen nicht als eigenständige Wesen wahr, sondern als Erweiterung ihrer selbst. Auf diese Weise haben sie innerlich an den Errungenschaften der Familienmitglieder teil, als wären es die eigenen. Wohlverhalten, beruflichen und schulischen Erfolg fordern sie oft mit einer starken Anspruchshaltung ein.

Häufig treffen in einer Beziehung offene und verdeckte Typen aufeinander und ergänzen sich in ihren Zielen: Einer steht im Rampenlicht und stillt sowohl das eigene Geltungsbedürfnis als auch das des Partners. Der wiederum wirkt im Hintergrund als unermüdlicher Antreiber.

Aber ob offen oder verdeckt: Im Kern geht es ausgeprägten Narzissten immer darum, ihr unersättliches Ego auf Kosten anderer zu nähren, stets nur das eigene Wohlergehen im Blick.

Psychologen gehen davon aus, dass etwa ein Prozent der Bevölkerung eine narzisstische Persönlichkeitsstörung aufweist. Mildere Ausprägungen dieses Charaktermerkmals finden sich bei bis zu sechs Prozent der Deutschen – das sind immerhin fast fünf Millionen Menschen.

Wie die krankhaft übersteigerte Selbstliebe entsteht, ist noch nicht restlos geklärt. Fachleute gehen davon aus, dass die Ursachen komplex und vielfältig sind.

Ein Ursprung extremen Narzissmus liegt vermutlich in einem falschen Maß an emotionaler Zuwendung in den ersten Lebensjahren: Das Kind ist vielleicht verhätschelt und durch inflationäres Lob in eine egozentrische Rolle gedrängt worden, seine Eigenheiten und Schwächen wurden dagegen nicht wahrgenommen.

Als Folge davon hat es den Kontakt zu seiner Individualität verloren und nie gelernt, Frustrationen hinzunehmen und zu bewältigen.

Oder aber ein Heranwachsender hat genau das Gegenteil erlebt: Ihm wurden Zuneigung, Wärme und Geborgenheit weitgehend vorenthalten. Diese Vernachlässigung kann intensive Emotionen wecken, die zu schier unerträglicher Größe anzuwachsen vermögen: zu Panik, zu Einsamkeit, zu dem beschämenden Glauben, völlig wertlos zu sein.

Um die begehrte Zuwendung der Eltern zu gewinnen, spielt das Kind in einem solchen Fall Mutter und Vater ein perfektes, falsches Selbst vor.

Sein Elend versucht es mit Fantasien von Größe, Schönheit, Eigenständigkeit und Herrschertum zu verdrängen. In seinen grandiosen Vorstellungen findet es einen berauschenden, fast suchterzeugenden Trost. Später, als Erwachsener, lebt es seine persönliche Form des Narzissmus aus, immer in hohem Maße auf die Begeisterung und Bewunderung des Publikums angewiesen. Und versucht, seine verletzliche, beschämte und zutiefst unsichere Seite zu vergessen.

Außerdem ist Narzissmus zu einem relativ bedeutenden Teil auch erblich bedingt. Das bedeutet: Kindliche Verhaltensweisen entwickeln sich leicht zu einer narzisstischen Störung weiter, wenn das betreffende Kind selbst entsprechend veranlagt ist und mit einem oder gar zwei Elternteilen aufwächst, die nicht oder nur ungenügend in der Lage sind, auf seine Bedürfnisse einzugehen.

Da verwundert es nicht, dass sich Narzissten als Erwachsene in zwischenmenschlichen Beziehungen ebenfalls wenig einfühlsam verhalten. Von Lebensgefährten werden sie in psychologischen Befragungen als unehrlich, herrisch, fordernd und intolerant beschrieben.

Viele Partner lassen sich von den Egomanen scheiden, wenn die anfängli-

che Faszination verflogen und das Zusammenleben unerträglich geworden ist.

Dazu passt, dass Forscher und Psychiater den Narzissten einen deutlichen Mangel an Empathie bescheinigen. Sie konnten sogar nachweisen, dass bei extrem Selbstverliebten die in deren Hirn für soziales Denken (und damit vermutlich auch für das Mitgefühl) zuständigen Areale verkümmert sind.

Zwar können Narzissten rational erkennen, was andere Menschen fühlen, aber es ist ihnen oft vollkommen gleichgültig, sie haben nur die eigenen Bedürfnisse im Blick. Denn das unmittelbare, körperlich spürbare Miterleben fremder Freude und fremden Leids ist ihnen nur eingeschränkt möglich (wann im Leben sich diese Auffälligkeit des Hirns entwickelt, ist bislang noch unklar).

Besonders auffällig ist, wie rasch sich Narzissten gekränkt fühlen, wenn ein anderer an der Fassade kratzt: Nicht wenige reagieren übertrieben aggressiv auf Kritik, sind misstrauisch, neidisch, rachsüchtig und nachtragend bis aufs Blut.

Manche sind gar vom bösen Willen ihrer Mitmenschen überzeugt und von der Idee besessen, dass andere ihnen schaden wollen. Weist sie jemand beispielsweise auf einen geringfügigen Fehler hin, fühlen sie sich oftmals bedroht und holen zum Gegenschlag aus: Sie beschuldigen oder kränken dann ihrerseits den vermeintlichen Angreifer.

Aber nicht nur im privaten Umfeld können Narzissten eine Bürde sein. Sie erweisen sich auch als schwierige Kollegen. Insbesondere dann, wenn den Betroffenen Ruhm und Bestätigung nicht ausreichen, wenn sie zusätzlich noch nach größtmöglichem Einfluss streben oder gar Vergnügen daran finden, ihre Mitmenschen zu dominieren.

Tatsächlich besitzen Narzissten Psychologen zufolge erstaunlich oft weitere negative Charaktermerkmale oder weisen

Manche Narzissten sind von der Idee besessen, dass andere Menschen ihnen schaden wollen – und reagieren umso härter auf Kritik

gar psychische Störungen auf. So ist bei ihnen häufig auch Machtstreben und sogar ein gewisser Grad an Psychopathie festzustellen (siehe Seite 132). Selbst Experten fällt es im Einzelfall mitunter schwer, diese drei Eigenschaften sauber voneinander abzugrenzen, da alle durch einen erheblichen Mangel an Rücksicht und egozentrisches Handeln gekennzeichnet sind.

Manche Forscher betrachten Narzissmus, Machtstreben und Psychopathie deshalb auch als individuell mehr oder weniger stark ausgeprägte Facetten einer unheilvollen Charakterkombination, der „Dunklen Triade".

Die kann uns auch im Alltag begegnen, etwa im Büro. Die Psychologin Heidrun Schüler-Lubienetzki beschäftigt sich seit Jahren mit Arbeitnehmern und Führungskräften, die ihre Kollegen oder Mitarbeiter gnadenlos ausbooten, um die eigene Karriere voranzutreiben.

Diese Unruhestifter handeln strategisch und gewissenlos, suchen etwa gezielt nach den Schwächen von Teamkollegen, beispielsweise eine Alkoholsucht oder eine verheimlichte Schwangerschaft. Anschließend denunzieren oder erpressen sie die Kontrahenten auf geschickte Weise, um sie ruhigzustellen, ihre Position zu schwächen oder ihnen die eigene Arbeit aufzuzwingen.

Wichtigstes Erkennungsmerkmal: Derart machtgetriebene Menschen polarisieren, sie werden entweder gehasst oder geliebt, und sie nutzen dieses Spannungsfeld, um Kollegen gegeneinander auszuspielen. Konflikte wissen sie anzuheizen und für sich zu nutzen. In einem Moment können sie sich äußerst charmant verhalten, im nächsten einen Kollegen kalkuliert niederbrüllen oder kränken.

Und auch wenn ihr unmittelbares Umfeld die Egomanen durchschaut, nützt das oft wenig: Gerade diejenigen mit ausgeprägtem Narzissmus haben erwiesenermaßen gute Chancen, etwa in die Firmenleitung hierarchisch aufgebauter Unternehmen aufzusteigen, weil sie dem dort noch immer vielfach geforderten Ideal des durchsetzungsstarken, selbstbewussten Siegertyps entsprechen.

Längst haben Psychologen den Narzissmus in Chefetagen als eigenständiges Phänomen entdeckt. Die Fixierung auf das Ich, verbunden mit Machthunger und Gewissenlosigkeit, erleichtert es zum Beispiel Managern, kühl und berechnend über Mitarbeiter zu herrschen – und einen möglichst hohen Leistungsdruck im Kreise der Untergebenen aufzubauen.

Studien zeigen: Wirtschaftsführer mit ausgeprägt narzisstischen Zügen können derart selbstsüchtig sein, dass sie die Betriebsatmosphäre verderben und Mitarbeiter vergraulen. Selbst Massenentlassungen bereiten ihnen wegen ihres Mangels an Empathie kaum schlaflose Nächte.

In bestimmten Situationen, etwa bei einer anstehenden Firmenübernahme oder harten Einsparungen, kann dieses rücksichtslose Verhalten zwar von Vorteil sein. Oft genug aber fügen Einzelne in ihrem Geltungswahn nicht nur Kollegen, sondern auch ganzen Unternehmen, der Wirtschaft und sogar der Gesellschaft erheblichen Schaden zu.

Ein Beispiel ist der Fall des Investmentbankers Nick Leeson. Der trieb durch waghalsige Spekulationen die britische Barings Bank in den Bankrott, weil er glaubte, die künftigen Bewegungen des Aktienmarktes vorhersehen zu können, und dann anfallende Verluste durch immer höhere Einsätze auszugleichen versuchte. Seine Geschäfte lösten eine internationale Devisenkrise aus. Leeson agierte nicht nur als unverzagter Macher, sondern auch als glänzender Selbstdarsteller. Seine Überzeugungskraft war offenbar derart groß, dass viele ihn tatsächlich für das Genie hielten, als das er sich selber ausgab.

Nick Leeson ist nicht der Einzige. Wie er neigen viele Narzissten dazu, ihre Fähigkeiten zu überschätzen und Grenzen zu überschreiten. Sie halten sich für etwas Besonderes und sind häufig davon überzeugt, dass für sie andere Regeln gälten als für Normalsterbliche; dass ihnen mehr zustünde als Menschen, die sie für weniger genial, selbstbewusst, schön, erfolgreich erachten und auf die sie offen herabblicken.

Das erklärt auch, wieso immer wieder Männer in hohen Positionen aufgrund von Sexaffären, Veruntreuung von Firmengeldern oder Bestechungsskandalen in die Schlagzeilen geraten.

So gilt beispielsweise der ehemalige Chef des Internationalen Währungsfonds Dominique Strauss-Kahn als rücksichtsloser Egomane, der Grenzen überschreitet – auch sexuell. Ein New Yorker Zimmermädchen beschuldigte ihn der Vergewaltigung, zudem musste er sich nach der Teilnahme an Sexorgien mit Prostituierten vor einem französischen Gericht wegen Zuhälterei verantworten.

Zu unfreiwilligem Ruhm gelangte auch der Limburger Bischof Franz-Peter Tebartz-van Elst. Er hatte 31 Millionen Euro kirchliche Gelder verschwendet, um damit seinen Amtssitz zur Luxusresidenz ausbauen zu lassen. Davon verschlang allein das Beleuchtungskonzept 650 000 Euro. Auf besonderes Unverständnis bei den Gläubigen stießen zudem Extravaganzen wie die Anschaffung einer „Wurzelheizung" für einen aus dem Heiligen Land eingeflogenen Olivenbaum oder die Anlage eines 213 000 Euro teuren Teichs für Koi-Karpfen. Tebartz-van Elst musste von seinem Amt zurücktreten.

Der große Schuss Ichvertrauen sowie eine gehörige Portion Erfolgsglaube führen dazu, dass solche Menschen ihr Sicherheitsdenken ignorieren, Wagnisse eingehen und sich nehmen, was ihnen vermeintlich zusteht. Auf Außenstehende wirken sie dann oft maßlos, gierig, mitunter sexbesessen. Aber auch draufgängerisch, risikofreudig, verwegen.

Welche weit reichenden Folgen die ichbezogene Haltung im Extremfall haben

kann, zeigt sich, wenn Narzissten mit ausgeprägtem Machthunger in hohe Staatsämter gelangen. Einmal an der Macht, beginnen sie, ihren Herrschaftsanspruch zu festigen und Gesetze zu den eigenen Gunsten zu verändern. Sie neigen darüber hinaus dazu, die eigenen Interessen mit denen des Landes gleichzusetzen.

Viele Alleinherrscher lassen sich auf Staatskosten Paläste und Denkmäler errichten. Kritik am eigenen Führungsstil wird häufig als Landesverrat geächtet, und politische Gegner werden ausgeschaltet.

Allerdings ist unter Experten noch umstritten, ob vorhandene Machtstrukturen den Aufstieg narzisstischer Charaktere einfach nur begünstigen – oder ob vielleicht sogar die einflussreichen Posten selber die egozentrischen Züge jener verstärken, die sie innehaben.

Studien liefern jedenfalls etliche Hinweise darauf, dass Macht an sich schon grenzverletzendes, egoistisches Verhalten

---

AUF EINEN BLICK

Gesunde Selbstliebe

Die Fähigkeit, sich als besonders und einzigartig zu empfinden, ist im Prinzip nichts Negatives: Sie fördert die seelische Gesundheit.

Instabiles Ich

Hochgradig narzisstische Menschen besitzen paradoxerweise ein besonders instabiles Selbstwertgefühl – und fühlen sich daher rasch gekränkt.

Mangel an Empathie

Extreme Narzissten haben nur die eigenen Bedürfnisse im Blick. In schweren Fällen sind offenbar die für Mitgefühl zuständigen Hirnareale verkümmert.

Gefährliches Ego

In ihrem Geltungswahn können narzisstische Persönlichkeiten anderen erheblich schaden – etwa indem sie ohne Rücksicht auf die Folgen hohe Risiken eingehen.

---

fördert; dass also zunehmender Einfluss den meisten Menschen zu Kopfe steigt.

Einige Unternehmen versuchen bereits, sich gegen übermäßig narzisstische Manager zu wappnen – zum Beispiel indem sie bei der Auswahl neuer Mitarbeiter vermehrt Wert auf Moral und Authentizität legen.

Doch eine Frage bleibt: Wenn extrem übersteigerter Narzissmus eine krankhafte Störung ist, welche Chance auf Heilung ist dann denkbar? Gibt es Hoffnung für jene, die unter einem selbstverliebten Partner leiden und wollen, dass er sich ändert? Oder für Narzissten, die nach einer schweren Kränkung oder einem echten Schicksalsschlag in ein tiefes Loch fallen und in einer Depression gefangen sind?

Psychologen tun sich mit einer eindeutigen Antwort schwer. Schließlich sind bei den von einer narzisstischen Persönlichkeitsstörung Betroffenen offenbar maßgebliche Hirnstrukturen für empathisches Denken verkümmert.

Trotzdem zeigt die Praxis, dass sich viele Defizite im Rahmen einer professionellen Verhaltenstherapie zumindest ausgleichen lassen – unter anderem mithilfe von Rollenspielen, bei denen die Narzissten ihr eigenes Verhalten gespiegelt bekommen und konkrete Strategien lernen, um ihren Mitmenschen besser gerecht zu werden, Fehler und Kritik zuzulassen und Erfolgsdruck abzubauen.

Damit das gelingt, müssen Therapeuten jedoch zunächst behutsam ein Bewusstsein bei ihren Klienten dafür schaffen, dass überhaupt eine Störung vorliegt, dass ihr übersteigertes Selbstwertgefühl nicht real, sondern das Ergebnis einer raffinierten Selbsttäuschung ist. Und zwar so, dass die Betreffenden die Therapie nicht gekränkt abbrechen.

Das ist selbst für erfahrene Psychologen keine leichte Aufgabe. Denn nicht zuletzt mangelt es vielen Narzissten naturgemäß zu Anfang der Behandlung an einer der wichtigsten Voraussetzungen für eine erfolgreiche Therapie: Einsicht in das eigene Leiden •

SUSANNE PAULSEN, Jg. 1962, ist Wissenschaftsjournalistin in der Nähe von Hamburg. MARIA KIRADY, Jg. 1985, gehört zum Team von GEOkompakt. PETER M. HOFFMANN, Jg. 1968, arbeitet als freiberuflicher Illustrator in Leipzig.

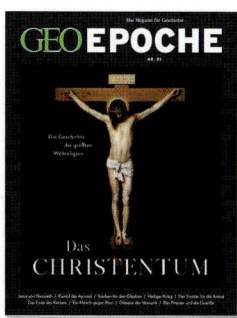

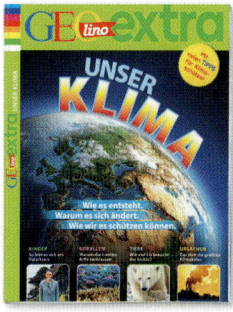

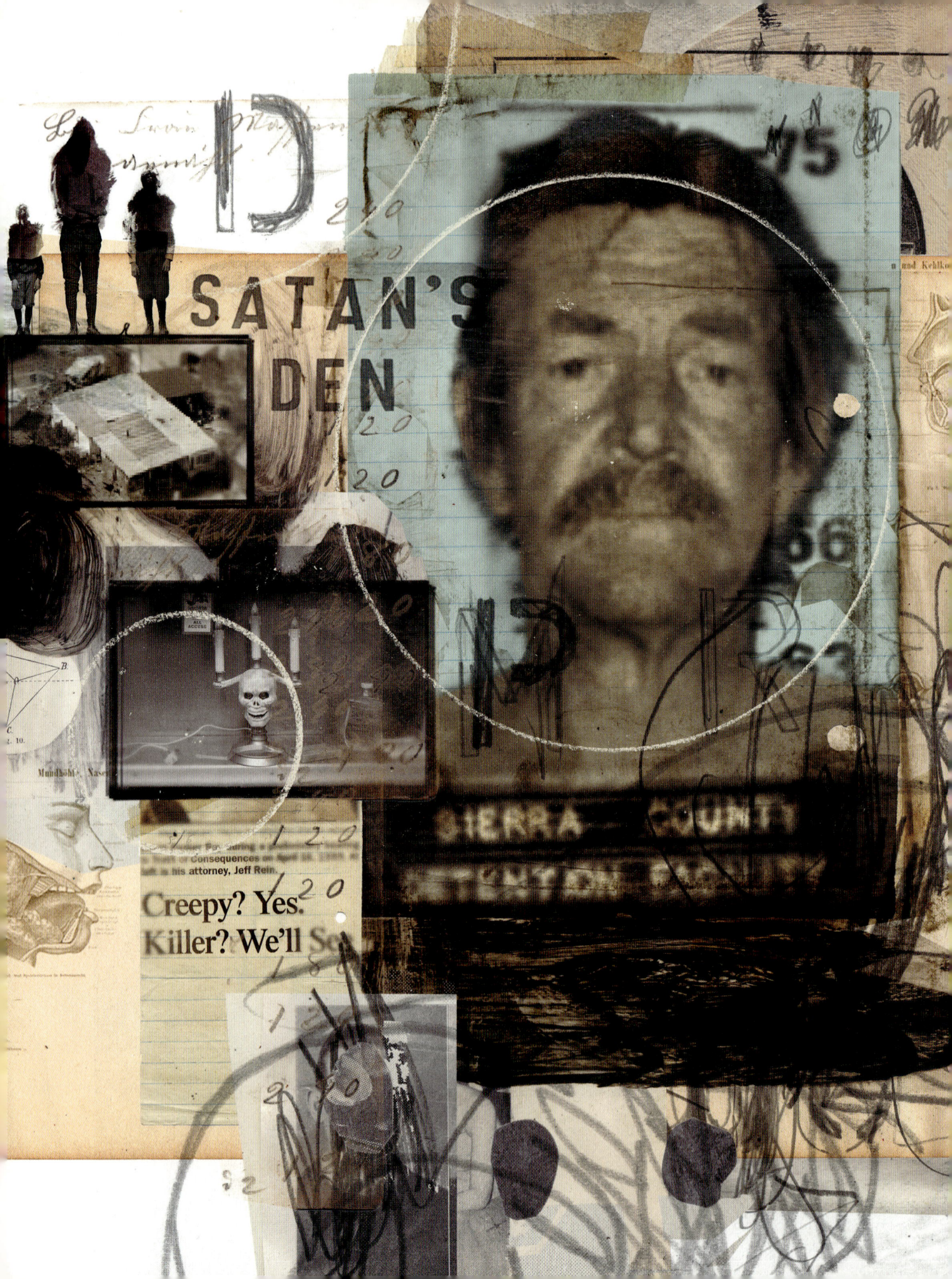

DER FOLTERER
DAVID PARKER RAY

Die KAMMER des GRAUENS

Als »Spielzeugkiste« bezeichnet der US-Amerikaner David Parker Ray das **schalldichte Verlies,** in dem er Frauen vergewaltigt und quält. Über Tage und Wochen hält er seine Opfer gefangen, misshandelt sie auf brutalste Weise. Es sind vermutlich Dutzende. Hat er viele auch ermordet?

TEXT: CONSTANZE KINDEL   COLLAGEN: LARS HENKEL

H

Hallo, Schlampe. Geht es dir gut?, sagt die Stimme aus dem Kassettenrekorder zu Cynthia Vigil. *Ich bezweifle es. Handgelenke und Knöchel angekettet, geknebelt, wahrscheinlich mit verbundenen Augen. Du bist desorientiert und hast Angst, denke ich mir. Völlig normal unter den Umständen. Du musst dich zumindest eine kurze Zeit lang zusammenreißen und dieses Band anhören. Es ist äußerst sachdienlich für deine Situation. Ich werde dir im Einzelnen erzählen, warum du entführt worden bist, was mit dir passieren wird und wie lange du hier sein wirst.*

Für seine grauenvollen Taten nutzt David Parker Ray ein Grundstück in New Mexiko, unweit eines Sees. Dort hat er einen Frachtanhänger zu »Satan's Den« umgebaut, zur Höhle des Teufels, wie auf einem Schild steht

Er habe Erfahrung mit Gefangenen, sagt der Mann auf der Kassette. Er halte sich schon seit Jahren Sexsklavinnen, zusammen mit seiner Freundin.

Für mich bist du ein hübsches Stück Fleisch, das benutzt und ausgebeutet werden kann, sagt die Stimme.

Er töte nicht alle, die er entführe. Wenn er und seine Lady fertig seien mit ihr, hört Cynthia, bekomme sie von ihnen starke Beruhigungsmittel und eine Gehirnwäsche, dann werde sie an einer Landstraße ausgesetzt – gewaschen, in der Kleidung, die sie bei ihrer Entführung getragen hat, betäubt, ohne Erinnerung.

Ich bin sicher, dass du das bevorzugst, anstatt erwürgt zu werden oder die Kehle durchgeschnitten zu bekommen.

Niemand werde hier nach ihr suchen. Das Zimmer, in das sie gebracht werde, habe Wände, Boden und Decke aus Stahl, sei schalldicht und ausbruchssicher.

Wenn jeder wüsste, wie viel Spaß es macht, eine Sexsklavin zu halten, wäre die Hälfte aller Frauen in Amerika angekettet bei jemandem im Keller.

Er spricht von Ketten, Peitschen, Elektroschocks. Von Vergewaltigung und sexueller Misshandlung verschiedenster Art. „Master" soll Cynthia ihn nennen.

Du wirst gehalten wie ein Tier. Tu, was dir gesagt wird, sonst nichts. Es hört sich vielleicht harsch an, aber wenn du uns zu viel Ärger machst, habe ich keine Skrupel, dir die Kehle aufzuschlitzen. Ich mag es nicht, Mädchen zu töten, aber manchmal passieren böse Dinge eben.

Drei Tage Todesangst. Dann kann sich Cynthia Vigil befreien.

Am Nachmittag des 22. März 1999 läuft sie nackt über die Bass Road am Rand des Wüstenorts Elephant Butte. An dem Metallring um ihren Hals hängt eine lange, schwere Kette. Ihr Körper ist blutverschmiert, voller blauer und schwarzer Flecken. Cynthia, 22 Jahre alt, rennt um ihr Leben. Sie versucht, Autos anzuhalten, stolpert über einen Vorgartenrasen, durch eine offene Verandatür und schreit um Hilfe. Die Frau, in deren Haus sie zusammenbricht, wählt den Notruf.

Einige Zeit später halten Polizisten in Elephant Butte ein altes Wohnmobil an. Am Steuer sitzt David Parker Ray, ein großer, dünner Mann von Ende 50 in grüner Ranger-Uniform. Die blonde Frau neben ihm ist seine 20 Jahre jüngere Partnerin Cindy Hendy. Sie blutet aus einer tiefen Wunde am Hinterkopf.

Ray arbeitet als Mechaniker für einen Naturpark in der Nähe. Elephant Butte liegt im kargen Süden von New Mexico, kaum 1500 Einwohner. Der Stausee in der Nähe bringt in den heißen Sommern Zehntausende Besucher in die Gegend, zum Angeln, Bootfahren, Campen.

Am Westufer des Sees wohnen David Parker Ray und Cindy Hendy in einem Trailer Home, einem flachen Fertigbau, hinter einem hohen Maschendrahtzaun.

Der erste Polizist, der an diesem Märznachmittag das Grundstück Bass Road 513 erreicht, entdeckt eine geöffnete Schiebetür an der Rückseite des Gebäudes. Im Inneren findet er Blut und Scherben, Spuren eines Kampfes – sowie ein Foto der gefesselten Cynthia Vigil.

I

In den folgenden Tagen durchkämmen Ermittler der Staatspolizei die Behausung. Auf einem Regalbrett steht ein kleiner Teufelskopf aus weißer Keramik. In den Zimmern entdecken sie Handfeuerwaffen, Elektroschocker, überall Ketten, Seile, Handschellen, Peitschen, zahllose Dildos sowie eine sargähnliche Holzkiste mit Belüftungslöchern. Und eine Seekarte des Elephant Butte Lake, auf der einzelne Punkte mit Kreuzen markiert sind.

Hinter dem Haus parkt ein fensterloser weißer Frachtanhänger, die Achsen auf Holzblöcken. Ein Schlosser bricht die stahlverstärkte Tür auf. Sie führt in eine andere Welt, geschaffen von David Parker Ray. Die *Toy Box*, seine „Spielzeugkiste".

An einer Wand hängt ein Schild, große rote Buchstaben auf weißem Grund:

Per Kassettenrekorder kündigt er den Frauen an, welche Qualen sie unter DER FOLTER ERWARTEN

Satan's Den, Satanshöhle. An der anderen Wand und in Schränken Ketten, Seile, Peitschen, Stecknadeln, Sägeblätter, Schraubklemmen, Schmirgelpapier, ein Brenneisen, ein Lötkolben, Bleigewichte, Angelhaken, Dildos sowie verschiedene Instrumente, um Brüste und Brustwarzen zu traktieren. In einem Arzneischrank lagern Chloroformflaschen und Injektionsspritzen.

In der Mitte des Raums steht eine Art Gynäkologenstuhl, verstellbar in viele Höhen und Positionen, verschiebbar auf Schienen im Boden; daran angebracht ist ein elektrischer Spannungsgeber mit diversen Kabeln und Elektroden. Eine Kamera mit Stativ ist auf die Liege gerichtet, von der Decke hängt ein Bildschirm.

An einer Korkpinnwand haften Fotografien und Zeichnungen von Frauen, alle sind gefesselt, alle werden gefoltert.

Daneben eine Mahnung von Ray an sich selbst: *Denk daran, dass eine Frau alles tun oder sagen wird, um freizukommen. Kratzen, beißen, betteln, lügen, Sex bieten oder Geld.* Darunter hat er notiert, was er Standardausreden und Mitleidsmaschen nennt: *schwanger, Aids, krankes Baby, kranke Eltern, muss arbeiten, darf die Schule nicht verpassen.*

Viele Werkzeuge hat Ray sorgfältig beschriftet. Auch für die Folter der Frauen in den ersten Stunden hat er eine Anleitung verfasst, in 18 Schritten. Der erste lautet: Die neue Gefangene sollte geknebelt sein und die Augen verbunden haben, Handgelenke und Knöchel angekettet.

Dann geht es darum, der Frau Halsband und Fußfesseln anzulegen, die Kleidung mit Scheren zu entfernen, Genitalien und Brüste zu misshandeln, sie zu peitschen, ihr Elektroschocks zu geben, bis sie erschöpft ist. Ihre Angst verstärken, ihr genau beschreiben, wie sie ständig

vergewaltigt und gefoltert werden wird. *Arbeite mit ihrem Kopf wie mit ihrem Körper,* steht in Rays Notizen.

Er führt Buch über die Opfer. Die Ermittler finden Daten von Entführungen: 17 Einträge von Februar 1994 bis September 1997. Hinter jedem Datum ist als Strichliste vermerkt, wie oft er das jeweilige Opfer gefoltert und misshandelt hat. 16. April 1994: 33 Striche. 9. September 1994: 41. 8. Mai 1995: 53.

In einer Art Protokoll, säuberlich maschinengetippt, finden die Ermittler Angaben zu 29 weiteren Entführungen, Ort und Zeit, geschätztes Alter der Opfer, Dauer der Gefangenschaft und Bewertungen ihres Aussehens. Die Daten strecken sich über vier Jahrzehnte. Seine erstes Kidnapping und die erste Vergewaltigung verzeichnet Ray für das Jahr 1956.

Schon ein Jahr später vier Einträge, er behält seine Gefangenen für ganze Wochenenden in einer Höhle im Wald, eine Schülerin, eine Studentin, er trifft sie an einer Bushaltestelle oder sammelt sie nach einer Reifenpanne auf.

1963: eine Barbekanntschaft und eine Anhalterin. 1973: zwei Navajo-Indianerinnen, 14 und 15 Jahre alte Schwestern, die er gleichzeitig foltert, und drei andere, darunter eine Anhalterin mit Kleinkind.

Mit der Zeit scheint er seine Opfer immer länger gefangen gehalten, in Wohnwagen und Zelten, und immer schwerer gefoltert zu haben. Viele sind Teenager. Was er danach mit ihnen gemacht hat, schreibt er nicht. Manchmal überspringen die Einträge mehrere Jahre.

Der letzte stammt von 1995, eine sechzehnjährige Prostituierte: *reichlich Zeit,* schreibt er. Und schließlich, nach Beschreibungen der Folter: *total abgenutzt; die letzten zwei Wochen war es, als ob man mit einer Stoffpuppe spielt. Ein Monat ist zu lang.*

Doch was ist mit den Frauen genau geschehen? Nach Rays Verhaftung suchen die Ermittler nach Leichen, lassen das Gelände an der Bass Road mit einem Bagger umgraben, durchkämmen auch

Für seine Verbrechen nutzt Ray auch medizinische Instrumente und Betäubungsmittel. Die Namen der Frauen notiert er nie: Die Polizei findet zwar Bilder mutmaßlicher Opfer – doch fast alle bleiben unbekannt. Und die Ermittler suchen vergebens nach Leichen

SHE FLED 'TOY-BOX
KILLER' YEARS AGO,
NOW ...

Mother
faces
triple
tragedy

One son dead, another accused
in killing, and her husband jailed

die Nachbarschaft mit Bodenradar und Spürhunden – ohne jedes Ergebnis. Eine Lokalzeitung spekuliert über Satanismus, Kulte, Menschenopfer.

Jeder Mensch ist fähig zu töten, sagt Michael Stone: Aber nicht jeder könnte zum Mörder werden.

Stone ist Professor für klinische Psychiatrie an der New Yorker Columbia University, menschliche Abgründe sind sein Metier. Das Böse, das die strenge Wissenschaft als Begriff nicht kennt. Er hat versucht, dem Bösen eine Ordnung zu geben. Aus den Biografien von mehr als 600 Gewaltverbrechern hat er eine Stufenfolge erarbeitet, eine „Skala des Bösen" mit 22 Kategorien, vom Nachvollziehbaren bis zum Unfassbaren, von Menschen, die nach jahrelangem Missbrauch ihren Peiniger getötet haben, bis zu psychopathischen Foltermördern.

Für Stone fällt David Parker Ray in Kategorie 22 seiner Skala.

K

Kurz nach seiner Verhaftung erzählt Ray einem FBI-Agenten drei Tage lang sein Leben. Es habe wenig Zuneigung in seiner Kindheit gegeben, sagt er, es gab niemanden, der ihm Aufmerksamkeit schenkte, es war, als sei er gar nicht da.

Die Eltern schieben David und seine etwas jüngere Schwester zur Großmutter ab, die auf einer entlegenen Farm lebt.

Der Vater, ein Trinker und Herumtreiber, kommt nur alle paar Monate zu Besuch. Dem Sohn bringt er dann einen großen Stapel „True Detective"-Hefte mit, Geschichten von wahren Verbrechen.

Irgendwann in diesen Jahren beginnt David, so sagt er, davon zu träumen, Mädchen zu vergewaltigen und zu töten, mit abgebrochenen Bierflaschen. Als er zwölf ist, baut er Bomben und sprengt im Wald Baumstämme in die Luft. Mit 15 baut er

Nachdem die Ermittler Ray verhaftet haben, öffnen sie das Foltergefängnis im Frachtanhänger. Dort steht ein gynäkologischer Stuhl, an den Wänden hängen Ketten, Handschellen, Messer, Scheren, Sägeblätter, ein Lötkolben. Kameras filmen das Leid der Gepeinigten

Schon als Teenager träumt Ray davon, Mädchen zu vergewaltigen UND ZU TÖTEN

sich ein geheimes Verlies unter einer großen Kiefer, mit einer Henkerschlinge und einer Flaschensammlung.

Mit 19 heiratet er zum ersten Mal. Er tritt in die Armee ein, wird Vater eines Sohnes, lässt sich scheiden, heiratet erneut, reicht drei Monate später wieder die Scheidung ein. Mit 26 ist Ray zum dritten Mal verheiratet. Im Jahr darauf kommt eine Tochter zur Welt.

Sein Leben bleibt rastlos. Er schlägt sich mit Gelegenheitsarbeiten durch, wechselt Jobs und Wohnorte. Arbeitet in Texas und New Mexico, macht eine Ausbildung als Flugzeugtechniker in Oklahoma. 1981 zerbricht auch seine dritte Ehe.

Ray zieht nach Kalifornien, dann nach Arizona, wo er in einer Autowerkstatt arbeitet und abermals heiratet. Die vierte Ehe hält bis 1994, drei Jahre später lernt er Cindy Hendy kennen.

Nicht alle Fakten aus Rays Erzählung erweisen sich bei späteren Recherchen als korrekt, manches ist vermutlich frei erfunden. Vor allem aber stellt er sich selbst als Opfer seiner sadistischen Neigungen dar. Alle paar Monate überfalle ihn der „Drang", wie er es nennt.

Seine dritte Ehefrau erlaubt ihm ein paarmal, sie zu fesseln, hat aber keine Ahnung, was er tut, wenn er in seinem Kellerraum im Haus sitzt und Folterinstrumente bastelt. Die vierte Ehefrau will von seinen Praktiken nichts wissen. In der Zeit in Arizona bezahlt er manchmal Prostituierte dafür, sie auszupeitschen.

Es ist nicht das erste Mal, dass Ray mit dem FBI zu tun hat. Im Juni 1986 wendet sich seine Tochter Jesse, damals 19, an das FBI in New Mexico: Ihr Vater foltere Frauen und bringe sie anschließend über die Grenze nach Mexiko, um sie als Sexsklavinnen zu verkaufen. Die Ermittler befragen Ray mehrmals. Er ist

kooperativ und erzählt offen über seine Vorliebe für Fesselspiele. Monatelang sei er völlig normal, dann würde seine Sucht wochenlang sein Leben bestimmen. Er fantasiere auch davon, Frauen zu töten.

Er schätze sich selbst als „potenziell gefährlich" ein, sagt er. Doch die Ermittler halten die Hinweise für zu vage, der Verdacht lässt sich nicht erhärten, Namen und Details fehlen. Nach einem Jahr stellt das FBI die Ermittlungen ein.

So unfassbar es ist: Die Tochter scheint anschließend nie wieder versucht zu haben, sich von ihrem Vater zu lösen. Bis zu seiner Verhaftung bleibt das Verhältnis zwischen beiden eng. Jesse wohnt 200 Kilometer entfernt, aber sie ist oft zu Besuch in Elephant Butte, wo Ray und seine vierte Frau 1983 das Grundstück an der Bass Road gepachtet haben.

Im September 1988 verschwindet der Chef der Autowerkstatt in Arizona, in der Ray arbeitet. Zwölf Monate später entdeckt ein Angler im Elephant Butte Lake eine Leiche, mit Seilen verschnürt und mit zwei Bootsankern beschwert, eingewickelt in eine blaue Abdeckplane. Der Mann starb durch einen Schuss in den Hinterkopf. Später wird der Tote als der vermisste Mann aus Arizona identifiziert.

1994 wird Ray ein Ranger im Nationalpark am Elephant Butte Lake. Er arbeitet hart, meldet sich oft für Überstunden. Er lernt Cindy Hendy kennen, die dort gemeinnützige Arbeit leisten muss.

Hendy, geboren 1960, lebt in einem Nachbarort von Elephant Butte, sie hat eine Schwäche für Alkohol, Drogen und gewalttätige Männer. Dreimal hat sie sich scheiden lassen, ihre drei Kinder ziehen andere auf. Immer wieder kommt sie mit dem Gesetz in Konflikt. Drogen, Urkundenfälschung, Diebstahl, Hehlerei.

Nach ihrer Festnahme erzählen Bekannte von einem Abend, an dem Cindy bei ihnen im Wohnzimmer saß, Weißwein aus der Flasche trank und anfing anzugeben mit dem Mann, mit dem sie lebte. Ray sei ein Serienkiller, erklärt Cindy, der Hunderte Frauen getötet habe. Sie wisse von sechs oder sieben, die im See lägen, und das nur aus der Zeit, in der sie schon mit ihm zusammen war.

Sie erzählt von der Toy Box und dem Blutfleck von der Größe einer Vierteldollarmünze auf dem Boden, an der Stelle, an der David einem Mann in den Kopf geschossen habe, und den sie einfach nicht wegputzt bekommen.

Sie erzählt, wie Ray Leichen aufschlitzt und ihre Bäuche mit Steinen füllt, damit sie auf den Grund des Sees sinken. Berichtet, wie er seine Opfer aussucht, Prostituierte und Junkies, die keiner vermisst. Es waren Hunderte, behauptet sie, er mache das seit mehr als 20 Jahren und sei nie erwischt worden.

Sie sagt, sie freue sich darauf, die nächste Frau selber zu ersticken, weil sie wissen will, wie sich das anfühle: ein Mord. Und dass die beiden sich bald ein neues Opfer suchen werden.

A

Am Samstag, dem 20. März 1999, fahren Ray und Cindy Hendy nach Albuquerque, zu einer Straßenecke im Stadtzentrum, wo Prostituierte auf Freier warten. Ein Zuhälter bringt ihnen Cynthia Vigil.

Minuten später liegt sie im Wohnmobil, in Handschellen, Klebeband über Mund und Augen. Sie bringen sie in Rays Haus, schnallen sie nackt auf ein Bett, fesseln sie an Handgelenken und Knöcheln, ketten sie mit einem Metallhalsband an die Wand. Dann spricht die Stimme von der Kassette zu ihr.

Am dritten Tag ihrer Folter wird Cynthia nur mit dem Halsring gefesselt. Während Ray bei der Arbeit ist, kann sie vom Bett aus mit den Füßen den Couchtisch heranziehen, auf dem der Schlüssel für die Kette liegt. Cindy überrascht sie, als sie den Notruf wählt, schlägt sie mit einer Lampe. Cynthia wehrt sich mit einem Eispicker, den sie Rays Freundin in den Kopf sticht, und flieht.

In Haft macht Cindy Hendy einige Aussagen. Ray habe zahllose Frauen gefoltert und mindestens 14 Menschen ermordet, sagt sie den Ermittlern, zwei der Toten kann sie auf Fotos identifizieren, die in der Toy Box gefunden worden waren. Ihre Namen kennt sie nicht.

Cindy hat Cynthia persönlich ausgepeitscht. Sie hat die Pistole gehalten und zugeschaut, was Ray mit der Frau anstellte, die angekettet von der Decke hing. Und während Cynthia nackt und gefesselt im Nebenzimmer lag, stand Cindy in der Küche und machte Kartoffelsalat.

Vor Gericht bekennt sie sich schuldig (im Gegenzug für weniger schwere An-

klagen), dann will sie doch auf „nicht schuldig" plädieren. Ihre Anwältin argumentiert, Cindy Hendy sei selbst missbraucht und misshandelt worden, sie sei geistig zurückgeblieben und minderbemittelt. Der Richter entscheidet, dass das Schuldbekenntnis gültig bleibt; das Urteil wird daraufhin nach amerikanischem Recht ohne weiteren Prozess gefällt.

Michael Stone, der Experte für das Böse, trifft Cindy Hendy Jahre später im Gefängnis. Sie erzählt, sie sei immer noch sauer auf Ray, weil er sie mit seinen dummen Fantasien in diese Situation gebracht habe. Sie fand es interessant, einen Serienkiller kennenzulernen: „Ich war einfach neugierig."

David Parker Ray wird in 37 Punkten angeklagt, Entführung, Körperverletzung, Sexualdelikte. Mord ist nicht dabei.

Mehr als 2000 Beweisstücke stellen die Ermittler auf dem Grundstück an der Bass Road sicher, weitere in Lagerräumen, die Ray gemietet hat. Ausweise sind darunter, manche geändert oder gefälscht, Bootszubehör, auf dem sich Blutspuren finden. Aber sie können ihm nicht nachweisen, dass er getötet hat.

Sie finden nur zwei überlebende Opfer Rays. Eine der beiden Frauen ist eine Bekannte von ihm und Cindy Hendy, die im Februar 1999 im Haus an der Bass Road festgehalten, gefoltert, sexuell misshandelt und später freigelassen wurde. Die andere identifizieren sie mithilfe einer Videoaufnahme aus der Toy Box, auf dem ihr auffälliges Tattoo zu sehen ist. Es ist eine Bekannte von Rays Tochter Jesse.

Dieser Film ist der einzige, der Ray als Täter zeigt. Die Beamten des FBI glauben, dass es Dutzende, vielleicht Hunderte weitere geben muss. Aber wo?

David Parker Ray

habe mindestens

14 Menschen

ermordet,

SAGT SEINE

KOMPLIZIN AUS

Hilfe erhält der Killer von seiner Partnerin Cindy Hendy (o. r.): Sie lebt mit ihm, weiß von seiner Folterkammer, von den Anleitungen und Werkzeugen zur Peinigung der Opfer. Gegenüber Freunden spricht sie davon, gern auch einmal selbst töten zu wollen

In seinen Aufzeichnungen nennt Ray keine Namen. Die Gesichter der Frauen auf den Pinnwand-Fotos in der Toy Box, deren Augen und Münder mit Klebeband verschlossen waren, sind nicht zu erkennen. Es gibt eine Reihe von Vermisstenfällen, in denen die Ermittler Ray verdächtigen. Beweisen lässt sich nichts.

Rays Tochter Jesse, verurteilt wegen Beteiligung an der Entführung ihrer Bekannten, wird nach zwei Jahren Untersuchungshaft entlassen, der Rest ihrer Haftstrafe von neun Jahren zur Bewährung ausgesetzt. Cindy Hendy wird im Mai 2000 zu 36 Jahren Haft verurteilt.

David Parker Ray soll nach dem Urteil des Gerichts eine Haftstrafe von insgesamt 224 Jahren absitzen, vorzeitige Entlassung frühestens im Jahr 2100. Am 28. Mai 2002 stirbt er in seiner Zelle an einem Herzinfarkt.

Die Suche nach seinen Opfern geht bis heute weiter. 2011 fahndeten Ermittler abermals am Elephant Butte Lake, nach der Leiche einer 1995 vermisst gemeldeten Frau – ohne Ergebnis.

Im selben Jahr veröffentlicht das FBI Hunderte Fotos, die in Rays Haus und in der Toy Box gefunden wurden, in der Hoffnung, dass sie zu Frauen führen, die er entführt und vielleicht getötet hat.

Kleidungsstücke sind auf den Aufnahmen zu sehen, Schmuck, Sonnenbrillen. Ein abgeschnittener rötlichblonder Zopf, zusammengehalten von einem Haargummi mit zwei leuchtend roten Kugeln. Ein Lederarmband, in das der Name Linda eingebrannt ist. Entscheidende Hinweise aber bringen sie nicht. David Parker Ray und seine Taten bleiben ein Rätsel.

Die Welt, die er nach seinen Fantasien geschaffen hat, gibt es noch. Die Toy Box steht heute auf dem Gelände des FBI in Albuquerque .

CONSTANZE KINDEL, Jg. 1979, ist Journalistin in Remscheid. Der Illustrator LARS HENKEL, Jg. 1973, lebt in Berlin.

Forensiker und Psychologen,
Ermittler, Rechtsanwälte und Richter:
In vielen Professionen treffen
Menschen jeden Tag bei anderen
auf dunkle Seiten der Psyche.
Sieben von ihnen erzählen, wie sie
die **Nähe zum Bösen** erleben

88

FOTOS: OLIVER MARK

PROTOKOLLE: MARTIN SCHLAK

IM
ANGESICHT
DES
VERBRECHENS

89

Dr. med. Anne Port ist
Assistenzärztin am Institut
für Rechtsmedizin der Universität
Rostock. An Tatorten sammelt
sie Informationen zum Hergang
eines Gewaltverbrechens, im
Sektionssaal untersucht sie Leich-
name (siehe Seite 102).

WOLFGANG BACKEN, 65,
RICHTER A.D., HAMBURG

Ich habe mehr als 35 Jahre lang Verbrecher verurteilt. Ich saß Dutzenden Mördern gegenüber, Vergewaltigern, Räubern. Mich kann so leicht keine Grausamkeit mehr erschüttern, die Menschen einander antun. Doch es gibt Fälle, die mich heute noch verfolgen. Da war beispielsweise der Familienvater, der sich nach seinem Coming-out von seiner Frau getrennt hatte und anschließend in einer einschlägigen Bar einen jungen Fernfahrer traf, den er später am Abend in seine Wohnung einlud. Der Familienvater hoffte auf erste homosexuelle Erfahrungen; der Fernfahrer ging davon aus, dass bei dem Mann Geld zu holen sei.

In der Wohnung sagte der Trucker: Leg dich mit dem Bauch auf die Couch, ich massiere dich. Dann ging er in die Küche, holte ein Messer und stach dem Opfer mehrmals in den Hals und Rücken. Er packte Wertgegenstände ein und floh. Der Verletzte lag 13 Stunden gelähmt und stark blutend auf seinem Bett, ehe ein Nachbar ihn hörte. Er muss eine fürchterliche Todesangst gehabt haben.

Der Täter, zur Tatzeit 19 Jahre alt, wurde erst nach neuneinhalb Jahren verhaftet und dann nach dem Jugendstrafrecht verurteilt. Daher ist er mit drei Jahren davongekommen. Ich sehe noch heute, wie das Opfer an Krücken zur Urteilsverkündung in den Gerichtssaal kam. In manchen Momenten erscheint nicht richtig, was Recht ist.

Auch nach vielen Jahren in diesem Beruf haben mich besonders jene Fälle schockiert, bei denen die von einem Verbrechen Betroffenen stark leiden mussten. Doch ich schaffe es heute besser als früher, damit umzugehen.

Ich kann nicht mit jedem Opfer empathisch sein. Das ist wie bei einem Arzt, der jeden Tag einem Patienten eröffnen muss, dass der Krebs hat und nur noch wenige Monate zu leben. Man kann diese Schicksale nicht ständig nah an sich heranlassen, sonst leidet die eigene Psyche.

Ein Richter muss immer wieder Abstand gewinnen, zu den Opfern, aber auch zu den Tätern. Als ich begann, hatte ich ein sehr pauschales Bild von dem Bösen. Ich dachte, ich würde nur Menschen verurteilen, die eine schlechte Persönlichkeit haben. Dann merkte ich: Es gibt auch Angeklagte, die einem sympathisch sind und für deren Tat man ein Stück weit Verständnis aufbringt. Zum Beispiel können Betrüger durchaus charmant sein. Es gehört ja förmlich zu deren Handwerk, einen guten Eindruck zu machen.

Gefühle sind etwas sehr Gefährliches, wenn man Recht sprechen soll. Denn der Sympathische kann Täter sein und der Unsympathische unschuldig.

Daher habe ich stets versucht, mich nicht von diesen Gefühlen leiten zu lassen, schon gar nicht vom ersten Eindruck. Stattdessen habe ich immer geschaut: Was für Beweise liegen vor, was für Indizien? Reichen die Fakten für eine Verurteilung? Konzentriert sich ein Richter nicht stark genug darauf, kann ihm der schlimmste Fehler unterlaufen: dass er einen Menschen zu Unrecht ins Gefängnis schickt.

Wolfgang Backen war bis zu
seiner Pensionierung Ende September
2016 Vorsitzender Richter einer
großen Strafkammer am Landgericht
Hamburg, in der jeweils drei
Richter und zwei Schöffen unter anderem
Mördern den Prozess machen

CLAUDIA LANGE, 46, OBER-STAATSANWÄLTIN, SCHWERIN

Ein Freispruch ist für mich keine Niederlage. Manche Menschen denken, eine Staatsanwältin sei nur dann zufrieden, wenn der Angeklagte verurteilt wird. Das stimmt nicht.

Damit es überhaupt zu einer Anklage kommt, muss ein Staatsanwalt zwar einen hinreichenden Tatverdacht sehen – doch während eines Gerichtsverfahrens kann sich die Beweislage ändern, sich gar ins Gegenteil verkehren. Es kommt zum Beispiel vor, dass sich eine Anklage auf einen wichtigen Belastungszeugen stützt, dessen Aussage in meinen Akten zusammenhängend und nachvollziehbar ist. Vor Gericht erlebe ich manche Zeugen dann aber ganz anders. Sie wirken unsicher, haben nicht erklärbare Erinnerungslücken, widersprechen sich sogar. Und machen sich damit unter Umständen unglaubwürdig. Es hat Fälle gegeben, in denen ich dann selber einen Freispruch gefordert habe.

Als Staatsanwältin habe ich mich an rechtsstaatlichen Prinzipien zu orientieren. Dazu gehört es auch, einem Tatverdächtigen unvoreingenommen gegenüberzutreten und eigene Emotionen zurückzustellen.

Das mag sehr nüchtern klingen. Natürlich gibt es Fälle, die mich persönlich mehr berühren als andere. Vor drei Jahren ist in einem Wald in Mecklenburg eine junge Joggerin ermordet worden. Der Fall ging damals durch die Presse. Ein Mann hatte dem arglosen Opfer mit einem Messer in den Hals gestochen, und die Frau war verblutet.

Ich bin selbst oft im Wald unterwegs, ich gehe gern mit meinen Hunden spazieren oder jogge. Das Wissen, dass eine Frau beim Laufen im Wald sterben musste, das weckt Urängste in einem. Aber deshalb begegne ich einem Verdächtigen, dem eine solche Tat vorgeworfen wird, nicht anders als den anderen Angeklagten. Ich darf nicht nur die belastenden Tatsachen würdigen, sondern muss auch die Umstände berücksichtigen, die für den Tatverdächtigen sprechen, mag die Tat auch noch so brutal und abscheulich sein. Selbstverständlich spielen bei der Strafzumessung das Motiv, die Art und Weise der Tatausführung, die Auswirkungen der Tat und etwaige Vorstrafen eine Rolle.

Aus meiner Sicht ist das deutsche Strafrecht sehr ausgewogen. Manche Juristen sehen das anders und wollen den Mordparagrafen reformieren, dessen Formulierung noch aus der Nazizeit stammt. Unser Strafrecht ist ein Tatstrafrecht: Das heißt, im Strafgesetzbuch wird die Tat und nicht der Täter beschrieben. Der zweite Absatz des Mordparagrafen beginnt dagegen mit den Worten: „Mörder ist, wer ..." Er ist also systemfremd. Die Reformer wollen aber nicht nur die Formulierung ändern, sondern auch das Strafmaß aufweichen. Da habe ich Bedenken. Ich befürchte, dass dann die bisher obligatorische lebenslange Freiheitsstrafe zur Ausnahme werden könnte.

Damit würde man jedoch dem hohen Schutzgut menschlichen Lebens bei dieser besonders verwerflichen Form der Tötung nicht gerecht.

Claudia Lange leitet Verfolgung
und Anklage von schweren Straftaten
wie Mord. Als Staatsanwältin
ist sie neben den Richtern und der
Verteidigung die dritte Partei
in einem Strafprozess

Prof. Dr. Christian Huchzermeier
arbeitet an der Universität
Kiel. In Gerichtsverfahren erstellt
er Gutachten darüber, inwieweit
ein Täter schuldfähig oder etwa
psychisch krank ist

94

PROF. DR. CHRISTIAN HUCHZERMEIER, 52, FORENSISCHER PSYCHIATER, KIEL

Ich habe in der Regel etwa zehn Stunden Zeit, um herauszufinden, ob ein Mensch schuldfähig ist. Auf der Basis meines Gutachtens entscheidet dann das Gericht, ob der Angeklagte für seine Tat strafrechtlich belangt werden kann oder nicht. Ich treffe den Tatverdächtigen für ein Gutachten meist zwei oder drei Mal, jeweils mehrere Stunden lang.

In diesen Gesprächen frage ich ihn unter anderem zu seiner bisherigen Lebensgestaltung, zu seinen Beziehungskonstellationen und wovon er gelebt hat; ob er früher bereits psychiatrisch behandelt worden ist und ob er eine kriminelle Vorgeschichte hat. Danach reden wir im Detail darüber, was vor, während und nach der Tat geschehen ist. Manchmal komme ich zu dem Schluss: Dieser Mensch hat zwar Grausames begangen, doch dabei hat er maßgeblich unter dem Einfluss seiner psychischen Störung gehandelt.

Als Gerichtspsychiater entscheide ich nicht darüber, ob ein Mensch böse ist. Ich begutachte, inwieweit er Verantwortung für seine Tat trägt.

Vor einigen Jahren saß mir ein junger Mann gegenüber, der plötzlich glaubte, seine Familie habe sich gegen ihn verschworen. Er war überzeugt davon, seine Mutter würde einer schwarzen Sekte angehören und ihn in den Selbstmord treiben. Sein älterer Bruder, dachte er, sei mit ihr im Bunde. In vermeintlicher Abwehr hat er dann versucht, den Bruder mit einem Messer zu töten. Dieser Mann litt an psychotischen Wahnvorstellungen, die sein Handeln bestimmten. Daher ist das Gericht dem Gutachten gefolgt und hat ihn als nicht schuldfähig angesehen. Er kam in den psychiatrischen Maßregelvollzug.

Schwieriger ist es zuweilen, zu erkennen, ob jemand wirklich eine Persönlichkeitsstörung hat. Denn da trifft man mitunter auf Psychopathen, die sehr manipulativ agieren, geschickt lügen, die Verantwortung für ihr Handeln ablehnen und nur so tun, als hätten sie keine Möglichkeit gehabt, als ein Sexual- oder Gewaltdelikt zu begehen.

In der Regel lerne ich die Täter Wochen oder Monate nach der Tat kennen und bin oft überrascht, wie unauffällig sie wirken. Die meisten haben nichts Wildes oder Böses mehr an sich. Eigentlich ein positiver Befund, doch diese plötzliche Wandlung der Zustände einer Persönlichkeit von offensichtlich gefährlich hin zu nett im Kontakt finde ich immer wieder frappierend.

Den Wunsch, sich durchzusetzen, den Gedanken, aggressive Gefühle ungehemmt auszuleben, trägt wohl jeder von uns in sich. Die meisten Menschen haben gelernt, diesen Drang zu beherrschen. Doch unter gewissen Bedingungen können diese destruktiven Anteile hervortreten. Diese Impulse spüre auch ich, aber gleichzeitig weiß ich, dass ich diese zerstörerische Kraft kontrollieren kann. Das ist vielleicht der entscheidende Unterschied zwischen uns und jenen Menschen, die zu Straftätern werden.

95

JOSEF SARNJAI, 35, PSYCHOLOGE, JVA OLDENBURG

Es war an einem Wintertag vor vier Jahren, als ich das erste Mal einem Mörder gegenübersaß. Der Mann war Mitte 30 und hatte für seine Tat eine lebenslange Haftstrafe erhalten.

Er hatte mit einem Komplizen zwei Menschen auf der Straße ausrauben wollen, doch einer der beiden erkannte die Täter. Da entschieden sie, den Mann umzubringen. Die beiden zerrten ihn in sein Auto und fuhren mit ihm wahllos durch die Gegend, schließlich an die Nordsee nach Holland. Dort sagte der Mörder zu dem Mann: „Geh ins Wasser." Und als der Mann nicht gehorchte, griff der Täter zum Teppichmesser und stach ihm in den Hals.

Diese Geschichte hat mich tagelang beschäftigt. Es fiel mir schwer, zu akzeptieren, dass Menschen so wahllos zum Opfer und andere so plötzlich zum Täter werden können. Nach dem therapeutischen Erstgespräch hatte ich selber Redebedarf. Der Mann, etwa in meinem Alter, hatte so normal auf mich gewirkt, mich angelächelt. Er erschien mir beinahe sympathisch. Ich bekam das nicht mit der grausamen Tat zusammen, die er verübt hatte.

Ich glaube, es ist richtig, dass einen Fälle wie dieser entsetzen. Aber als Psychologe muss ich gewissermaßen einen Schritt zurücktreten, dem eigenen reflexhaften Urteil misstrauen. Ich muss nüchtern analysieren: Was ist das für ein Mensch? Warum hat er die Tat begangen?

Wir arbeiten im Gefängnis daran, dass die Insassen ihre Defizite anerkennen, das kann ein Suchtproblem sein oder eine Neigung zur Gewalt. Es geht darum, die teils tief verwurzelte Ursache des kriminellen Verhaltens zu finden.

Bei schweren Straftätern muss ich zunächst sicherstellen, dass sie in Freiheit nicht mehr in dieser Schwere straffällig werden. Es ist besser, jemand schlägt einen anderen Menschen nieder, anstatt ihn zu töten. Das klingt unbefriedigend, ist aber schon ein deutlicher Fortschritt. Im Lauf der Behandlung können wir dann höhere Ziele stecken.

Das Wichtigste ist, einen Kontakt zu den Tätern aufzubauen. Sie müssen mich als jemanden anerkennen, der ihnen helfen will. Das ist ein großer Schritt, denn aus ihrer Sicht stehe ich zunächst auf der Seite einer Justiz, die sie einsperrt. Ich muss auch Gutachten über die Gefangenen schreiben, und die fallen nicht immer positiv aus.

Viele der Männer können schlecht mit Trauer und Schmerz umgehen, die verstecken ihre Gefühle hinter einer schroffen Fassade, hinter einem radikalen Umgang mit den anderen: Bist du Freund oder Feind? Verrätst du mich, mach ich dich fertig. Doch ewig kann sich niemand verstellen. Irgendwann ist die Energie aufgebraucht.

Es gibt allerdings Abgründe, die kann kein Psychologe wegtherapieren. Manche Menschen denken nur an ihren eigenen Vorteil, entwickeln keinerlei Einsicht in die Schwere ihrer Tat, verweigern sich jeglichem Gespräch mit mir.

Bisweilen muss ich dann meine eigenen Grenzen akzeptieren, so schwer das auch fällt.

In der Justizvollzugsanstalt
Oldenburg therapiert der Psychologe
Josef Sarnjai Straftäter wie etwa
Räuber, Mörder oder Sexual-
verbrecher – und sucht dabei nach
den Wurzeln ihres kriminellen
Verhaltens

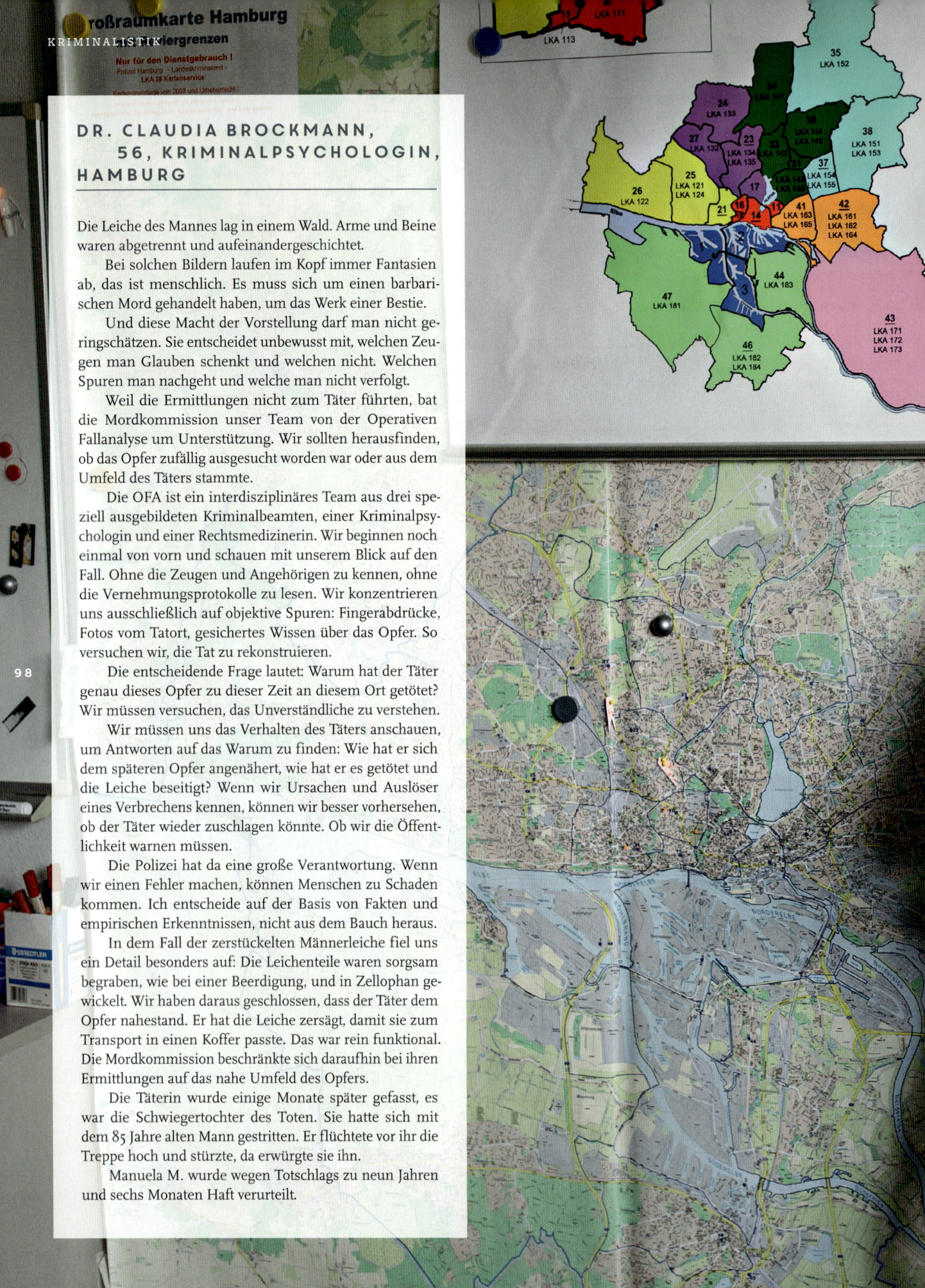

DR. CLAUDIA BROCKMANN, 56, KRIMINALPSYCHOLOGIN, HAMBURG

Die Leiche des Mannes lag in einem Wald. Arme und Beine waren abgetrennt und aufeinandergeschichtet.

Bei solchen Bildern laufen im Kopf immer Fantasien ab, das ist menschlich. Es muss sich um einen barbarischen Mord gehandelt haben, um das Werk einer Bestie.

Und diese Macht der Vorstellung darf man nicht geringschätzen. Sie entscheidet unbewusst mit, welchen Zeugen man Glauben schenkt und welchen nicht. Welchen Spuren man nachgeht und welche man nicht verfolgt.

Weil die Ermittlungen nicht zum Täter führten, bat die Mordkommission unser Team von der Operativen Fallanalyse um Unterstützung. Wir sollten herausfinden, ob das Opfer zufällig ausgesucht worden war oder aus dem Umfeld des Täters stammte.

Die OFA ist ein interdisziplinäres Team aus drei speziell ausgebildeten Kriminalbeamten, einer Kriminalpsychologin und einer Rechtsmedizinerin. Wir beginnen noch einmal von vorn und schauen mit unserem Blick auf den Fall. Ohne die Zeugen und Angehörigen zu kennen, ohne die Vernehmungsprotokolle zu lesen. Wir konzentrieren uns ausschließlich auf objektive Spuren: Fingerabdrücke, Fotos vom Tatort, gesichertes Wissen über das Opfer. So versuchen wir, die Tat zu rekonstruieren.

Die entscheidende Frage lautet: Warum hat der Täter genau dieses Opfer zu dieser Zeit an diesem Ort getötet? Wir müssen versuchen, das Unverständliche zu verstehen.

Wir müssen uns das Verhalten des Täters anschauen, um Antworten auf das Warum zu finden: Wie hat er sich dem späteren Opfer angenähert, wie hat er es getötet und die Leiche beseitigt? Wenn wir Ursachen und Auslöser eines Verbrechens kennen, können wir besser vorhersehen, ob der Täter wieder zuschlagen könnte. Ob wir die Öffentlichkeit warnen müssen.

Die Polizei hat da eine große Verantwortung. Wenn wir einen Fehler machen, können Menschen zu Schaden kommen. Ich entscheide auf der Basis von Fakten und empirischen Erkenntnissen, nicht aus dem Bauch heraus.

In dem Fall der zerstückelten Männerleiche fiel uns ein Detail besonders auf: Die Leichenteile waren sorgsam begraben, wie bei einer Beerdigung, und in Zellophan gewickelt. Wir haben daraus geschlossen, dass der Täter dem Opfer nahestand. Er hat die Leiche zersägt, damit sie zum Transport in einen Koffer passte. Das war rein funktional. Die Mordkommission beschränkte sich daraufhin bei ihren Ermittlungen auf das nahe Umfeld des Opfers.

Die Täterin wurde einige Monate später gefasst, es war die Schwiegertochter des Toten. Sie hatte sich mit dem 85 Jahre alten Mann gestritten. Er flüchtete vor ihr die Treppe hoch und stürzte, da erwürgte sie ihn.

Manuela M. wurde wegen Totschlags zu neun Jahren und sechs Monaten Haft verurteilt.

Region Altona / LKA 12

Region Eimsbüttel / LKA 13

Region Nord / LKA 14

Region Wandsbek / LKA 15

Region Mitte II / LKA 16

Region Bergedorf / LKA 17

Region Harburg / LKA18

WSPK 1-3

Fragestellung

Dr. Claudia Brockmann leitet
die kriminalpsychologische Einsatz-
und Ermittlungsunterstützung
im Landeskriminalamt Hamburg.
Dazu gehört die Operative Fallanalyse, ein spezialisiertes Team
zur Rekonstruktion eines
Tathergangs

DR. SASCHA BÖTTNER, 41,
STRAFVERTEIDIGER, HAMBURG

Die meisten Menschen haben aus meiner Sicht ein ver-
zerrtes Bild vom Bösen. Das zeigt sich etwa bei folgender
Frage: Wer ist böser – ein Auftragskiller oder ein Sexualstraftäter, der ein Kind missbraucht und danach tötet, um
nicht entdeckt zu werden? Die Mehrheit antwortet sofort:
der Sexualtäter. Denn in dem Fall ist das Opfer ein unschul-
diges Kind, im anderen Fall ein Mensch, der womöglich
selbst in kriminelle Geschäfte verwickelt ist.

Doch ich würde nicht so schnell urteilen. Es ist keinesfalls ausgeschlossen, dass ich den Auftragsmörder für den
böseren Menschen halte. Denn er hat sich eiskalt dazu
entschlossen, den Weg des Schlechten zu beschreiten. Er
handelt nicht triebgesteuert; sein Hauptmotiv ist Habgier.

Ich will Sexualstraftäter damit keinesfalls entlasten.
Schließlich ist es ja durchaus möglich, sich gegen sein Verlangen zu stemmen. Aber aus psychologischer Sicht ist
eines ganz klar: Der menschliche Sexualtrieb ruft einen
viel stärkeren Drang hervor als etwa Habgier.

In meinem Beruf lerne ich den Menschen hinter dem
Angeklagten kennen. Man entwickelt ein Gespür für die
Nöte, die inneren Zwänge einer Person und kann Wege
aufzeigen, zukünftig strafbares Verhalten zu unterlassen.

Als Strafverteidiger schütze ich den Angeklagten – vor
den Tücken des Rechtssystems, aber auch vor der öffentlichen Meinung, vor der Häme, dem Hass. Wer einmal
beschuldigt ist, trägt einen Makel, den er kaum wieder
loswird, ob er schuldig ist oder nicht. Das trifft besonders
bei Sexualstraftaten zu, obwohl sich dort in vielen Fällen
die Anschuldigungen als haltlos herausstellen.

Manche Mandanten erzählen mir nicht sofort die
ganze Geschichte. Andere belügen mich. Damit muss
ich klarkommen. Mich interessiert, was die Beweismittel
ergeben können, ob sie den Mandanten be- oder entlasten.
Danach wähle ich die Verteidigungsstrategie: Sollte er die
Vorwürfe bestreiten? Oder schweigen? Oder gestehen?

Ich bin ein gläubiger Mensch. Ich bin überzeugt davon,
dass niemand von uns ohne Schuld ist. Der Mensch misst
aber gern mit zweierlei Maß. Wer selbst Steuerbetrug begeht, findet das Vergehen auch bei anderen in Ordnung.
Aber nur bis zu der Höhe, zu der er hinterzogen hat; alles
darüber ist verwerflich. Böse sind immer die anderen.

Manchmal werde ich gefragt, wie ich als Christ einen
Vergewaltiger verteidigen kann, eine Person, deren Tat ich
moralisch für abscheulich halte. Dann antworte ich: Ich
heiße überhaupt keine Straftat gut. Ich mag keinen Betrug,
keine Vergewaltigung und auch keine Steuerhinterziehung.
Ich bin nicht Strafverteidiger geworden, weil ich Straftaten
unterstützen will. Antrieb ist meine Überzeugung, dass es
keine geborenen Täter und keine Monster gibt.

Die Würde des Menschen darf nie verloren gehen.
Und das bedeutet eben auch: Keine noch so schlimme Tat
darf das Recht auf eine gute Verteidigung verwirken.

Dr. Sascha Böttner verteidigt
Angeklagte in Strafgerichtsprozessen,
vornehmlich im Sexual- und
Wirtschaftsstrafrecht sowie in der
Betäubungsmittel-Kriminalität

DR. MED. ANNE PORT, 32, ASSISTENZÄRZTIN, ROSTOCK

Wenn ich zu einem Tatort gerufen werde, an dem ein Mensch durch Gewalt ums Leben gekommen ist, bleibt mir keine Zeit, über das Warum nachzudenken.

Sondern ich folge einer festen Routine: Als Erstes stelle ich so präzise wie möglich fest, wann das Opfer sein Leben verloren hat. Dazu interpretiere ich die sicheren Todeszeichen und andere Parameter. Totenflecke, also Verfärbungen der Haut, bilden sich etwa 20 Minuten nach dem Ableben aus; eine Leichenstarre tritt ungefähr zwei bis vier Stunden nach dem Tod ein.

Dann beurteile ich Verletzungen. Ist womöglich ein scharfer Gegenstand in den Körper eingedrungen? Hat ihn ein stumpfes Objekt getroffen? Gibt es Spuren von Verbrennungen?

Ist die Analyse abgeschlossen, lassen wir die Leiche ins rechtsmedizinische Institut bringen. Dort folgen weitere Untersuchungen. Wir asservieren die Fingernägel, nehmen Abstriche aus der Mundregion, vom After, von den Geschlechtsorganen. Und schieben den Leichnam in den Computertomographen. Danach beginnt die Obduktion, also die äußere Besichtigung, gefolgt von der Entnahme und Begutachtung der inneren Organe.

Mein Beruf ist sehr technisch. Ein Rechtsmediziner denkt nicht in den Kategorien von Gut und Böse. Ich ermittle auf dem Sektionstisch nicht die Absicht des Täters – ich stelle fest, wie

oft zugestochen worden ist, welche Organe verletzt sind, wie groß der Blutverlust ist. Ich protokolliere, ob ein spitzer Gegenstand, etwa ein Messer, an einer bestimmten Stelle in den Körper eingedrungen ist, ob er einen Knochen durchstoßen hat und ob er auf der Rückseite des Körpers wieder ausgetreten ist. Juristen verwenden den Befund dann, um über die Begehungsweise zu urteilen: Da hat jemand auf brutale Weise zugestochen.

Mir darf ein Opfer nicht leid tun. Wenn ich in der Gerichtsverhandlung als Sachverständige auftrete und dabei emotional wirke, muss ich mit einem Befangenheitsantrag rechnen. Als Privatmensch aber kann ich diese Gefühle nicht verdrängen. Nach der Arbeit frage ich mich oft, warum diese oder jene Person sterben musste, warum der eine zum Täter wird und der andere nicht.

Ich habe meine Doktorarbeit über tödliche Schussverletzungen geschrieben. Dafür untersuchte ich 160 Fälle aus den vergangenen 25 Jahren. Das Böse ist mir dabei auf unfassbar banale Weise begegnet. Nicht in Form seelischer Abgründe. Sondern viel eher in Form von Wut, Dummheit – ja Unüberlegtheit: In einigen Fällen haben die Menschen tatsächlich aus Versehen geschossen, man mag es kaum fassen.

Ich glaube, es wird niemand böse geboren. Manche Menschen kommen in ihrem Leben in Situationen, aus denen es, nach ihrer inneren Logik, keinen anderen Ausweg gibt, als jemand anderem zu schaden. Davor ist niemand gefeit.

Ich fürchte, ich selbst bin es auch nicht.

WOW!
ENDLICH RICHTIG GUTE GESCHENKE FINDEN.

HACKER, BETRÜGER, DATENPLÜNDERER

Kriminelle richten im Netz enormen Schaden an: Schätzungsweise
50 000 neue Viren kommen täglich in Umlauf, durch Internetattacken
verlieren private deutsche Nutzer jährlich 3,4 Milliarden Euro. Die
Verbrecher sitzen oft im Ausland — und bleiben ungestraft

Das Internet ist ein gefährlicher Ort: Hacker stehlen Daten, Pädophile tauschen Bilder aus, in Foren wird gehetzt und gemobbt. Forscher befürchten, dass oft erst die **Anonymität des Digitalen** das Böse im Menschen erwachen lässt. Haben sie recht?

GEFAHR AUS DEM NETZ

TEXT: JENNY NIEDERSTADT
ILLUSTRATIONEN: TAYLOR CALLERY

Ein Mann entdeckt 2009 im Internet Fotos seiner Exfreundin, die sie mit einem neuen Partner zeigen. Daraufhin setzt er sich in ein Flugzeug von seinem Zuhause auf Trinidad nach England und ersticht seine ehemalige Geliebte.

Im polnischen Lodz hackt sich 2008 ein Teenager in das Steuerungssystem der örtlichen Straßenbahn ein und dirigiert Signale und Weichen nach seinem Belieben. Vier Züge entgleisen, ein Dutzend Passagiere werden verletzt.

Wahrscheinlich aus Syrien stammende Aktivisten manipulieren am 23. April 2013 den Twitter-Account einer amerikanischen Nachrichtenagentur und verbreiten die Meldung, Barack Obama sei Opfer eines Attentats geworden. Die New Yorker Wall Street reagiert mit Kurseinbrüchen in Höhe von 136 Milliarden Dollar.

Im Juni 2016 überredet ein 35-jähriger Mann in einem Onlinechat einen Jungen aus der Schweiz, mit dem Zug nach Düsseldorf zu fahren. Der Zwölfjährige willigt ein und wird in der Wohnung des Entführers festgehalten und offenbar sexuell missbraucht, bis die Polizei ihn nach einer Woche befreit.

Eifersüchtige, die aus der Ferne das Leben ihrer Expartner verfolgen; Jugendliche, die in den Straßenverkehr eingreifen; Aktivisten, die Börsen unter Druck setzen; Pädophile, die digital Jagd auf Opfer machen: So unterschiedlich diese Taten sein mögen – sie alle zeugen von den Schattenseiten unseres vernetzten Lebens.

Eines Lebens, in dem online preisgegebene Informationen zur Ware werden können oder zur Waffe. In dem wir ungestraft prahlen, lügen und hintergehen können. Und in dem das Internet den Zugang erlaubt zu unseren geheimsten Wünschen, düstersten Fantasien und niedersten Instinkten. Kurz: in dem Gewalt, Kriminalität und Hass auf einem neuen Nährboden gedeihen.

Denn so wie das Internet einerseits die Chance birgt, Menschen auf der ganzen Welt zu vernetzen, sie für soziale Projekte auf anderen Kontinenten zu begeistern, über Missstände aufzuklären oder politisch Verfolgten eine Stimme zu geben, verbindet es auch Extremisten und Hassprediger, Sadisten und Pädophile, Terrorbanden und Drogenkartelle.

Wer sucht, der findet das Böse im Netz, von der üblen Nachrede bis hin zum Mord auf Bestellung (siehe Seite 112).

Forscher verfolgen besorgt, wie Verbrecher das Internet nutzen. Und können zunehmend besser erklären, was die digitalen Möglichkeiten mit jedem Einzelnen von uns machen – und weshalb das Netz viele gemeiner, aggressiver und hinterhältiger agieren lässt als im realen Leben.

Kleine Grausamkeiten werden dabei fast nebenbei erledigt: hier ein ätzender Leserkommentar, dort ein gesenkter Dau-

men unter dem Post einer Intimfeindin, dann der feixende Blick auf ein Video, das Schwule verhöhnt.

Schon bei den alltäglichen Hässlichkeiten im Netz, dem Pöbeln, den Denunziationen, den Shitstorms, stehen die Experten vor schwierigen Fragen: Was ist eine noch vertretbare Entgleisung? Was eine Straftat, die geahndet werden muss? Wie kommt man den Hetzern auf die Schliche?

Die Grenzen zum Mobbing etwa sind fließend: In Deutschland hat laut einer seit 1998 laufenden Studie bereits fast jeder fünfte Jugendliche digitale Attacken erlebt, rund 20 Prozent der Opfer von Cybermobbing bleiben dauerhaft traumatisiert – auch weil die Angriffe auf sie (Androhungen von Gewalt, heimlich aufgenommene Videos oder hämisch kommentierte Fotos) im Internet immer wieder abrufbar sind.

Viele Teenager haben solche entwürdigenden Bilder ständig bei sich. Jeder fünfte männliche Jugendliche hat schon Gewaltvideos aus dem Netz auf sein Smartphone geschickt bekommen: Filme, in denen Behinderte gequält, Frauen vergewaltigt oder Gefangene gefoltert und bei lebendigem Leibe verbrannt werden.

Auch werden sie leicht selbst zu Opfern. Auf Kinderchats wie „Kakao", freigegeben ab null Jahren, werden sie ganz offen angemacht: „Schreibe gern pervers und mache pictausch, nur w, Alter egal."

Posts wie diese sind für jeden Nutzer öffentlich sichtbar – und Kinder müssen erleben, dass Erwachsene dieses „Grooming" genannte Vorgehen von Pädophilen offenbar nicht unterbinden können.

Die Heranwachsenden von heute würden Belästigungen und Beleidigungen durch das Netz als etwas ganz Alltägliches kennenlernen, fürchten Experten wie Thomas-Gabriel Rüdiger.

Wenn der Kriminologe Jugendliche bei Vorträgen nach beliebten Kinderchats fragt, wird er nur vielsagend angegrinst, so Rüdiger – „weil alle wissen, was da abgeht: Kinder werden bedrängt, sich beim Masturbieren zu filmen, ein Treffen zu vereinbaren, oder erhalten ungefragt Nacktbilder von erwachsenen Usern".

So sei das nun mal im Internet, sagen ihm die meisten jungen Nutzer dann achselzuckend. Jedes zweite Mädchen und jeder vierte Junge sei online bereits gegen seinen Willen zu Gesprächen über Sex gedrängt worden.

„Im realen Alltag würden wir so etwas doch niemals akzeptieren", sagt Rüdiger. „Stellen wir uns eine Generation von 20-Jährigen vor, die es ganz normal findet, dass Kinder auf dem Schulklo sexuell belästigt werden – der Aufschrei wäre riesig!"

So beunruhigend diese Entwicklung ist: Die Forschung zeigt, dass das Internet kein Übel erzeugt, das nicht zuvor schon vorhanden war, angelegt in den Tätern. Doch es verstärkt eben häufig bereits bestehende – wenn auch vielleicht noch verborgene – Tendenzen.

„Der Mobber bleibt ein Mobber, der Pädosexuelle bleibt pädosexuell", so die Kölner Sozialpsychologin Catarina Katzer, die sich seit Jahren mit Cyberkriminalität beschäftigt. Genauso mutiere ein *good guy* nicht automatisch zum *bad boy*, kaum dass er im Netz unterwegs ist.

„Wenn wir aber eine dunkle Seite haben, dann macht es das Internet leicht, sie auszuleben", sagt Catarina Katzer. Das liege vor allem an dem Gefühl, im Netz nahezu unsichtbar agieren zu können.

Psychologen sprechen vom „entkörperlichten Handeln": Im Internet betreten wir eine Art virtuellen Raum, treffen andere Menschen nur über ihren Social-Media-Account und präsentieren uns auch selbst als bloßes Datenprofil.

Körperlich sind wir nicht mehr greifbar – und fühlen uns auch moralisch un-

Experimente zeigen:

Menschen sind

IM NETZ eher

geneigt, aggressiven

PÖBLERN zuzustimmen

als ANALYTISCHEN

Kommentatoren

VERFÜHRERISCHE ANONYMITÄT

Im Netz können wir unsere dunkle Seite besonders leicht ausleben. Das liegt daran,
dass wir das Gefühl haben, nahezu unsichtbar zu agieren, für andere unerreichbar zu sein.
Psychologen bezeichnen dieses Phänomen als »entkörperlichtes Handeln«

angreifbar. Zudem sehen wir nicht, was wir anrichten, sind weniger empathisch, stumpfen emotional regelrecht ab.

Verloren geht so die Macht der sozialen Kontrolle: Denn wenn wir uns beobachtet fühlen, handeln wir regelkonformer. An der roten Ampel zögern wir länger, die freie Straße zu queren, wenn mehrere Personen an der Ampel warten. Wir vergewissern uns kurz, welches Bild wir nach außen abgeben wollen.

Das wissen auch die Hersteller von Fahrstühlen: Statten sie ihre Aufzüge mit Spiegeln aus, wird in den Kabinen deutlich weniger randaliert. Der bewusste Blick auf das eigene Handeln zügelt uns.

Im Internet aber fühlen wir uns unbeobachtet – entsprechend bequem passen wir unsere Moral den eigenen Bedürfnissen an. Nur wenige Menschen würden zum Beispiel eine CD aus dem Geschäft stehlen, viele sehen aber kein Problem darin, ein Musikalbum illegal per Mausklick herunterzuladen. Unter Jugendlichen ist diese Praxis bereits so verbreitet, dass von ihnen kaum noch einer weiß, dass der Datenklau verboten ist.

Denn auch das zeigen Studien: Je häufiger wir Angebote im Internet nutzen, desto normaler bewerten wir unseren Umgang damit. Und die Verfügbarkeit aller Dinge im Netz sorgt für das Gefühl, einfach nur zugreifen zu müssen – die anderen machen es ja ebenfalls so.

Derartige Gruppeneffekte befeuern ebenso den rauen Ton in vielen Onlineforen: Dort wird geschmäht und beleidigt, gehetzt und gedroht. Gemeinsam stacheln sich User mitunter zum wütenden Mob auf, sei es um einen Fernsehmoderator vom Bildschirm zu verbannen oder um Andersdenkende online mundtot zu machen.

Studien zeigen, dass solche Shitstorms umso aggressiver werden, je mehr User sich an der Hetze beteiligen: In der Gruppe fühlen sich Menschen weniger verantwortlich und übernehmen leichter die Werte und Regeln anderer. Hemmschwellen gehen verloren.

Dieser Effekt ist zwar nicht auf das Internet beschränkt – er lässt sich auch im realen Leben beobachten, etwa bei der Radikalisierung gutbürgerlicher Menschen durch politische Bewegungen.

UNTER DER LAST DES SHITSTORMS

Fast jeder fünfte Jugendliche war bereits Ziel von Attacken im Netz. Rund 20 Prozent der Opfer von Cybermobbing bleiben dauerhaft traumatisiert, auch weil die Schmähungen online immer weiter abrufbar bleiben

Doch das Netz ist das ideale Medium, um Grenzen zu testen: Wie fühlt es sich an, gehässige Kommentare zu schreiben?

Reagiert die Community mit Zuspruch, kann man das Verhalten beliebig steigern, andere Nutzer diffamieren oder rassistische und sexistische Parolen verbreiten, immer in dem Gefühl, als Teil einer überlegenen Gruppe zu sprechen – andere Meinungen werden ausgeblendet.

Fatalerweise haben die Netzpöbler durchaus Erfolg: Denn Beleidigungen, das konnten Wissenschaftler in zahlreichen Experimenten belegen, beeinflussen uns mitunter stärker als Argumente.

Für eine Studie an der Universität von Wisconsin-Madison und der Colorado-State-Universität befragten Psychologen Probanden zunächst nach ihrer Einstellung zur Nanotechnologie. Danach legten sie den Versuchsteilnehmern einen Artikel über die Vor- und Nachteile dieser Technik vor.

Begleitet wurde der Text von manipulierten Leserkommentaren: Die Psychologen selbst hatten ihn unter verschiedenen Pseudonymen bewertet, zum einen mit sachlichen Hinweisen und Gegenargumenten, zum anderen mit den gleichen Einschätzungen, nun aber eingebettet in offensichtlich diffamierende Beschimpfungen (etwa: „Nur ein Idiot kann der Meinung sein, dass …"). Nach der Lektüre wurden die Teilnehmer erneut gebeten, die Nanotechnologie zu bewerten.

Das erstaunliche Ergebnis: Leser der zivilen Kommentare blieben bei ihrer zuvor erfolgten Einschätzung. Wer aber mit den Pöbeleien der aggressiven Stimmungsmacher konfrontiert gewesen war, stimmte jetzt eher den Krawallbrüdern zu als den nüchternen Kommentatoren und änderte sogar seine Meinung.

So kann es dazu kommen, dass sich Diskussionen und auch ganze Gruppen im Netz gefährlich aufschaukeln.

Nach Ansicht von Medienwissenschaftlern ergibt sich ein weiterer die Realität verzerrender Aspekt durch den Effekt der „Filterblase": Wie in einer Echokammer verstärken Nutzer etwa in sozialen Netzwerken vorhandene Meinungen und Vorurteile und lassen andere Stimmen gar nicht erst auftauchen.

Denn Andersdenkende werden abgelehnt, und die versteckt arbeitenden Algorithmen der Suchmaschinen und Browser blenden nach und nach korrigierende Meinungen immer weiter aus – denn sie lernen ja aus vorangegangenen Suchanfragen und Internetrecherchen, um den Usern immer treffsicherer Ergebnisse mit der von ihnen bevorzugten Sicht zu liefern. Mit der Folge, dass jeder Internetnutzer nach und nach nur noch sein passendes Weltbild präsentiert bekommt.

Was als Service beim Surfen gedacht war, entwickelt sich so zum automatisierten Nachrichtendienst für jede Verschwörungstheorie und jede Grausamkeit.

Gleichgesinnte finden einander in Kannibalenforen und Sodomietreffs, beratschlagen untereinander, was gegen die Bedrohung durch Chemtrails – angeblich krank machende Kondensstreifen am Himmel – zu tun sei, oder schmieden Pläne für den Sturz einer Regierung.

Das Gefühl, unter sich zu sein, begünstigt auch andere Formen der Kriminalität im Internet: Professionell organisierte Banden stehlen dort Daten und Identitäten, plündern Konten, verkaufen Drogen und vermitteln Kidnapper. Sie schaden Privatpersonen, Unternehmen und Institutionen gleichermaßen.

Die britische Versicherungsgesellschaft Lloyd's taxiert für 2015 allein den wirtschaftlichen Verlust durch Cybercrime auf weltweit 400 Milliarden Dollar. Die Schäden entstehen etwa durch das Ausspähen wichtiger Know-hows oder das Einschleusen schädlicher Software, die Firmen unbemerkt ausspioniert oder ihre Daten zerstört: Experten schätzen, dass über das Netz mindestens 50 000 neue Viren in Umlauf kommen – pro Tag.

Aber auch bekannte Unternehmen wie Google oder Apple installieren Programme, die Daten austauschen in ihren Anwendungen und Geräten, um ihre Kunden auszuspähen. Und Whistleblower wie Edward Snowden haben offengelegt, dass selbst die staatlichen Geheimdienste unbescholtene Bürger online mit illegalen Methoden verfolgen.

Zu einem großen Teil tragen jedoch wir alle dazu bei, dass sich die Kriminalität im Netz immer rasanter Bahn bricht. Denn ob wir nun online Freundschaften knüpfen oder Bankgeschäfte tätigen, Fotos von Urlaubsreisen zeigen oder in anderen Ländern einkaufen: Stets geben wir dabei auch persönliche Daten preis. Kreditkartennummern etwa, Hinweise zum momentanen Aufenthaltsort, Vorlieben und Pläne, Fotos unserer Kinder oder unseres neuen Autos.

Die US-Medienwissenschaftlerin Susan Barnes hat für dieses Verhalten den Begriff vom „Privacy Paradox" geprägt: Obwohl Privatsphäre im analogen Leben für die allermeisten von uns ein hohes Gut ist, lassen wir online überraschend tief in unser Leben blicken.

Niemals würden wir etwa die Nachbarn unbeaufsichtigt in unserem Fotoalbum oder der CD-Sammlung stöbern lassen. Im Netz aber dürfen uns völlig Fremde über die Schulter schauen und beobachten, was wir essen, wen wir treffen oder welche Musik wir hören.

Weil sich etwa der Facebook-Account durch jede digitale Notiz immer stärker persönlich auflädt, vergessen viele, dass das Internet ein öffentlicher Raum ist. Und dass sie dadurch angreifbar sind: Schätzungen zufolge werden täglich 600 000 Facebook-Konten geknackt.

Der Schutz ihrer Daten ist vielen Internetnutzern erstaunlich gleichgültig: Für eine Studie haben Forscher des Wissenschaftszentrums für Sozialforschung in Berlin zwei fiktive Onlineshops eröffnet, beide verkauften die gleichen DVDs.

Im einen fragten die angeblichen Betreiber nur wenige persönliche Daten ab, im anderen dagegen verlangten sie detaillierte Informationen – dafür waren die DVDs dort aber einen Euro günstiger.

Die Folge: Fast alle Nutzer im Experiment entschieden sich für die Billigvariante, der Preis für den Schutz ihrer Daten erschien ihnen zu hoch. Selbst als die Shops ihre Tarife anglichen, wählte nur die Hälfte der Probanden den sichereren Anbieter. Es scheint, als ob wir sorgloser mit unseren Daten umgehen, weil sie im Internet quasi ins Unsichtbare verschwin-

Da unsere **DATEN IM INTERNET** quasi ins Unsichtbare verschwinden, gehen wir viel **SORGLOSER** mit ihnen um – und werden zur leichten Beute für Kriminelle

den. Kriminelle wissen dies zu nutzen: So legen sie zum Beispiel aus vorhandenen Informationen persönliche Profile bestimmter Nutzer an, die sie dann bei Raubzügen verwenden.

Aus dem Foto eines wertvollen Diamantrings etwa können sie, sind GPS-Daten hinterlegt, herauslesen, wo genau das Bild entstand. Wurde es vom Besitzer in seinem Zuhause aufgenommen, können Einbrecher auf die Adresse schließen und den Wohnort und mögliche Fluchtwege per Street-View erkunden.

Verfolgen sie jetzt noch geduldig, wann ihr Opfer ein Urlaubsfoto online gestellt hat, wissen sie, wann sie zuschlagen können – solche Einbrüche hat es bereits gegeben.

Die Website „PleaseRobMe.com" stellt die benötigten Informationen sogar vollautomatisch aus verschiedenen Quellen im Internet zusammen – allerdings nur, um auf die Gefahr der zu sorglosen Preisgabe persönlicher Informationen hinzuweisen. Doch bei einer Befragung von verurteilten Einbrechern 2011 in Großbritannien erklärten tatsächlich 78 Prozent der Täter, dass sie sich vorab via Facebook, Twitter oder Foursquare (einem standortbasierten Empfehlungsdienst für Restaurants und andere Orte) über ihre Opfer informiert hatten.

Viele Diebe machen sich allerdings gar nicht erst die Mühe, leibhaftig in Wohnungen einzusteigen. Denn gehen sie online auf Beutezug, sind sie sicherer

vor Strafverfolgung – und können gleichzeitig deutlich mehr Menschen schaden.

2014 gelang es Onlinekriminellen sogar, beim Internetdienst Yahoo die Daten von einer halben Milliarde Menschen zu stehlen. In Deutschland war bereits jeder Fünfte Opfer von Attacken wie Phishing, Datenklau und Onlinebetrug mit Daten und Dienstleistungen. Jedes Jahr verlieren deutsche private Internetnutzer durch derartige Betrügereien 3,4 Milliarden Euro.

Experten warnen zudem, dass auch viele Firmen ihre IT-Systeme ungenügend schützen. 62 Prozent aller Cyberangriffe auf Unternehmen werden frühestens nach zwei Monaten entdeckt – Zeit genug für Verbrecher, Konkurrenten oder fremde Regierungen, in den Daten nach wertvollen Informationen zu schürfen.

Staatliche Einrichtungen sind ebenso sorglos: IT-Fachleuten in den USA gelang es zum Beispiel, in das Sicherheitssystem eines Gefängnisses einzudringen. Zellentüren ließen sich daraufhin mühelos öffnen, und auch das Notrufsystem des Wachpersonals war leicht lahmzulegen.

Während bei den potenziellen Opfern also häufig noch große Naivität herrscht, professionalisieren sich auf der anderen Seite die Kriminellen beständig. Längst sind Hacker keine verschrobenen Teenager mehr, die Onlinekonten und Sicherheitssysteme nur zum Spaß knacken. 80 Prozent von ihnen sollen mittlerweile für kriminelle Banden arbeiten. Zum Teil arbeiten diese Gangs wie professionelle Unternehmen – mit Talentscouts und Vertriebsmanagern, mit Kundenhotline, Geld-zurück-Garantie und Prämien für verdiente Mitarbeiter.

Technisch sind die Täter den Behörden meist eine Nasenlänge voraus, gelingen versierten Hackern mitunter erstaunliche Coups: So haben Studenten der University of Texas bei einem Experiment aus der Ferne bereits das Kommando an Bord von Schiffen übernommen – künftig könnten Verbrecher auf diese Weise Frachter in einen Hafen ihrer Wahl lenken und sie dort entladen, fürchtet etwa der Sicherheitsexperte Marc Goodman, der bereits seit Mitte der 1990er Jahre Cyberkriminalität erforscht.

GIERIGE DATENDIEBE

Betrüger lesen Bankdaten unvorsichtiger Kunden am Geldautomaten oder beim Einkauf in Internetshops aus. Mit den erbeuteten Informationen bestellen sie Waren im Netz oder verkaufen sie online weiter

Der Berater von Institutionen wie Interpol und dem FBI beobachtet mit Sorge, wie unbekümmert Industriegesellschaften die digitale Vernetzung oftmals nutzen. Krankenhäuser, Kernkraftwerke, Aktienmärkte arbeiten mit digitalen Netzen und sind damit angreifbar, durch Terroristen ebenso wie durch andere Staaten.

So glauben US-Sicherheitsbehörden, dass chinesische oder russische Spione das Stromnetz in den USA mit schlummernden Softwareprogrammen infiziert haben. Im Falle einer Krise oder eines Krieges könnten sie damit womöglich die Stromversorgung im Land lahmlegen.

Selbst medizinische Implantate, etwa moderne Insulinpumpen oder Herzschrittmacher, lassen sich heute über Funknetzwerke ansteuern. Forschern gelang es bereits, dort einzudringen – den betreffenden Patienten hätten sie durch einen Mausklick eine schädliche Überdosis oder einen tödlichen Stromschlag verabreichen können.

Eine Verfolgung oder gar Verurteilung müssen die Netzkriminellen kaum fürchten: Marc Goodman schätzt, dass weltweit weniger als ein Tausendstel Prozent aller Fälle von Internetkriminalität geahndet wird. In Deutschland liegt die Quote laut Angaben des Bundeskriminalamts 2015 bei fast 33 Prozent – doch nur für Taten, die auch hierzulande geplant und durchgeführt wurden.

Agiert der Täter vom Ausland aus oder nutzt einen Server dort, wird die Strafverfolgung schwierig: Mehrere Staaten müssten dann miteinander kooperieren, nicht in jedem von ihnen sind die jeweiligen Vergehen strafbar, in vielen Ländern herrscht zudem kein großes Interesse an einer systematischen Verfolgung – die Netzgangster sind dort ein wichtiger Wirtschaftsfaktor.

Einen effektiven Schlag gegen „Lolita City", eine Kinderpornografie-Website im Darknet (siehe Seite 112), hätten die Behörden deshalb sicherlich mehrere Jahre lang vorbereiten müssen, schätzt Thomas-Gabriel Rüdiger. Die Netzaktivisten des losen Kollektivs „Anonymous" dagegen legten die Seite mit einem spektakulären Eingriff in ihre Programmierung 2011 einfach lahm.

Die Gruppe erhielt viel Lob für die Aktion. „Anonymous trifft den Nerv der Zeit", sagt auch Rüdiger. „Immer mehr Internetnutzer fühlen sich einerseits vom

---

AUF EINEN BLICK

Verrohung der Sitten

Oft fehlt im Netz das Korrektiv für ethisches Handeln: Die Anonymität entbindet von persönlicher Verantwortung, und Gleichgesinnte bestätigen vor allem die eigenen Ansichten.

Selbstoffenbarung

Obwohl Privatsphäre im analogen Leben für die meisten ein hohes Gut ist, lassen wir online überraschend tief in unser Leben blicken. Forscher nennen dieses Verhalten »Privacy Paradox«.

Machtloser Staat

Experten schätzen, dass weltweit weniger als ein Tausendstel Prozent aller Fälle von Internetkriminalität geahndet wird. Darum greifen Kollektive wie Anonymus zunehmend zur Selbstjustiz.

Staat überwacht, andererseits online von ihm nicht genügend geschützt."

Doch für den Kriminologen ist die Selbstjustiz von Webkollektiven wie Anonymous auch ein Beleg für das juristische Vakuum im Netz – die Staatsmacht sei online kaum wahrnehmbar.

Attacken wie die von Anonymous könnten zudem auch Unschuldige treffen: Nach ihrem Hack veröffentlichten die selbst ernannten Netzwächter mehr als 1500 Benutzernamen der Kunden von Lolita City, um sie anzuprangern – darunter waren aber auch solche von völlig unbeteiligten Bürgern.

Es könnte noch viele Jahre dauern, bis die Strafverfolgung im Internet genauso international vernetzt arbeitet wie die Onlinekriminellen, befürchtet Marc Goodman. Und auch im direkten Kontakt mit Internetnutzern müsse sich die Staatsmacht deutlich sichtbarer etablieren, fordert der Kriminologe Rüdiger – nur so könne die schädliche Anonymität von Tätern und Opfern durchbrochen werden. „In den Städten stehen Polizisten an belebten Plätzen oder gefährlichen Ecken – im Netz sind sie nicht zu sehen."

Erst mit 130 Accounts ist die deutsche Polizei zum Beispiel in den sozialen Medien aktiv – ein eher niedriger Wert: In England zum Beispiel betreiben Ordnungskräfte mehr als 1000 Kanäle.

Rüdiger fordert, dass die Behörden überall dort ansprechbar sind, wo User unterwegs sind: „Im Alltag gehen Polizisten doch auch auf Streife und warten nicht in der Wache, bis jemand Bescheid sagt, dass draußen etwas schiefläuft!"

Einen Schritt in diese Richtung geht die Polizei in Niedersachsen: Dort sind jetzt erstmals Beamte per Twitter zu erreichen. In den Niederlanden geht sogar schon eine digitale Spielfigur auf Streife: In einem beliebten Onlinespiel für Kinder haben die Beamten eine virtuelle Polizeiwache eröffnet. Junge Nutzer können sich dort Rat und Hilfe holen – bei einem Avatar in Uniform.

Gespielt von einem realen Beamten. •

JENNY NIEDERSTADT, Jg. 1972, ist Wissenschaftsjournalistin in Hamburg. Der Ilustrator TAYLOR CALLERY, Jg. 1981, lebt in Baltimore.

angeboten. Um Zugang zu den Verkaufsplattformen zu bekommen, braucht man einen speziellen Webbrowser, der unter anderem anonymes Surfen ermöglicht

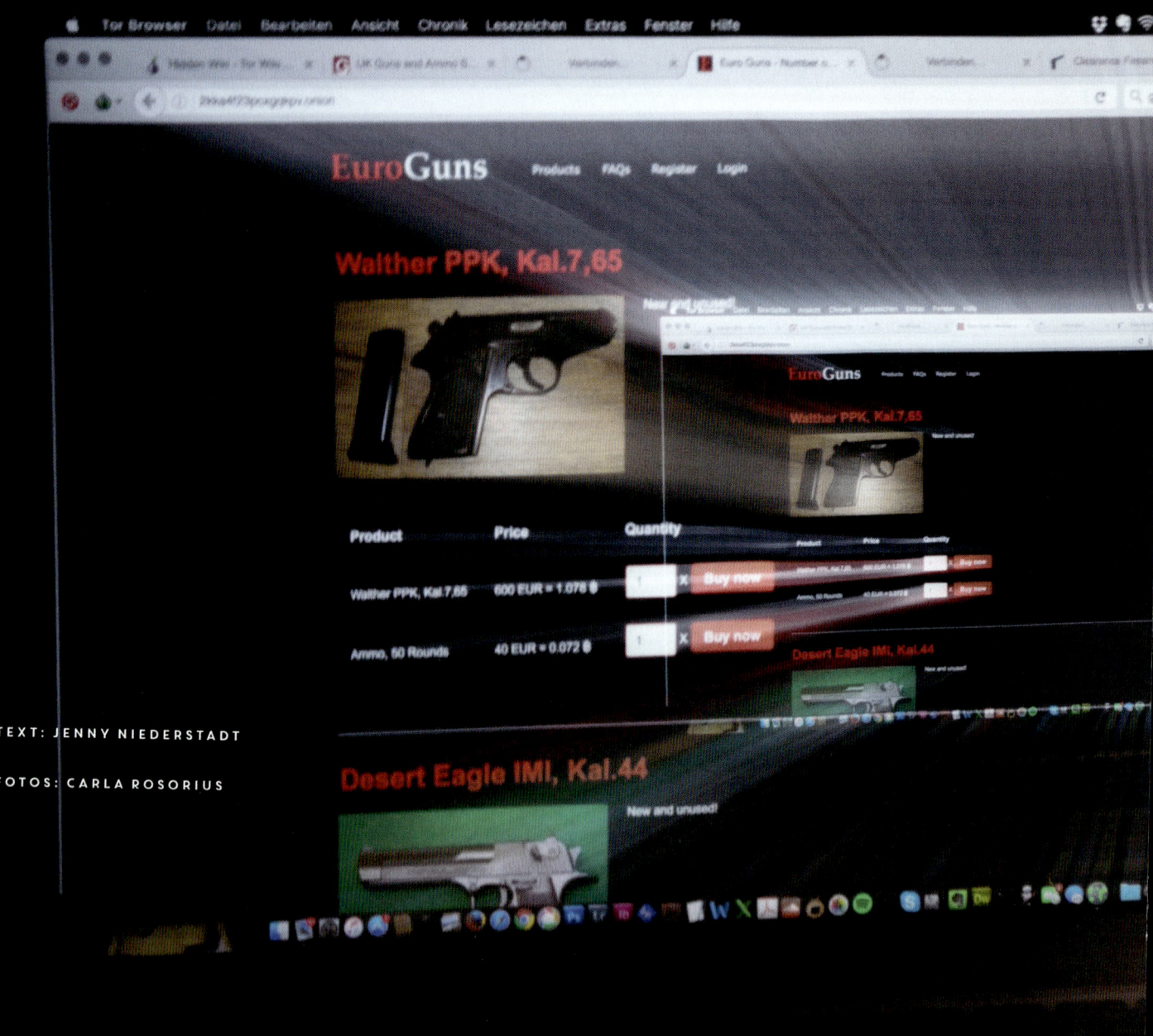

TEXT: JENNY NIEDERSTADT

FOTOS: CARLA ROSORIUS

Ohne digitale Spuren zu hinterlassen, können Kriminelle im Darknet Waffen verkaufen, mit Drogen dealen und sogar Auftragsmorde anbieten. Wie funktioniert diese düstere Parallelwelt im Internet? Weshalb fällt es Ermittlern so schwer, die Cyberkriminalität einzudämmen?

IM DUNKEL
DES SCHATTEN-
REICHS

Die Geschäftsbedingungen ziehen klare Grenzen: kein Mord an Kindern und keine politischen Attentate, heißt es auf Websites von Auftragskillern wie „Unfriendly Solution" oder „Quick Kill". Doch wer jemanden sucht, der solche Aufträge übernimmt, findet in den Abgründen des Darknet schnell Ersatz. Denn in diesem Schattenreich des Internets tummeln sich Kriminelle aller Art, und Mord ist da nur ein Geschäft unter vielen.

Betrüger und Dealer, Fälscher und Hehler bieten sich im Darknet unverhohlen an: Drogen, Waffen oder gestohlene Kreditkarten werden wie bei einem Onlinekaufhaus präsentiert – samt Produktfotos und Sternchen zum Bewerten der Waren und ihrer Verkäufer.

In diesem digitalen Paralleluniversum erscheinen Verbrechen als alltägliche Ware, bestellbar mit wenigen Mausklicks. Immer stärker nutzen es Kriminelle für ihre Geschäfte, denn das unüberschaubare Netzwerk garantiert Anbietern und Kunden einen entscheidenden Vorteil: Im Darknet lassen sich Straftaten begehen, ohne dass man elektronische Spuren hinterlässt.

Auch ein Mord ist hier passgenau zu bestellen: Soll er aussehen wie ein Unfall, muss der Kunde deutlich mehr zahlen, verrät zum Beispiel die Preisliste des Onlinedienstleisters „C'thulhu". Ist das Opfer prominent oder ein Politiker, steigt der Preis weiter an, auf bis zu 300 000 Dollar. Das Verkrüppeln einer Person beginnt bei „C'thulhu" dagegen mit nur 12 000 Dollar. Je nach Portal fordern die Täter einen Teil des Honorars sofort.

Ist der Job erledigt, senden sie als Beweis ein Foto vom Tatort; zeigt sich der Auftraggeber zufrieden, gibt etwa ein verschlüsseltes Treuhandkonto das volle Honorar frei – Service und Zahlungssicherheit sind auch im kriminellen Onlinehandel gefragt, denn so sind die Geschäftspartner selbst bei der Geldübergabe geschützt vor Entdeckung oder Betrug.

Wer zum ersten Mal die einschlägigen Webshops im Darknet besucht, ist meist schockiert darüber, wie offen dort Verbrechen und illegale Waren angeboten werden – und wie wenig die Polizei offenbar dagegen unternehmen kann. Nur selten gelingt es den Behörden, Täter und Kunden zu verfolgen, denn das Darknet nimmt seine Besucher unter eine Tarnkappe: Aufgerufene Seiten, geschriebene Mails, bestellte Produkte sind kaum identifizierbar, wenn die Nutzer geschickt agieren.

Normalerweise sind Internet-User jederzeit über die IP-Adresse des Geräts ermittelbar, mit dem sie sich im Netz bewegen: Viele Softwareprogramme speichern jeden Klick, scannen Textnachrichten oder registrieren, welche Websites besucht werden.

Wer Zugang zum Darknet erhalten will, muss dagegen eine Software namens „Tor" nutzen: einen speziellen Browser, der anonymes Internetsurfen erlaubt, vor allem aber den Zutritt zum Darknet.

Tor steht für „The Onion Router" (der Zwiebel-Router) – und der Name verrät das Wirkprinzip: Wie eine Zwiebel schützt das Programm seine Nutzer mit mehreren Sicherungsschichten. Die Tarnung, die Tor bietet, ist äußerst effektiv aufgebaut: Vereinfacht gesagt, verschlüsselt die Software die IP-Adressen ihrer Nutzer, indem sie ihre Anfragen über einige Stationen des Tor-Netzes von rund 7000 Servern leitet. Welche Knotenpunkte sie dabei als Zwischenstation wählt, bleibt dem Zufall überlassen und wechselt ständig. Mithilfe eines weiteren Programms wird die IP-Adresse des Users unsichtbar.

Rückschlüsse auf Sender und Empfänger sind dann nahezu unmöglich; Websites können daher vollkommen anonym besucht werden.

Über weite Strecken wirkt das Darknet wie eine dunkle Spiegelwelt des Internets – auch hier gibt es Chatforen, Newsdienste, Verkaufsplattformen. Doch Nutzer bewegen sich im Darknet nicht wie im üblichen Netz, denn die Websites dort sind nicht über eingängige Adressen zu erreichen. Stattdessen tragen sie eine verwirrende Kombination aus Buchstaben und Zahlen, die zudem regelmäßig wechselt.

Viele Nutzer wählen Tor für ihre Recherchen im gängigen Internet – etwa um sich gegen die digitale Überwachung durch Staat und Wirtschaft zu schützen. Das Programm wurde einst von US-Behörden entwickelt, um Militär und Geheimdiensten eine anonyme Nutzung des Internets zu ermöglichen. Heute dient es vor allem Menschen in restriktiven Staaten bei der sicheren Informationsbeschaffung und der Kommunikation. Und kurioserweise gehört die US-Regierung bis heute zu den Finanziers der Stiftung, die Tor verwaltet, während andererseits die Strafverfolgungsbehörden der USA verzweifelt versuchen, Kriminelle im Darknet aufzuspüren.

Daher herrscht in dieser Gegenwelt, die täglich von geschätzt 1,8 Millionen Menschen global genutzt wird (in Deutschland sollen es zwischen 150 000 und 240 000 sein), ein verwirrendes Nebeneinander von Schwerverbrechern und Politaktivisten, von Kleinkriminellen und Webanarchisten, die hier ihre Vision eines digitalen Netzes verwirklicht sehen, in dem Nutzer sich anonym bewegen können und Ideen und Waren frei zirkulieren.

Studien zeigen, dass tatsächlich etwa die Hälfte aller Seiten im Darknet harmlose Inhalte enthalten. Umgekehrt belegen diese Ergebnisse aber auch: Jede zweite Website dort dient zwielichtigen oder aber offen kriminellen Interessen.

So bieten gut 15 Prozent der Seiten Suchtmittel an, etwa Kokain aus „konfliktfreien Regionen" oder Haschschokolade aus „ethisch korrekten Quellen".

Bezahlt wird meist mit Bitcoins, einer digitalen Währung, die weitgehende Anonymität garantiert. Dabei werden reale Guthaben von Internetnutzern in digitale Münzen umgewandelt: ein vollkommen legaler Prozess – auch viele konventionelle Unternehmen akzeptieren Bitcoins. Interessant für die Schattenwelt ist aber, dass die Kryptowährung die wahre Identität virtueller Geschäftspartner verbergen kann.

Wer sich zusätzlich absichern will, nutzt spezielle Dienstleister im Darknet, „Mixer" genannt. Diese Anbieter sammeln Bitcoins verschiedener Kunden, mischen die digitalen Münzen und zahlen sie dann neu aus; so weiß kein Nutzer mehr, woher seine Bitcoins tatsächlich stammen: ein idealer Service zur Geldwäsche.

Bestellte Ware wird dann in unverdächtig wirkenden Päckchen versandt. Erhebungen zufolge erreichen 90 Prozent von ihnen die Empfänger, ohne dass Drogenfahnder misstrauisch werden oder die Spürhunde des Zolls anschlagen: In den Foren des Darknets zirkulieren Tipps zu geruchsfreien Verpackungen.

Die Drogenshops haben sich zum ernst zu nehmenden Konkurrenten des Straßenhandels entwickelt: In Großbritannien beziehen bereits 18 Prozent aller Rauschgiftkonsumenten ihre Suchtmittel über das Internet. Das Geschäft mit Ecstasy, Heroin und LSD ist dort so lukrativ, dass viele Anbieter auf dem Schattenmarkt miteinander konkurrieren und es sogar eine spezielle Suchmaschine gibt, die für willige Käufer die besten illegalen Angebote an Drogen, aber auch Waffen und andere Schnäppchen auflistet.

Das Bundeskriminalamt sieht im Drogenhandel denn auch das Hauptproblem des kommerziellen Darknets, allerdings sei das Geschäft mit Falschgeld ebenfalls sehr groß. Andere Formen des illegalen Handels seien dagegen überschaubar. Das bestätigen auch internationale Studien: Seiten, auf denen etwa Waffen, gefälschte Dokumente oder Hacking-Services angeboten werden, haben im Darknet einen geschätzten Anteil von jeweils nur zwei bis fünf Prozent.

EIN 20-JÄHRIGER VERKAUFTE IM DARKNET EINE KNAPPE TONNE DROGEN

114

Auch die Auftragsmörder bilden eine winzige Minderheit – zumal durch die Anonymität aller Anbieter dort nicht sicher ist, hinter welcher Website sich tatsächlich Killer verbergen und wo Geschäftemacher nur das Geld ihrer Kunden einziehen und danach abtauchen.

Belegt ist aber, dass Morde über derartige Portale bereits in Auftrag gegeben worden sind. So wollte ein führender Darknet-Dealer aus den USA Mitarbeiter und Konkurrenten umbringen lassen, die seine Geschäfte gefährdeten. Das FBI konnte die Taten nur verhindern, weil der Auftraggeber bereits unter Beobachtung stand.

Experten warnen davor, alle Angebote im Darknet ernst zu nehmen. In Insiderforen sind oft Warnungen zu lesen, nicht auf Seiten hereinzufallen, die grauenhafte Verbrechen ankündigen – etwa Links zu angeblichen Live-Hinrichtungen oder Auktionen für den Verkauf von Sexsklavinnen. Häufig verbirgt sich hinter derartigen Verknüpfungen Schadsoftware. Oder die Betreiber dieser Seiten wollen andere Nutzer schlicht ängstigen.

D enn die Anonymität im Darknet fördert nicht nur den kriminellen Handel, sondern auch den Austausch abseitiger oder finsterer Gedanken. Politische Extremisten leben in speziellen Foren ihren Hass aus und spinnen grausame Gewaltfantasien. Pädophile beraten einander, wie Kinder am besten zum Sex zu bringen seien, oder verabreden sich zum Austausch von Fotos und Videos. Doch Kindesmissbrauch tolerieren auch im Darknet nur wenige Nutzer: Regelmäßig starten User gemeinsame Hacking-Angriffe auf derartige Plattformen.

Punktuell gelingt es auch der Polizei, gegen Täter im Darknet vorzugehen: Weltweit sollen von 2011 bis 2015 mehr als 300 Kriminelle festgenommen worden sein, die dort aktiv waren. Darunter ist der Ex-Ingenieur Ross Ulbricht, Gründer und Chef von „Silk Road", dem ehemals größten Onlinemarktplatz für Drogen.

In Deutschland wurde 2015 ein Mann namens „Shiny Flakes" festgenommen: Von seinem Kinderzimmer aus verkaufte der 20-Jährige im Laufe eines guten Jahres Drogen in einer Gesamtmenge von einer knappen Tonne und verdiente damit vier Millionen Euro.

Auf die Spur des jungen Leipzigers kamen die Ermittler nicht etwa durch technologische Raffinesse bei der Fahndung im Darknet, sondern durch klassische Polizeiarbeit in der realen Welt: Sie observierten die öffentlich zugänglichen Packstationen der Post, beobachteten auffällige Sendungen, erkannten regelmäßige Liefertermine – und konnten Shiny Flakes schließlich direkt bei einer Drogenübergabe festnehmen.

 Auch künftig werden Ermittler im Kampf gegen Darknet-Verbrecher wohl nur Erfolg haben, wenn sie einerseits das Treiben dort engmaschig beobachten und andererseits auf Fehler der Täter hoffen.

Nur so kam die Polizei auch auf die Spur jenes Waffenhändlers, der dem jugendlichen Amokläufer von München im Sommer 2016 eine Pistole und Munition verkaufte. Seit zwei Jahren stand der 31-jährige Mann aus Marburg bereits unter Beobachtung der Ermittlungsbehörden, bei der Kommunikation im Darknet nutzte er aber Verschlüsselungstechnologien.

Die Beamten bahnten deshalb ein Scheingeschäft an: Sie bestellten Waffen, unter anderem eine Glock 17 – das Modell hatte auch der Amokläufer genutzt. Stolz prahlte der Darknet-Händler daraufhin, der Lieferant des Münchner Täters gewesen zu sein. Außerdem wickelte er das Waffengeschäft mit den verdeckten Ermittlern nicht, wie im Darknet üblich, anonym ab, sondern vereinbarte ein persönliches Treffen – er bevorzugte eine direkte Übergabe, statt Bitcoins zu kassieren und die Ware per Post zu verschicken. Zum Termin in der Nähe des Marburger Busbahnhofs brachte er dann tatsächlich eine Maschinenpistole, zwei Pistolen und Munition mit.

Die Polizei musste ihn nur noch verhaften ●

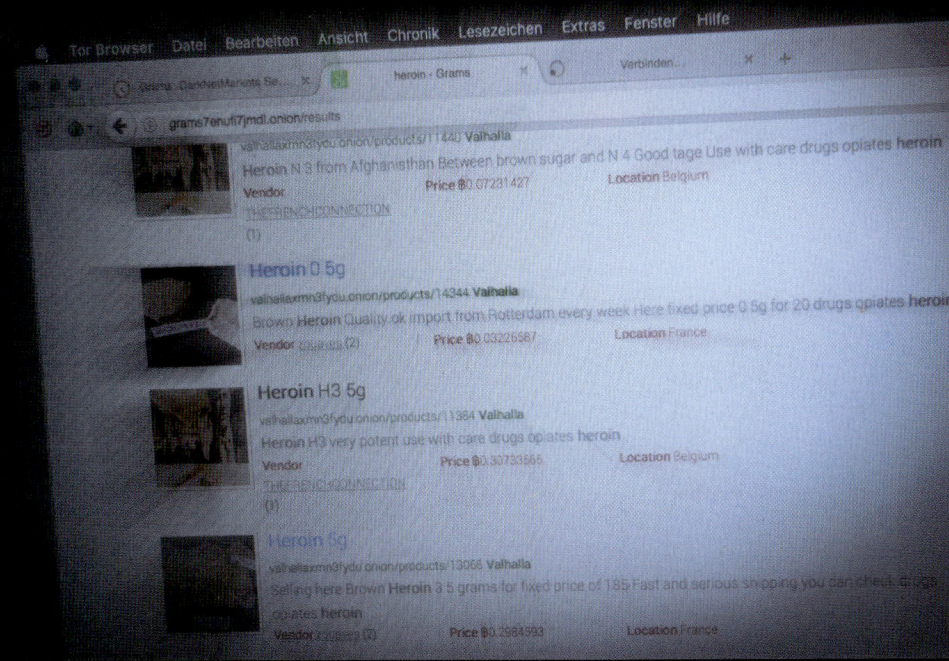

Der Handel mit Drogen wie Heroin im Darknet ist so einträglich, dass inzwischen zahlreiche Anbieter konkurrieren und einander zu unterbieten versuchen

DER HOCHSTAPLER
FRÉDÉRIC BOURDIN

Ein LEBEN für die LÜGE

Jeder von uns trickst, schwindelt oder schummelt hin und wieder. Manchmal aber wird der Drang, **die Unwahrheit** zu sagen, übermächtig – und besiegt alle Zweifel und Skrupel. Wie im Fall von Frédéric Bourdin

117

TEXT: ANDREAS WENDEROTH   COLLAGEN: LARS HENKEL

Im Oktober 1997 spielt der 23-jährige Franzose Frédéric Bourdin im andalusischen Linares wieder einmal eine Rolle: Er mimt ein verstörtes Kind. Am Boden einer Telefonzelle kauernd, wird er von der Polizei aufgegriffen und in ein Jugendheim gebracht. Unbemerkt ruft er von dort aus nachts beim US-Zentrum für vermisste Kinder in Virginia an.

Bourdin gibt sich als Polizist in Linares aus und erkundigt sich, ob in der Datenbank ein bestimmtes, vermisst gemeldetes Kind registriert ist. Als er dessen Aussehen beschreibt, skizziert

Eines Tages verschwindet der 13-jährige Nicholas Barclay (unten). Fast dreieinhalb Jahre später taucht er angeblich wieder auf. Doch es ist Frédéric Bourdin (ganz oben), der sich als Barclay ausgibt

er mit Worten eine Person, die ungefähr so aussieht wie er selbst: rund 1,70 Meter groß, schmächtiger Körperbau, ausgeprägtes Kinn, auffallende Lücke zwischen den Schneidezähnen. Und tatsächlich findet die Behördenangestellte einen Jungen, auf den die Beschreibung zutreffen könnte: Nicholas Barclay aus dem texanischen San Antonio. Fast dreieinhalb Jahre zuvor ist der damals 13-Jährige von zu Hause aufgebrochen, um Basketball zu spielen – aber nie zurückgekehrt.

Bourdin lässt sich die Suchmeldung per Fax ins Heim schicken und nimmt das Schreiben an sich, wieder unbemerkt. Jetzt hat er alle Informationen, die er für seinen irrwitzigen Plan benötigt: Er will in die Rolle des Vermissten schlüpfen.

Kurz darauf ruft er erneut als spanischer Polizist das US-Zentrum an und sagt: „Ich habe gute Nachrichten, neben mir steht Nicholas Barclay."

Bourdin ist Wiederholungstäter, er hat sich schon oft als jemand anderes ausgegeben. Doch nun geht er einen entscheidenden Schritt weiter. Er hat sich etwas überlegt, das alles übertrifft, was er zuvor ersonnen hat: Bislang hat er Identitäten konstruiert – jetzt stiehlt er eine.

Er fängt einen Brief aus Virginia an den echten Heimleiter in Linares ab (er hat dafür einen falschen Adressaten benutzt). In dem Umschlag befindet sich das Original der Vermisstenanzeige samt einem Foto. Nun erst wird ihm das Ausmaß seiner Aufgabe klar: Sein Haar ist dunkel, das von Nicholas hellbraun, fast blond, seine Augen sind braun statt blau. Er hat auch nicht ein tätowiertes Kreuz zwischen Zeigefinger und Daumen der rechten Hand. Und: Er spricht Englisch mit französischem Akzent.

Aber er weiß sich zu helfen. Das Kreuz lässt er sich von einer Freundin provisorisch stechen, im Waschraum färbt er sich die Haare. Mit den Augen ist es schon schwieriger: Er wird den Behörden später erzählen, dass er nach Europa entführt worden sei, vergewaltigt und gefoltert. Dass man ihm eine chemische Substanz in die Augen injiziert habe, die die Farbe der Iris verändert.

Und der französische Akzent? Bourdin wird erklären, dass er während seiner mehr als dreijährigen Gefangenschaft kein Wort Englisch habe sprechen dürfen.

Es ist eine aberwitzige Geschichte. Und er selbst zweifelt daran, dass er andere davon überzeugen kann. Doch die Belohnung für seinen aufwendigen Plan ist verlockend; er sieht sie in seiner Art des amerikanischen Traums: keine Sorgen mehr. Behütet. Inmitten einer Familie.

Jetzt kann er danach greifen.

D

Die Lüge trat früh in das Leben des Frédéric Bourdin. Als Sohn der 18-jährigen Ghislaine Bourdin und eines algerischen Gastarbeiters, die sich am Fließband einer Margarinefabrik kennen gelernt hatten, ist er 1974 zur Welt gekommen. Als Ghislaine erfährt, dass der Mann verheiratet ist, verlässt sie ihn noch vor der Geburt ihres Sohnes, kündigt die Stelle, stürzt sich in Vergnügungen.

Bald kümmern sich seine Großeltern in einem Dorf nahe Nantes um ihn. Als unehelicher Sohn eines Arabers wird er zum Außenseiter und ersinnt bald Fantasiegeschichten über sich: Die Abwesenheit seines Vaters etwa begründet er damit, dass der ein britischer Spion sei.

Einem Lehrer fällt auf, dass Bourdin „äußerst fantasiebegabt" sei, aber er entdeckt bei dem Jungen auch Anzeichen mentaler Probleme: In einem selbst gezeichneten Comicstrip stellt er sich als Ertrinkenden dar, er wird verhaltensauffällig, stiehlt bei einem Nachbarn. Mit zwölf Jahren kommt Bourdin in ein Jugendheim.

Die „kleinen Dramen", wie ein dortiger Lehrer sagt, werden zunehmend gewichtiger. So gibt sich Bourdin mitunter völlig desorientiert, benimmt sich, als habe er das Gedächtnis verloren. Mit 16 wird er in ein anderes Heim verlegt,

Bourdin sagt:

»Seit ich mich erinnern kann, wollte ich **EIN ANDERER SEIN**«

reißt aus, trampt nach Paris und erklärt einem Polizisten, er sei Engländer und habe sich verirrt.

Bourdin stellt sich das Leben in England angenehm vor, hofft, dass man ihn dorthin bringen wird. Doch ist sein Englisch noch zu schlecht, um als Muttersprachler durchzugehen. Freimütig gesteht er, gelogen zu haben, und wird zurück ins Heim geschickt. Aber die Grundtechnik, die er im Laufe der Zeit immer weiter verfeinern wird, steht nun.

„Seit ich mich erinnern kann", wird Bourdin später sagen, „wollte ich ein anderer sein." Und er tut alles, um dieses Ziel zu erreichen.

Immer wieder schlüpft er in neue Rollen, nennt sich Benjamin Kent, Sladjan Raskovic, Arnaud Orions. Nach und nach nimmt er mehr als 300 Identitäten an, bewegt sich in 15 Ländern und in fünf Sprachen. Beherrscht er die jeweilige Landessprache nicht, stellt er sich taubstumm – versucht allein mit Mimik und Gesten seine Geschichte zu vermitteln.

Stets gibt er sich als missbrauchtes oder verlassenes Kind aus. Mal behauptet er, er sei von zu Hause geflohen, mal, seine Eltern seien ums Leben gekommen. Er spielt den Traumatisierten, setzt Mützen auf, unter denen er angebliche Narben versteckt.

Bourdin schleicht sich in Kinderheime ein, in Waisenhäuser, Kinderkrankenhäuser und Schulen. Und auch als er schon längst erwachsen ist, mit Anfang 20, spielt er die Rolle des pubertären Opfers so überzeugend, dass er stets als Teenager durchgeht.

Sich verwandeln und anpassen, das ist es, was er am besten kann. Auf einen Unterarm lässt er sich eine Tätowierung stechen: „Caméléon nantais" – das Chamäleon aus Nantes.

Wie ein Drehbuchautor entwickelt er seine Figuren. Malt sich ein Kind aus, gibt ihm einen Namen, eine Biografie, ein Umfeld, Charaktereigenschaften.

Jede Geschichte muss plausibel und möglichst einfach sein, damit er sich nicht in Widersprüche verwickelt. Ein guter Lügner, das weiß er, bleibt zumeist bei der Wahrheit.

Steht der Kern der Figur, gestaltet Bourdin ihr Äußeres aus. Er verwendet Haarentferner, versucht durch weite Hosen und lange Ärmel, die die Handgelenke bedecken, seine ohnehin geringe Körpergröße zu betonen.

Außerdem verleiht er seinen erfundenen Identitäten Glaubwürdigkeit, indem er gelegentlich bei der Polizei anruft und auf sich selbst aufmerksam macht: „Ich habe da einen etwa 15-jährigen Jungen gesehen, der vereinsamt und hilflos wirkt", behauptet er etwa.

Oft fliegt der Schwindel schnell auf. Doch stets nimmt die Polizei nur seine Fingerabdrücke und bringt ihn aus der Stadt. Dann trampt er zum nächsten Ort, lässt sich, weil er meist ohne Geld unterwegs ist, aufgreifen und wiederholt seine Geschichte in neuer Variante.

Aber: Warum überhaupt gibt sich ein Erwachsener als Waisenkind aus?

F

Frédéric Bourdin, so zeigen Untersuchungen später, ist weder pädophil noch unzurechnungsfähig oder psychopathisch. Und er ist kein klassischer Hochstapler.

Denn der täuscht meist vor, mehr zu sein, als er ist oder kann. Daraus schlägt er persönlichen, in der Regel geldwerten Vorteil, zumindest aber Anerkennung.

Auf Bourdin trifft nichts davon zu, er wertet sich nicht auf. Im Gegenteil: Er macht sich klein. Er verleiht sich keine Titel, sondern nimmt sich etwas weg – das Erwachsensein.

Der Privatdetektiv Charlie Parker (Mitte) wird misstrauisch und macht sich auf die Spuren von Nicholas Barclay (oben und unten) – und Frédéric Bourdin

118

The Telegraph

The incredible story of Frédéric
Bourdin, the Frenchman who persuaded an
American family that he was their lost son,
is told in a new documentary, The

Imposter

NICHOLAS PATRICK BARCLAY

Case Type: Endangered Missing
DOB: Dec 21, 1980
Missing Date: Jun 13, 1994
Age Now: 31
Missing City: SAN ANTONIO
Missing State: TX
Missing Country: United States
Case Number: NCMC802112

Age Progression

Sex: Male
Race: White
Height: 4'8" (142 cm)
Weight: 80 lbs (36 kg)
Hair Color: Lt. Brown
Eye Color: Blue

Watch One-Minute World News

Last Updated: Monday, 13 June 2005, 11:52 GMT 12:52 UK

E-mail this to a friend   Printable version

France holds 'Chameleon' impostor

A 31-year-old serial impostor who passed himself off for a whole month as a schoolboy - aged 15 - is being questioned by police in France.

Frederic Bourdin, nicknamed "the Chameleon", attended the Jean Monnet school in Pau posing as "Francisco Hernandez-Fernandez", a Spanish orphan.

Frederic Bourdin has used a variety of aliases

A teacher unmasked him last week after having watched a television programme about him.

Bewusst sucht er die scheinbar hilflose Position eines Kindes. Der Vorteil seiner Täuschung besteht fast ausschließlich in einem emotionalen Gewinn. Er erschleicht sich die Zuneigung und Fürsorge der Menschen. Danach giert er wie ein Süchtiger. Einmal sagt er: „Ich bin ein Gefangener meiner selbst."

Die Kunst der Täuschung – oder profaner: die Gabe zu lügen – ist weiter verbreitet, als man wahrhaben möchte. Es gibt kaum jemanden, der nicht wenigstens hin und wieder trickst, schwindelt oder schummelt. Die Lüge ist ein fester Bestandteil des Menschseins, mitunter gehört sie sogar zum guten Ton.

Manchmal aber wird das Lügen zur Krankheit, zur „Pseudologia phantastica". Die Täuschung geht dabei meist mit einer Selbsttäuschung einher: Die Rolle kann so perfekt werden, dass der Betroffene selbst seine neue Identität nicht mehr als Fälschung wahrnimmt.

Dem Handelnden erscheint sein Tun völlig normal. Der Drang danach, im Mittelpunkt zu stehen, wird übermächtig – und dämpft jeden Zweifel und Skrupel.

J

Jene Lüge aber, die Bourdin den Behörden auftischt, als er mit 23 nach Andalusien kommt und dort die USA zu seinem neuen Sehnsuchtsort erwählt, ist dreister als jede seiner anderen zuvor. Nach dem fingierten nächtlichen Anruf in Texas stellt die US-Botschaft in Madrid den Kontakt zur Familie des vermissten Nicholas Barclay her.

Bald darauf meldet sich die Halbschwester Carey Gibson am Telefon: „Nicky, bist du das?"

„Ja, ich bin's", nuschelt Bourdin.

Ein paar Tage später steigt Carey in ein Flugzeug, um den Vermissten abzuholen. Die 31-Jährige, von ihrer eigenen Mutter als „gutgläubig und großherzig" beschrieben, kommt in Begleitung eines

Es scheint unfassbar, aber Bourdin (u. r.) gelingt es, die Familie des Verschwundenen zu täuschen. Jahre später nimmt er erneut eine falsche Identität an – die des seit 1996 vermissten Leo Balley (o. l.)

Er hat schon oft gelogen. Doch diesmal geht er einen SCHRITT WEITER

US-Botschaftsbeamten. Als sie Bourdin trifft, trägt er zwei Baseballmützen, ein Schirm vorn, einer hinten. Zusätzlich ist das Gesicht mit einem Schal und einer Sonnenbrille verdeckt. Eigentlich ist er sicher, dass sein Schwindel jetzt auffliegen wird, erklärt er später.

Aber Carey stürmt auf ihn zu, umarmt ihn, sagt, es sei eine „unglaubliche Befreiung" ihn zu sehen.

Ihr ist schon klar, dass dort jemand anderes sitzt als der, der ihre Familie verlassen hat. Aber ist es nicht absolut plausibel, dass ihr Halbbruder, dass dieser kleine, von Torturen geschundene Mensch nicht mehr derselbe ist wie vor seinem Verschwinden? „Alles wird gut", sagt sie zu ihm. Immer wieder.

Er selbst spricht fast gar nicht. Und wenn, dann flüsternd. „So als wenn er sich irgendwie verstecken müsste", erinnert sich Carey später.

Seine Erlebnisse, denkt sie, haben ihn schweigsam gemacht. Aber hat er nicht genau die Nase von Onkel Pat und auch die gleiche Tätowierung wie Nicholas? Nein, sie hat keine Zweifel.

Oder aber: Sie äußert sie nicht.

Vielleicht will sie in jenem Moment einfach, dass er ihr Bruder ist. Weil sie damit viel Leid von ihrer Familie nehmen kann, die keine weitere Enttäuschung will.

Sie zeigt ihm Familienfotos, um zu erklären, was in seiner Abwesenheit alles geschehen ist. Bourdin prägt sich viele Details ein, kann seine Rolle immer besser ausstaffieren.

Bei der Passkontrolle an der Grenze beschwört Carey unter Eid seine Identität. Dann erhält Bourdin einen neuen Ausweis: Nun ist er offiziell Nicholas Barclay und US-Staatsbürger.

Am Flughafen in Texas warten die Menschen, die er bisher nur von Fotos

kannte. Ein Freund der Familie filmt, wie sich das Unfassbare wiederholt: Alle umarmen Bourdin und versichern, wie sehr sie ihn vermisst hätten.

Bourdin spielt den Traumatisierten, reagiert ausweichend, möchte sich nicht anfassen lassen. Dennoch ist es im Nachhinein fast unvorstellbar, dass offenbar alle in ihm den verlorenen Sohn sehen. Keiner stört sich daran, dass er älter wirkt. Keiner zögert wegen seines Akzents.

Wie ist es möglich, dass sie auf einen 23-jährigen Franzosen hereinfallen, der nur vage Ähnlichkeit mit dem vermissten Halbbruder und Sohn hat?

B

Bourdin spielt mit den Barclays, ihren Hoffnungen, ihren Gefühlen. Aber sie spielen mit. Es scheint, als wollten sie von ihm betrogen werden. Er spürt keinen Widerstand. Warum sollte er also nicht Nicholas Barclay sein?

Da Beverly, die Mutter des Vermissten, nachts in einem Restaurant arbeitet und nicht will, dass der Junge allein gelassen wird, bringen sie ihn bei Carey und deren Ehemann unter.

Auf der Suche nach Familiendetails durchwühlt Bourdin Schubladen, schaut sich heimlich Videofilme an. Wie Nicholas sagt er bald „Hi Mom", grüßt lässig mit Victory-Zeichen und übernimmt dessen Art, kniend fernzusehen; er spielt am Computer, fährt Skateboard.

Sonntags geht er manchmal in die Kirche, wochentags fährt er mit einem Bus zur Schule. Auch die Lehrer und Mitschüler schöpfen offenbar keinen Verdacht. Monate vergehen, und immer besser passt er sich seiner Umwelt an. Bourdin verwandelt sich zusehends in einen amerikanischen Teenager.

Doch die Heimkehr des verlorenen Sohns sorgt für Aufsehen. Nachrichtensendungen berichten über den Jungen. Kinder, die aus Texas geraubt werden, um in Europa die Gelüste von Pädophilen zu befriedigen? So etwas hat es noch nie gegeben. Der öffentliche Druck, diese Entführung aufzuklären, ist gewaltig.

Die Ermittlerin Nancy Fisher wird vom FBI auf den Fall angesetzt, der Privatdetektiv Charlie Parker von einem TV-Pro-

121

duzenten. Beide befragen Bourdin. Der berichtet bereitwillig von seiner Entführung, doch viele Details kennt er nicht: Hochrangige Militärs hätten ihn chloroformiert und verschleppt, aber er habe nie gewusst, wo er sich gerade aufgehalten habe. Seine Peiniger hätten ihm Gliedmaßen gebrochen und Verbrennungen zugefügt. Zwei- bis dreimal in der Woche sei er vergewaltigt worden.

Fisher bemerkt, dass der Junge nervös ist und eigentlich älter aussieht als 16 Jahre. Und Parker fällt auf, dass seine Ohren anders sind als die des Verschollenen. Er weiß, dass man anhand der Ohren, ähnlich wie bei einem Fingerabdruck, einen Menschen eindeutig identifizieren kann. Außerdem findet Parker heraus, dass es unmöglich ist, die Augenfarbe mithilfe einer Substanz zu verändern, so wie es der Junge behauptet hat.

Er ruft Beverly an, die Mutter des Vermissten: „Er ist nicht Nicholas."

Aber die Familie glaubt ihm nicht, stellt sich vor den Heranwachsenden.

Parker wird später erzählen, dass Bourdin sich kurz darauf wütend bei ihm gemeldet und gesagt habe: „Die Einwanderungsbehörden sind überzeugt, dass ich Nicholas bin. Und die Familie auch."

Doch der falsche Nicholas wird nun unruhig und fahrig, launisch, aggressiv. Nimmt sich das Auto der Barclays und wird wegen Geschwindigkeitsübertretung festgenommen. Wieder zu Hause, schneidet er sich mit einer Rasierklinge ins Gesicht. Er steht unter großem Druck.

U

Unter dem Vorwand, eine Therapie für den Jungen zu organisieren, holt die FBI-Agentin ihn bei der Familie ab und bringt ihn zu einem Gerichtsmediziner. Der registriert anhand von Herzfrequenz, Pupillengröße und Gestik, dass die Person vor ihm keinesfalls traumatisiert ist.

Doch wer ist es, wenn nicht Nicholas? Nancy Fisher bittet um eine DNS-Probe von der Mutter und Bourdin, doch die lehnen brüsk ab. Rückblickend gibt Beverly an, sich ihre Reaktion nicht erklären zu können, und versteigt sich zu dem Satz: „Für mich war es immer schon wichtig, nicht nachzudenken." Und Carey

wird sagen: „Wir hatten nicht zu beweisen, wer er war. Wir wussten, wer er war."

Vier Monate später erzwingt Nancy Fisher per Gerichtsbeschluss, die Fingerabdrücke des Jungen zu erfassen. Bourdin weiß, dass die bei Interpol registriert sind und er seine Rolle nicht mehr lange spielen kann. Im März 1998, fast fünf Monate nach seiner Ankunft in den USA, trifft er sich mit Privatdetektiv Parker in einem Schnellrestaurant. Mit nur einem Satz, während sie Pfannkuchen essen, zerstört er seine so mühevoll aufgebaute Figur.

„Ich bin Frédéric Bourdin und werde von Interpol gesucht!"

Widerstandslos lässt er sich bald darauf verhaften, er lächelt, gesteht. Nichts streitet er ab. Es scheint, als genieße er einmal mehr die Aufmerksamkeit der Menschen. Ob er Reue empfinde, ein derart falsches Spiel mit den echten Gefühlen der anderen gespielt zu haben?

„Es war mir völlig egal, was die anderen Leute von mir denken könnten oder was sie wohl fühlten", erklärt er in einem Interview. „Ich tue alles für mich selbst. Es geht immer nur um mich."

Am 9. September 1998 wird Frédéric Bourdin in den USA wegen Meineids, betrügerischen Erwerbs und Verwendung falscher Dokumente angeklagt.

„Ich bin Tausende Kilometer gereist, nur weil ich wollte, dass mich jemand liebt", erklärt Bourdin. Und wenn man keine Liebe bekomme, müsse man sie zur Not eben stehlen.

Er wird zu sechs Jahren Haft verurteilt. Im Gefängnis macht er weiter: In aller Welt ruft er Familien an, die ein Kind vermissen, und gaukelt ihnen vor, Informationen über die Verschwundenen zu haben. Auf die Frage, warum er das tue, vermag er nicht zu antworten.

Der Junge behauptet, er sei entführt, vergewaltigt und GEFOLTERT WORDEN

Schon als Jugendlicher lässt sich Frédéric Bourdin den Namen »Chamäleon von Nantes« tätowieren. Sich zu verwandeln und andere zu täuschen, sagt er, sei sein Beruf

Es ist nicht das einzige Rätsel dieser Geschichte. Wie nur konnte er über Monate eine Familie derart täuschen? In der Untersuchungshaft behauptet er, sie hätten immer gewusst, dass er gelogen habe. Er behauptet, er habe ihnen ungewollt geholfen. Denn in Wirklichkeit sei Nicholas nicht verschwunden: Die Familie habe ihn umgebracht und im Garten verscharrt. „Sie verstellen sich ebenso, wie ich es tat."

Aber was kann man einem notorischen Lügner schon glauben?

P

Privatdetektiv Parker, die FBI-Agentin Fisher sowie die Staatsanwaltschaft machen sich auf die Suche nach Beweisen. Sie finden heraus: Es gab oft Streit bei Familie Barclay, in der Schule sind an Nicholas blaue Flecken entdeckt worden. Sein älterer, zu Gewaltausbrüchen neigender Halbbruder Jason wird tot aufgefunden, vermutlich eine Überdosis Drogen.

Doch niemandem in der Familie kann nachgewiesen werden, schuld zu sein am Verschwinden von Nicholas. Die Ermittlungen werden eingestellt.

Und so bleibt es ein Geheimnis, ob Bourdin in den USA tatsächlich sein Meisterwerk gelang und er täuschend echt über Monate einen anderen mimte – oder ob er an Menschen geriet, die noch mehr List und Tücke in sich trugen als er.

Heute lebt Frédéric Bourdin in Frankreich, in einem abgelegenen Dorf in der Bretagne. Er hat eine Juristin geheiratet, die er über eine TV-Sendung kennen gelernt hatte. Sie haben fünf Kinder. Nicholas Barclay gilt weiterhin als vermisst •

ANDREAS WENDEROTH, Jg. 1965, ist Reporter in Berlin. Das hier verwendete Bildmaterial stammt zum Teil aus dem preisgekrönten Dokumentarfilm »Der Blender« von 2012.

The Telegraph

News World Sport Business Money Comment Culture Travel Life

FILM FILMMAKERS ON FILM

The French team still digging for
body of Nicholas

Barclay sent a private detective

The private investigator who realised that Frédéric Bourdin
impersonated missing US schoolboy Barclay is hopeful
finds the teenager's body

PAU

Frédéric Bourdin dit "Le Caméléon" a
changé de peau

En 2005, Frédéric Bourdin est arrêté à Pau. Le "Caméléon" se
faisait passer pour un collégien de 15 ans. Aujourd'hui, à presque
40 ans, avec Isabelle, il élève ses quatre enfants, à côté du Mans.

Wütender Protest ist
seit jeher ein Mittel, sich
gegen Unterdrückung
zu wehren. Hier demon-
strieren Ägypter gegen
die Obrigkeit

TEXT: DELA KIENLE UND SEBASTIAN WITTE

FOTOS: ALEX MAJOLI, LEONARD FREED

Kaum eine Regung ist in unserer Gesellschaft derart geächtet wie die **Wut**.
Dabei entdecken Psychologen immer
mehr **positive Wirkungen** dieser
verpönten Emotion. Bisweilen ist sie
sogar regelrecht gesund. Manche
Experten fordern deshalb, seine
Rage öfter **auszuleben** – statt sie
immer nur zu unterdrücken

DER HEILSAME ZORN

Zorn ist ein Warnzeichen an andere. Der aufgerissene Mund, die schmalen Augen, die gespannten
Muskeln signalisieren: Ich meine es ernst (Bürgerrechtsbewegung, USA)

M

Manchmal genügt eine Nichtigkeit, ein falsches Wort, ein abschätziger Blick, eine beleidigende Geste des anderen – und schon wallt in uns eine heftige Emotion empor: Wut. Einem unberechenbaren Biest gleich, das unserem Körper zu ent-kommen versucht, vermag das schäumende Gefühl in Sekundenschnelle unser Bewusstsein zu überrumpeln, gleichsam kopflos unser Handeln zu bestimmen – losgelöst von klarer Logik und kühlem Verstand.

Mancher verliert dann seine Selbstbeherrschung, prescht nach vorn, laut, wild, ohne Rücksicht auf andere. Selbst wer sich intensiv bemüht, seine inneren Regungen zu unterdrücken, kann nicht verhindern, dass ihn bisweilen die ungefilterte Wut packt, blind und ungeahnt. Dass sie gewissermaßen aus ihm herausbricht, urplötzlich, zerstörerisch.

Mit welcher Macht uns Zorn in Aufruhr versetzen kann, ist meist auch für Außenstehende sichtbar. Denn wer wütend ist, dem steht es förmlich ins Gesicht geschrieben: Die Haut ist errötet, die Stimme zittert, der Atem geht schneller, die Augen verfinstern sich. Die Nasenflügel sind gebläht, die Lippen zusammengepresst.

Wut kann sich in unterschiedlichsten Situationen Bahn brechen, in zwischenmenschlichen Konflikten, in Kriegen, auch in Momenten der Selbstbetrachtung – nicht wenige Menschen sind häufig wütend auf sich selbst. Zorn kann zu Verletzung führen, zu Gewalt und Vernichtung. Unkontrollierte Aggression ist oft ein machtvoller Ausdruck des Bösen.

Kaum verwunderlich, dass die unberechenbare Regung in unserer Gesellschaft einen schlechten Ruf hat: Wer seine Wut zeigt, gilt schnell als ungehobelt und primitiv. Von einem modernen, kopfgesteuerten Teamplayer wird erwartet, dass er cool bleibt, die Contenance bewahrt. Das zügellose Biest, so die gängige Überzeugung, gehört tief im Inneren eingesperrt – selbst wenn es dort weiter poltert und nagt.

Schon in früheren Zeiten forderten Denker Mäßigung und Vernunft, alles Triebhafte im Menschen wollten sie eindämmen. Der römische Philosoph Seneca etwa widmete dem Zorn gar ein ganzes Buch, „De Ira" („Über die Wut"). Der antike Gelehrte beschrieb darin diese impulsive Regung als etwas Schädliches, Ungesundes, Auszumerzendes.

Zorn sei eine „kurze Geisteskrankheit" die der Vernünftige vermeiden müsse: „Machen wir uns frei von diesem Übel! Reinigen wir unseren Geist! Rotten wir aus, was selbst aus noch so zarten Trieben überall da wieder emporschießt, wo es Wurzeln treiben kann!", so Seneca.

Auch spätere Philosophen sahen in der Wut meist eine Charakterschwäche. Der Engländer Francis Bacon etwa beschrieb sie im 17. Jahrhundert als typische Emotion von Schwachen – nämlich von Kindern, Frauen, Alten und Kranken.

Nicht zuletzt verpönen viele Religionen den Zorn: Im Buddhismus etwa gilt er als Hindernis auf dem Pfad der Erleuchtung, und buddhistische Mönche versuchen, sich von Gefühlswallungen durch Meditation zu befreien. Muslime glauben, dass er von Satan herrühre. Und im Christentum zählte er ab dem Frühmittelalter zu den sieben Todsünden.

Dabei sehen Wissenschaftler den Zorn längst in einem anderen Licht. Psychologen und Psychiater etwa betonen zunehmend, wie wertvoll Wut sein kann – etwa indem sie anderen klare Grenzen vermittelt, Warnsignale setzt, von innerer Spannung befreit, uns präzise Einsichten in unsere Schwachstellen vermittelt und zu Veränderung auffordert. Und sie betonen, wie wichtig es ist, seiner Wut Raum zu geben, ihr Ausdruck zu verleihen.

Denn viele der Experten erleben, wie destruktiv Zorn auf Körper und Geist wirken kann, wenn er dauerhaft unterdrückt wird. Manche Forscher gehen gar davon aus, dass angestaute Rage zu krankhafter Schwermut führen kann.

Es ist also angeraten, die Wut differenziert zu betrachten. Und zu verstehen, in welchen Situationen sie uns helfen und weiterbringen kann – und wann sie uns schadet.

R

Rein biologisch ist die Wut jedenfalls eine höchst sinnvolle Regung. Denn sie setzt eine ganze Kaskade physiologischer Reaktionen in Gang: Stresshormone wie Kortisol, Noradrenalin und Adrenalin zirkulieren verstärkt durch den Organismus, lassen unter anderem den Blutzuckerspiegel und den Blutdruck steigen.

Herz, Lunge, Gehirn und Muskeln werden mit zusätzlichem Blut aus dem Gewebe versorgt. Der Puls schnellt in die Höhe, plötzlich sind wir hellwach, voller Energie. Bereit, um auf ein Ärgernis, Stress oder Gefahren zu reagieren – letztlich um zu kämpfen oder zu fliehen.

WIR SOLLTEN UNSERER WUT AUSDRUCK VERLEIHEN – ABER OHNE UNS VON IHR BEHERRSCHEN ZU LASSEN

Doch so sehr die Wut uns in eine aggressive Grundstimmung versetzen mag: Anthropologen erkennen darin einen verblüffenden Mechanismus der Evolution, der einst dafür sorgte, dass die Gewalt unter unseren Vorfahren eben nicht ständig eskalierte.

Denn die sichtbaren Zeichen des Zorns, so nehmen die Forscher an, konnten ein Gegenüber derart einschüchtern, dass es erst gar nicht zu einer kräftezehrenden Auseinandersetzung kam.

Indem Wutanfälle den Menschen auf einen Angriff vorbereiten, können sie den Gewaltausbruch also zugleich überflüssig machen – einen Konflikt besänftigen. Aus Sicht der Wissenschaftler hat der Zorn damit eine wichtige Doppelfunktion, die dazu beitrug, dass unsere Ahnen friedlich in komplexen Gemeinschaften zusammenleben konnten.

Was die Wut nährt, hat sich in Jahrzehntausenden wohl kaum geändert. Damals wie heute, sagen Experten, speist sie sich vor allem aus Kränkungen und ungerechter Behandlung.

Erstaunlicherweise sind es im westlichen Kulturkreis, im Gegensatz etwa zu Japan, nur selten Fremde, die uns in Rage versetzen (beispielsweise im Straßenverkehr). Weitaus häufiger, das zeigen Erhebungen, machen uns diejenigen wütend, die uns nahestehen oder die wir zumindest mögen. Sie verursachen Studien zufolge mehr als die Hälfte aller Wutanfälle. Momente heftiger Emotionen, die wir etwa dann erleben, wenn wir mit Zurückweisung konfrontiert werden, mit Unehrlichkeit oder gebrochenen Versprechen.

Auch fehlender Respekt vor der eigenen Person oder vor Eigentum treibt vielen die Zornesröte ins Gesicht, ebenso demonstrative Gleichgültigkeit. Und natürlich reagieren viele wütend, wenn sie verbal oder tätlich attackiert werden.

Doch reagiert nicht jeder gleich auf derartige Schmähungen und Angriffe. Nicht jeder gerät in Rage, richtet seinen Zorn gegen den anderen. Viele Menschen neigen dazu, ihre Wut in der Regel auf sich selber zu projizieren, mit bisweilen fatalen Folgen für die seelische Balance.

So könnte die Ursache vieler Depressionen in verinnerlichtem Zorn liegen, nehmen Forscher wie der US-Psychologe Raymond DiGiuseppe an, der sich seit Jahren mit den Auswirkungen von emotionalen Störungen beschäftigt.

Manche Patienten, so DiGiuseppe, würden schwermütig, weil sie glauben, keine Chance gegen ihre Peiniger zu haben. Oder sie verzweifelten, weil sie fürchten, dass der angestaute Ärger, der Frust immer weiter zunimmt.

Besonders Menschen, die Probleme haben, Gefühle richtig zu deuten und zu regulieren, sind nach Meinung von Experten anfällig für Angststörungen und Depressionen, die auf Zorn bauen. Betroffene würden die schäumenden Regungen meist gegen das eigene Ich richten. Fühlten sich als Versager, minderwertig, schuldig für das empfundene Leid.

Überhaupt gehen viele Psychologen davon aus, dass uns dauerhaft unterdrückte Wut schadet, ja sogar krank machen kann. Denn die Aggressionsenergie ist nun einmal vorhanden; und wer keinen sozial kompetenten Ausdruck für die Wut findet, der ist in Gefahr, selbstzerstörerische Verhaltensweisen zu entwickeln – beispielsweise Sucht- und Essstörungen wie Anorexie oder Bulimie.

Auch psychosomatische Erkrankungen werden unter Umständen begünstigt. Zu den möglichen Konsequenzen, so die renommierte österreichische Psychiaterin Heidi Kastner, zählen beispielsweise Veränderungen der Haut, Bluthochdruck, nächtliches Zähneknirschen sowie Probleme mit dem Verdauungssystem.

Unterdrückte Wut suche sich immer ein Ventil, warnt Heidi Kastner: „Im schlimmsten Fall droht die emotionale Entladung in massiven Affektdelikten, also unkontrollierten Wutausbrüchen, bei denen wie im Rausch Sachen oder andere Personen geschädigt werden." Ihre Arbeit bei Gericht konfrontiere sie regelmäßig mit Menschen, die jahrelang Demütigungen reglos hinnehmen – bis sie im Extremfall eines Abends zum Küchenmesser greifen und ihren Peiniger erstechen.

128

W

Wie intensiv der Einzelne Wut zulässt und zeigt oder wie maßvoll er mit ihr umgeht, wird vor allem durchs Elternhaus geprägt. Erleben Heranwachsende, dass Vater und Mutter Konflikte offen austragen, Gefühle nicht verbergen, auch mal weinen oder die Stimme heben, fällt es ihnen später leichter, die eigenen Regungen zu akzeptieren und zu regulieren.

Kleinen Kindern wird meist noch zugestanden, ihren Zorn laut herauszubrüllen. Spätestens zur Einschulung aber wünschen sich Erwachsene zumeist ange-

---

AUF EINEN BLICK

Altes Erbe

Wut in Maßen ist keineswegs krankhaft, sondern gehört seit Urzeiten zum normalen Spektrum menschlicher Emotionen.

Biologische Reaktion

Werden wir zornig, setzt der Organismus Stresshormone frei, der Puls schnellt in die Höhe, Muskeln spannen an, wir sind bereit zum Angriff.

Konfliktvermeidung

Ein Wutausbruch kann paradoxerweise dazu dienen, Gewalt zu verhindern: Drohgebärden sollen Gegner einschüchtern, damit es nicht zum Kampf kommt.

Gesundheitswirkung

Wenn wir unseren Zorn ständig unterdrücken, richtet er sich nach innen – und macht körperlich wie seelisch krank.

---

passte und folgsame Sprösslinge. Nicht zufällig versuchen viele Erzieher inzwischen, Mädchen und Jungen in ihrem Verhalten zu mäßigen, indem sie sich selber stets als freundlich und verständnisvoll präsentieren – auch wenn sie innerlich rasen, maximal angespannt sind.

D

Der dänische Familientherapeut Jesper Juul kritisiert diese Maskerade deutlich. Er betont sogar, dass ein gewisses Maß an Aggression für ein gutes Familienklima unabdingbar sei: Erwachsene müssten sich wie „Menschen aus Fleisch und Blut" mit all ihren natürlichen Emotionen verhalten, einschließlich Gereiztheit, Frustration und Wut.

Die Eltern sollen also authentisch sein, ihre eigenen Grenzen offenbaren und anschließend die Verantwortung für ihr Verhalten übernehmen. Dann wird es auch einem Kind gelingen, seine Gefühle in all ihrer Bandbreite kennenzulernen und auszuhalten – auch die negativen. Denn zum Großwerden gehören unendlich viele Lernprozesse, die bei jedem Kind häufig zu Frustrationen führen. „Mit acht bis zehn Jahren wird es wissen, wie es über seine Begrenzungen traurig sein und wie es seine Wut in zielorientierte Ambition verwandeln kann", so Juul.

Während der Pubertät brechen sich dann Jähzorn und Tobsucht wieder lautstärker Bahn – zumeist auf beiden Seiten. Doch auch und gerade im Jugendalter müssen hitzige Diskussionen und verbale Attacken nicht zwangsläufig ein Makel sein. Vielmehr können Teenager davon profitieren, wenn sie heftige Emotionen nicht ignorieren, sondern ausleben: Nicht zuletzt mithilfe ihrer Wut gelingt es vielen, sich von den Eltern zu lösen und ein eigenständiges Leben zu beginnen.

So gesehen, lässt sich Zorn im familiären Umfeld auch als verzerrter Ausdruck von tiefer Zuneigung deuten: Wären sich Eltern und Kinder gleichgültig, würden sie nicht so heftig aufeinander reagieren.

Ähnliches gilt auch in Partnerschaften, wenn zwei Erwachsene aneinandergeraten: Ihre Wut versinnbildlicht, dass ihnen noch etwas am anderen und an

Wut offenbart stets, was einen Menschen im Innersten bewegt, was ihm besonders viel bedeutet – und gibt ihm die Kraft, gegen Missstände vorzugehen

Veränderungen in der Beziehung liegt. Man könnte die Rage somit auch als Hinwendung zum Partner begreifen.

A

Aber nicht nur in privaten Situationen spielt Zorn eine entscheidende Rolle. Ebenso wichtig ist sie für gesellschaftliche Belange. Viele grundlegende politische Veränderungen sind nur zustande gekommen, weil lautstarke Wutbürger sie vehement gefordert haben – und etwa für das Ende der Rassentrennung, die Abrüstung oder den Atomausstieg demonstriert haben.

Wut zeigt dem Einzelnen, was ihn in seinen Grundfesten erschüttert, was ihm wirklich wichtig ist. Sie ist eine starke Antriebskraft, wird zum Impulsgeber für Neuerungen. Und sie erlaubt es, sich zusammenzuschließen – und (vereint im Zorn) gemeinsam etwas zu bewegen.

Natürlich kann Aufregung leicht umschlagen in Verbitterung, legitimer Protest in gefährlichen Fanatismus, Empörung in blinden Eifer. Rasch formt die Wut bisweilen Bewegungen, die sich kaum mehr für, sondern nur noch gegen etwas richten – die von Misstrauen und Hass gegen andere geeint werden.

Der sogenannte „Volkszorn" hat also stets eine Licht- und eine Schattenseite, ist einerseits Motor für wichtige Veränderungen, andererseits Bindemittel und Instrument von populistischen Gruppierungen. Gerade weil die Wut Menschen so machtvoll in Aufruhr bringt, ist die Gefahr, dass sie irrationale Stimmungen schürt, besonders groß.

Umso wichtiger ist es, sich dieser Zwiespältigkeit bewusst zu sein: also der Wut Ausdruck zu verleihen, sich aber nicht von ihr beherrschen zu lassen.

Wie das gelingt? In erster Linie durch Selbstbeobachtung, sagen Experten. Weil der Umgang mit dem Zorn so individuell ist – im gesellschaftlichen wie im privaten Kontext –, müsse ein jeder seinen eigenen Weg finden, mit Wut verantwortungsvoll umzugehen: Wie reagiere ich auf Kritik? Habe ich schon einmal einen cholerischen Anfall gehabt? Oder dränge ich den Zorn viel zu oft, viel zu lange zurück?

Der Wut-Unterdrücker, der sich „zum Wohle" der anderen ständig leise verhält, sollte (so der Rat der Fachleute) seine Rage überhaupt erst einmal anerkennen – und lernen, mit Deutlichkeit klarzumachen, was ihn stört.

Der notorische Hitzkopf wiederum, der zu Ausrastern und unverhältnismäßigen Reaktionen neigt, kann Techniken erlernen, die ihm dabei helfen, sachlicher und selbstbeherrschter zu agieren. Etwa indem er sich bestimmten Situationen entzieht oder mit speziellen Methoden seine Selbstwahrnehmung schärft.

Doch in einem sind sich die Wissenschaftler einig: Unsere Wut sollten wir nicht geringschätzen, mag sie uns bisweilen auch stören und lästig erscheinen. Richtig kultiviert, maßvoll zugelassen, hilft sie uns, Grenzen zu ziehen, eindeutig Ja oder Nein zu sagen. Schließlich wird in ihrer geballten Kraft deutlich, was uns tatsächlich bewegt.

Diese Sicht vertrat bereits der Jurist und Philosoph Michel de Montaigne, der im 16. Jahrhundert in Frankreich lebte. Zeitgenossen beschrieben ihn als wohlwollend und gerecht. Und doch befürwortete Montaigne die Wut – im richtigen Maß: Mit Ausbrüchen solle man sparsam umgehen, nicht ins Blaue hinein toben. Und vor allem solle der Zorn denjenigen treffen, der ihn ausgelöst hat.

„Wenn ich loslege, dann aus Leibeskräften", erklärte Montaigne. „Doch ich bemühe mich, dass es kurz und im engsten Kreis bleibt" •

DELA KIENLE, Jg. 1976, ist Wissenschafts-journalistin in den Niederlanden.

Die ganze Welt des Wissens.

Lesen oder verschenken Sie 4x GEOkompakt mit einer exklusiven Prämie zur Wahl.

> GEOkompakt präsentiert die Grundlagen der Wissenschaft – in leicht verständlicher Sprache, mit aufwendigen Illustrationen und brillanter Fotografie.

Herzlichst
Ihr

Michael Schaper,
Chefredakteur GEOkompakt

IHRE Abovorteile

1. **Wunsch-Prämie**
Zur Begrüßung als Dankeschön.

2. **Jederzeit kündbar**
Nach Ablauf des 1. Jahres.

3. **Bequem**
Portofreie Lieferung nach Hause.

4. **Bildungsrabatt**
Studenten sparen 40 %.

Verlag: Gruner + Jahr GmbH & Co KG, Dr. Frank Stahmer, Am Baumwall 11, 20459 Hamburg. AG Hamburg, HRA 102257. **Vertrieb:** Belieferung, Betreuung und Inkasso erfolgen durch DPV Deutscher Pressevertrieb GmbH, Nils Oberschelp (Vorsitz), Christina Dohmann, Dr. Michael Rathje, Am Sandtorkai 74, 20457 Hamburg, als leistender Unternehmer. AG Hamburg, HRB 95752.

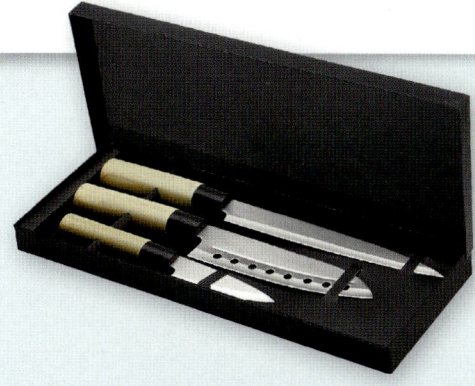

1. GEOkompakt-Bestseller
Spannendes Wissen im Doppelpack.
- „Sport und Gesundheit – Die Heilkraft der Bewegung"
- „Wie Tiere denken"

Ohne Zuzahlung

2. Asia-Messerset „Taki"
Fernöstliches für jede Küche.
- Set aus einem Koch-, Gemüse- und Sushimesser im japanischen Stil

Zuzahlung: nur 1,– €

Prämie zur Wahl

3. Bluetooth-Lautsprecher „Cuboid"
Einfach und kabellos Musik genießen!
- Für Smartphones, Tablets etc. mit Bluetooth
- Bis zu 5 Stunden Akkulaufzeit
- USB-Anschluss und Slot für microSD-Karten

Zuzahlung: nur 1,– €

4. Umhängetasche „Nature"
Ein echtes Raumwunder.
- Hauptfach, Reißverschluss-Vortasche und Handytasche
- Maße: ca. 33 x 26 x 11 cm
- Material: reine Baumwolle, Farbe: Braun

Zuzahlung: nur 1,– €

1 Jahr GEOkompakt für nur 38,– € bestellen – Karte abschicken oder

per Telefon (bitte die Bestell-Nr. angeben):
selbst lesen: 156 4785 / verschenken: 156 4786 / als Student lesen (exkl. Prämie): 156 4787

online mit noch mehr Angeboten:

+49 (0) 40 / 55 55 89 90

www.geo-kompakt.de/abo

KALT

Die gefährlichste aller Persönlichkeitsstörungen ist
die Psychopathie: Wer sie ausbildet, spürt **kein echtes Mitgefühl**
für andere. Zwar werden nur wenige Psychopathen kriminell –
die aber gehen besonders grausam vor

132

TEXT: UTE KEHSE

Stein

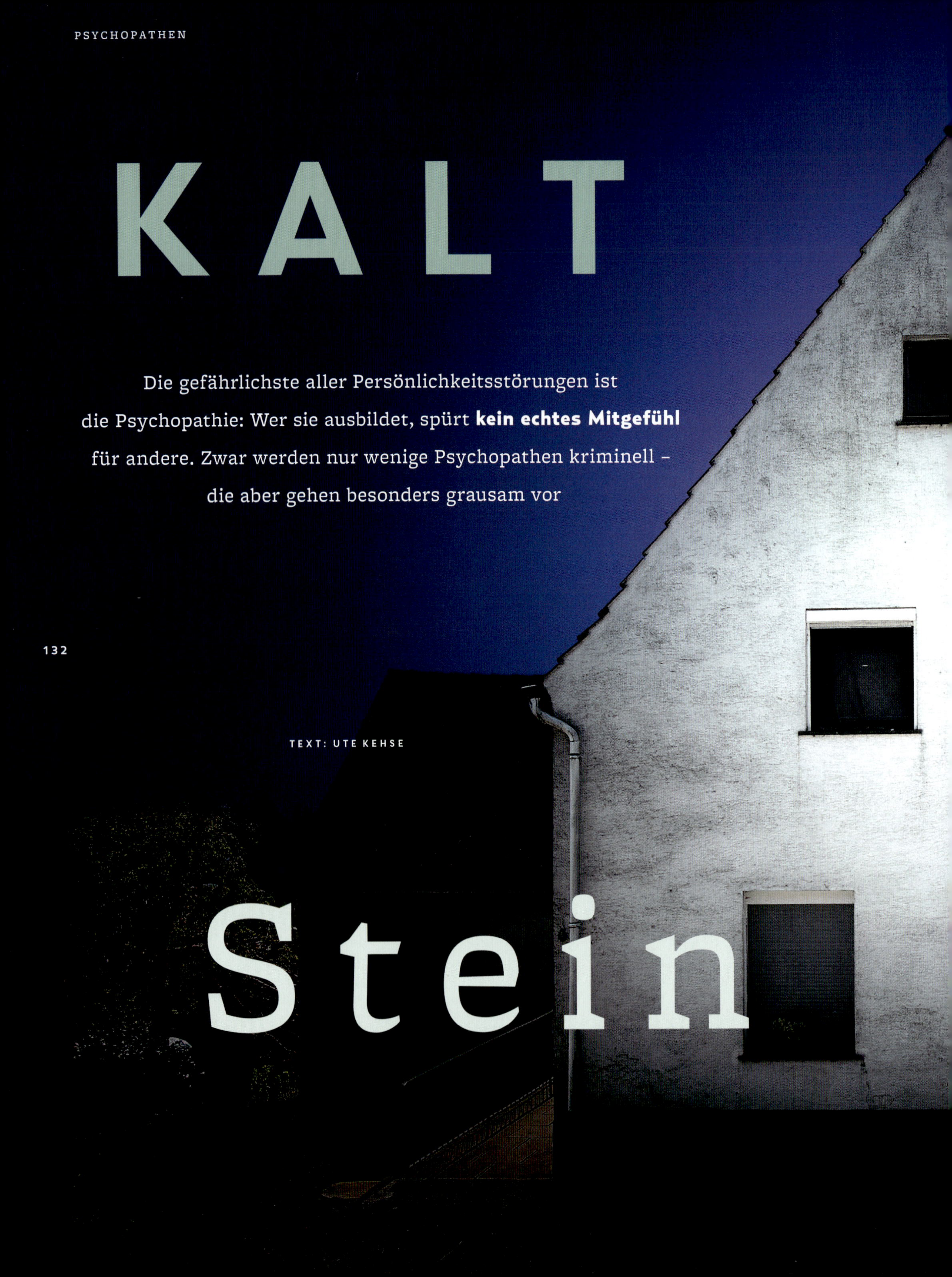

wie

Tatort Höxter: Jahrelang lockten Wilfried und Angelika W.
alleinstehende Frauen in dieses Haus, um sie dort über Wochen brutal
zu quälen. Zwei starben an den Misshandlungen

Die Testpersonen wissen, was sie erwartet: Wenn der Countdown abgelaufen ist, von zwölf auf null, ertönt plötzlich ein beinahe schmerzhaft lautes Geräusch, und zudem blitzt zeitgleich ein blendend grelles Licht auf. Während des Countdowns messen Sensoren mehrere körperliche Reaktionen, darunter die Frequenz des Herzschlags.

Die Freiwilligen nehmen an einem Experiment teil, mit dem Psychologen untersuchen, wie Menschen in Erwartung einer peinvollen Erfahrung reagieren. Immer wieder, in verschiedenen Variationen, haben Forscher diesen Versuch in den vergangenen Jahren aufgesetzt. Und dabei, wenig überraschend, festgestellt: Das Wissen um den bevorstehenden Schreckimpuls löste bei fast allen Testpersonen eine körperliche Angstreaktion aus – der Herzschlag beschleunigte sich, die Schweißdrüsen auf der Haut produzierten vermehrt Flüssigkeit.

Doch stets konnten die Wissenschaftler in all diesen Versuchen bei einigen wenigen Probanden untypische physische Veränderungen messen: Bei diesen Teilnehmern blieb die Angstreaktion weitgehend aus. Sie verspürten offenbar keine Beklemmung angesichts des unangenehmen Moments.

Auf den ersten Blick erscheint eine derartige Furchtlosigkeit als durchaus positiv. Schließlich gilt die Fähigkeit, angesichts von Gefahr gefasst zu reagieren, nicht selten als Inbegriff von Heldentum und Tapferkeit.

Tatsächlich aber gehört ungewöhnliche Furchtlosigkeit, so haben Psychologen, Psychiater und Neurologen in den letzten Jahren herausgefunden, zu den zentralen Merkmalen einer Persönlichkeitsstörung, die besonders gefährlich und destruktiv sein kann: Psychopathie.

Das Bild des klassischen Psychopathen ist vor allem durch diabolisch anmu-

Der Amerikaner Henry Lee Lucas hat mindestens fünf Menschen ermordet, darunter die eigene Mutter.
Als Kind wurde er oft misshandelt – ein Faktor, so Experten, der eine ohnehin vorhandene psychopathische
Veranlagung gefährlich verstärken kann

tende Außenseiter geprägt: durch politische Massenmörder wie Adolf Hitler, Josef Stalin oder Mao Zedong; durch Serienkiller wie den Russen Andrej Tschikatilo, der mehr als 50 Menschen ermordete; durch Hochstapler wie den US-Anlagebetrüger Bernard Madoff, der mit einem Schneeballsystem Tausende um ihr Geld brachte.

Und nicht zuletzt durch kaltblütige Sadisten, die sich daran erbauen, andere Menschen brutal zu quälen und zu töten. Wie im kürzlich bekannt gewordenen Fall eines Mannes und einer Frau aus dem nordrhein-westfälischen Höxter.

Über mehrere Jahre hinweg lockten die beiden – der heute 46-jährige Wilfried W. und seine Exfrau Angelika – mithilfe von Kontaktanzeigen immer wieder alleinstehende Frauen in ihr Haus und misshandelten sie auf grausame Weise. Mindestens zwei der Opfer kamen bei der zum Teil über Wochen andauernden Folter ums Leben.

Die Frauen, die in Höxter gefangen gehalten wurden, erlebten unsägliche Torturen: Die Nächte mussten sie teils bäuchlings und gefesselt in einer Badewanne im Keller verbringen. Wilfried W. fand offenbar Gefallen daran, den Gefangenen die Finger zu verdrehen, ihnen die Haare auszureißen, sie zu schlagen, zu treten, zu würgen, zu verbrühen.

Die Gewalt, so vermuten Ermittler, ging wohl ursprünglich von ihm aus. Denn er quälte offenbar auch seine emotional von ihm abhängige Frau, bedrohte sie und machte sie durch jahrelange Unterdrückung schließlich zur Komplizin – so jedenfalls ihre Aussage vor der Polizei.

Der 47-Jährigen wird unter anderem versuchter Mord und Körperverletzung in mehreren Fällen vorgeworfen, eines der Opfer habe sie mit einem Elektroschocker gequält und ihr ein hölzernes Essstäbchen in die Vagina gestoßen.

Schon Mitte der 1990er Jahre soll Wilfried W. eine frühere Partnerin gewalt-

sam misshandelt haben, sie mit einem Bügeleisen verbrannt, gefesselt, mit einem Gummiknüppel vergewaltigt haben. Bereits damals urteilte ein Gericht: „Gefühlsäußerungen wie Mitleid scheinen diesem Angeklagten fremd."

Wilfried W. ging es mutmaßlich darum, andere Menschen maximal zu beherrschen und durch die körperlichen Misshandlungen seine pervertierten Machtfantasien auszuleben. Und doch muss er einen gewissen Charme versprüht haben: Anders lässt sich kaum erklären, weshalb so viele Frauen auf den Täter hereinfielen.

Ein solcher „manipulativer Charme" kennzeichnet viele psychopathische Persönlichkeiten. Mehr noch: Die meisten von ihnen hinterlassen anfangs sogar einen überaus sympathischen Eindruck.

Um eine Psychopathie zu diagnostizieren, bedienen sich Fachleute eines Verfahrens, das der kanadische Kriminalpsychologe Robert Hare bereits um 1980 entwickelt hat und das (etwas überarbeitet) noch heute als Standard gilt.

Dabei überprüft ein Arzt während einer intensiven Befragung des Betroffenen anhand einer Checkliste 20 verschiedene Charaktereigenschaften, die mit Psychopathie in Verbindung gebracht werden (etwa übersteigertes Selbstwertgefühl, Gleichgültigkeit, Verantwortungslosigkeit). Je nach Auffälligkeit des jeweiligen Merkmals vergibt er null, einen oder zwei Punkte.

Als „klinische" Psychopathen werden Menschen bezeichnet, die mindestens 25 der möglichen 40 Punkte erreichen. Unter Gefängnisinsassen liegt ihr Anteil bei etwa 15 bis 20 Prozent, in der Gesamtbevölkerung bei vermutlich weniger als einem Prozent. Doch auch Werte von mehr als 20 Punkten gelten bereits als erhöht, Betroffene tragen mithin tendenziell psychopathische Züge.

Bei der Auswertung Tausender derartiger Checklisten haben die Experten unter anderem erkannt: Die Psychopathie ist durch verschiedene Facetten gekennzeichnet, die zumeist gebündelt in Erscheinung treten, allerdings nicht bei jedem Betroffenen in gleicher Intensität. Mitunter treten sie auch einzeln auf.

Neben der ausgeprägten Furchtlosigkeit zählt vor allem ein Mangel an natürlichem Mitgefühl dazu. Wer selber kaum Furcht empfindet, so argumentieren Experten, kann auch die Angst anderer nur unzureichend nachfühlen.

Dennoch sind Psychopathen sehr wohl in der Lage, die Emotionen anderer zu registrieren. Kraft ihres Verstandes wissen sie durchaus, dass jemand traurig ist oder Angst hat. Diese sogenannte „kognitive Empathie" ist bei ihnen im Gegensatz etwa zu Autisten nicht gestört.

Gerade weil psychopathisch veranlagte Menschen im Allgemeinen keine tiefen Gefühle empfinden, fällt es ihnen besonders leicht, die Schwächen anderer glasklar zu erkennen, ihre Opfer für sich zu gewinnen und auszunutzen.

G

Gefühlskälte und Furchtlosigkeit können somit eine fatale Kombination bilden: Viele Psychopathen empfinden kein wah-

res Schuldbewusstsein, wenn sie anderen wehtun. Reue ist ihnen meist fremd. In ihrem Weltbild kämpft jeder gegen jeden. Folglich finden sie es legitim, andere auszunutzen, um selber Vorteile zu erlangen.

Es gibt mithin nichts, was diese Menschen daran hindert, einzig und allein ihre eigenen, egoistischen Ziele zu verfolgen. Robert Hare nennt Psychopathen daher „soziale Raubtiere".

Dass diese Menschen mit ihrer erbarmungslosen Lebensphilosophie weiterkommen, ist in erster Linie ihrem scheinbaren Charme zu verdanken: Als notorische Lügner nutzen sie ihre Überzeugungskraft dazu, andere Menschen zu manipulieren.

Ertappt man sie bei einer Unwahrheit oder einem Vergehen, haben sie in der Regel eine Ausrede parat. Die Schuld schieben sie meist anderen zu. Nicht selten machen sie ihre Opfer selber für das

PSYCHOPATHEN

lügen notorisch.
Es fällt ihnen leicht,
die SCHWÄCHEN
anderer zu erkennen,
ihre OPFER für
sich zu gewinnen und
auszunutzen

erlittene Leid verantwortlich – etwa wenn sie eine Person betrügen und ihr daraufhin Naivität vorwerfen.

Ähnlich wie bei narzisstischen Persönlichkeiten wird auch bei Psychopathen oftmals ein extrem übersteigertes Selbstwertgefühl diagnostiziert. Sie sind egozentrisch, halten sich selber für großartig und glauben, ihnen stehe mehr zu als anderen Menschen.

Weil ihnen schnell langweilig wird, sind sie stets auf der Suche nach einem Kick. Sie gehen Risiken ein, agieren oft rücksichts- und verantwortungslos. So erscheinen sie zum Beispiel ständig zu spät zu Verabredungen, zahlen ihre Rechnungen nicht, bringen andere in Gefahr.

Viele Erwachsene mit hohen Werten auf der Psychopathie-Skala sind schon als Kinder durch schwieriges Verhalten aufgefallen, haben etwa gestohlen, Tiere gequält oder Feuer gelegt. Robert Hare zufolge ist auch ein „parasitärer Lebensstil" typisch für Psychopathen – sie leben also gern auf Kosten anderer.

Für Ermittler und das Personal im Strafvollzug ist es enorm wichtig, psychopathisch veranlagte Kriminelle zu identifizieren: zum einen, um deren manipulative Fähigkeiten zu durchschauen; zum anderen, um sie besser zu verstehen und derartige Verbrechen besser aufklären zu können.

Denn Denkweise und Verhalten von Psychopathen unterscheiden sich deutlich von denen anderer Straftäter, weshalb Forensiker mit ihnen anders umgehen müssen. So haben sich zum Beispiel in Verhören bestimmte Interviewtechniken bewährt, die die vielfach verbreitete Arroganz der Täter ausnutzen und mitunter bewirken, dass diese unabsichtlich Informationen preisgeben.

Doch es gibt auch Psychopathen, die nicht zu Schwerkriminellen werden. Vielmehr haben manchen Studien zufolge fünf bis 15 Prozent aller Menschen psychopathische Züge – und führen vermutlich dennoch in der Regel ein deliktfreies, oft sogar äußerst erfolgreiches Leben.

Diese Menschen stehen zunehmend im Fokus der Forschung. Denn es zeigt sich: Sie sind oft ebenfalls keine angenehmen Zeitgenossen, mögen ihre Werte auf der Hare-Skala im Mittel auch kleiner sein. Begegnungen mit ihnen enden meistens frustrierend und schmerzhaft.

Sie lassen beispielsweise Freunde bedenkenlos fallen, wenn sie nicht mehr von Nutzen sind. Im Geschäftsleben kämpfen sie sich rücksichtslos nach oben. Während sie Vorgesetzte mit ihrem Charme umgarnen, zeigen sie Untergebenen oder Konkurrenten meist ihr wahres Gesicht: Sie mobben, stellen andere bloß, provozieren Konflikte, halten sich nicht an firmeninterne Regeln.

Im Unterschied zu den Schwerkriminellen vermögen diese „erfolgreichen

Psychopathische Serienmörder, wie die hier abgebildeten Täter, zählen zu den gefährlichsten Verbrechern der Welt. Sie gelten bislang als nicht therapierbar

Andrej Tschikatilo, 1936–1994, UdSSR, mind. 52 Morde

John Wayne Gacy, 1942–1994, USA, 33 Morde

Michel Fourniret, geb. 1942, Frankreich, mind. 7 Morde

Dennis Rader, geb. 1945, USA, 10 Morde

Harold Shipman, geb. 1946, Großbritannien, mind. 15 Morde

Ted Bundy, 1946–1989, USA, mind. 30 Morde

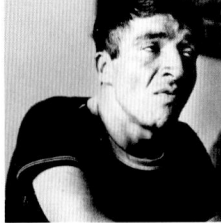

Pedro Alonso López, geb. 1948, Kolumbien, ca. 350 Morde

Gary Ridgway, geb. 1949, USA, 49 Morde

Robert Pickton, geb. 1949, Kanada, mind. 6 Morde

Jack Unterweger, 1950–1994, Österreich, mind. 9 Morde

Javed Iqbal, geb. 1956, Pakistan, 100 Morde

Marc Dutroux, geb. 1956, Belgien, 3 Morde

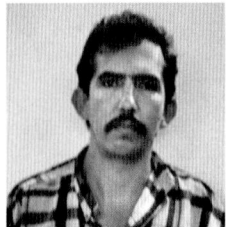

Luis A. Garavito Cubillos, geb. 1957, Kolumbien, mind. 140 Morde

Jeffrey Dahmer, 1960–1994, USA, 17 Morde

Alexander Pitschuschkin, geb. 1974, Russland, mind. 48 Morde

Psychopathen", wie Wissenschaftler sie nennen, weniger impulsiv zu handeln – sie können ihr Verhalten also besser steuern. Ihre Ziele sind aber nicht minder egoistisch.

Arbeitspsychologen sehen in psychopathisch veranlagten Mitarbeitern eine Gefahr für ein Unternehmen, da sich Arbeitsleistung und Atmosphäre aufgrund ihrer manipulativen Methoden deutlich verschlechtern, wie Studien belegen.

Aufgrund ihrer Persönlichkeit scheinen sich Psychopathen für manche Be-

rufe ganz besonders zu interessieren, so das Ergebnis einer Untersuchung des britischen Psychologen Kevin Dutton.

Seine Begutachtung von insgesamt 5400 Personen ergab, dass sich vor allem unter Wirtschaftsbossen, Vorstandsmitgliedern, Geschäftsführern sowie Rechtsanwälten überdurchschnittlich viele psychopathisch veranlagte Menschen fanden. All dies sind Jobs, in denen oft die Ausübung von Macht eine wesentliche Rolle spielt. Auch vergleichsweise viele Journalisten, Chirurgen, Verkäufer, Polizisten

und Priester zeigten erhöhte Psychopathie-Werte.

Vor diesen oft auch charismatischen Menschen kann man sich nur schwer schützen, da sie nicht leicht zu erkennen sind. Manchmal verraten sich psychopathische Charaktere allerdings durch widersprüchliches Verhalten.

So vergessen sie manchmal, ihren Charme ununterbrochen aufrechtzuerhalten. Zunächst schmeicheln sie einer neuen Bekanntschaft mit Komplimenten, dann wenden sie sich plötzlich kaltherzig ab. Oder sie lassen eine taktlose Bemerkung fallen. Ein weiteres Warnsignal: Auf viele Menschen wirkt ein Psychopath zunächst ungemein faszinierend – ganz so, als wäre er ein Seelenverwandter. Gerade Menschen, die sich einsam fühlen oder eine Krise durchleben, sind anfällig für solche charmanten Hochstapler.

Weshalb bestimmte Menschen sich aus Prinzip unsozial und destruktiv verhalten, ist zwar bis heute noch nicht gänzlich geklärt, doch Untersuchungen zufolge arbeiten bestimmte Regionen in ihrem Gehirn (je nach Schweregrad der Störung) anders als die gewöhnlicher Menschen.

Zwar ist die Studienlage nicht ganz eindeutig, doch Hinweise darauf liefern etwa Versuche, in denen man Psychopathen verstörende Bilder zeigt – etwa von entstellten Mordopfern – und dabei ihre Gehirnaktivität misst. Dabei fällt häufig auf, dass diejenigen Bereiche ihres Gehirns, die unter anderem eine Rolle beim Moralverständnis spielen, im Vergleich zu anderen Menschen weniger rege sind.

Manche Forscher vermuten, dass diese besondere Arbeitsweise des Gehirns nicht unbedingt eine psychische Störung ist, sondern eine im Prinzip nützliche evolutionäre Anpassung. Denn betrügerische, manipulative und ausbeuterische Charakterzüge können ja durchaus sinnvoll sein, um in einer Gemeinschaft aufzusteigen, sich Ressourcen zu sichern und erfolgreich fortzupflanzen.

Vieles deutet zudem darauf hin, dass die für Psychopathie typische Störung des Gefühlslebens zum großen Teil angeboren ist – und nicht etwa eine ausschließliche Folge von früher Misshandlung oder Vernachlässigung.

Die ersten Anzeichen eines kaltherzigen Temperaments zeigen sich meist bereits früh im Leben: Derartig veranlagten Kindern macht es in der Regel nichts aus, wenn ihre Mutter sie ausschimpft oder wenn sie einen Spielkameraden zum Weinen bringen. „Weil ihr moralisches Lernen beeinträchtigt ist, sind diese Kinder besonders schwer zu erziehen", sagt die Jugendpsychologin Christina Stadler von der Universitätsklinik Basel.

Gleichwohl wachsen nicht alle wenig einfühlsam veranlagten Kinder zu psychopathischen Erwachsenen heran. Auch soziale Faktoren scheinen bei ihrer Entwicklung stets eine gewichtige Rolle zu spielen. Experten gehen davon aus, dass sich psychopathische Charakterzüge vor allem in einem von Gleichgültigkeit und Gewalt geprägten Umfeld weiter verstärken.

Behütete Verhältnisse dagegen, in denen Kinder emotionale Fürsorge erfahren, können wesentlich dazu beitragen, dass sie ein besseres Gespür für ihre eigenen Gefühle und so für die anderer entwickeln. Rücksicht und Hilfsbereitschaft sind letztlich Tugenden, die sich Heranwachsende immer auch imitierend aneignen, also durch ein Vorbild.

Während die Persönlichkeit von Kindern und Jugendlichen noch formbar ist, haben es Erwachsene weit schwerer, ihren Charakter zu verändern.

Gerade psychopathische Straftäter gelten gemeinhin als nicht therapierbar, da ihnen in der Regel jegliche Einsicht in ihr destruktives Verhalten fehlt.

Einige Forscher kommen sogar zu dem Schluss, dass eine Therapie eher kontraproduktiv wirkt, weil Psychopathen dadurch mehr über die Schwächen ihrer Mitmenschen erfahren und außerdem geschickter darin werden, psychologische Gutachter zu täuschen.

In einer Studie zeigte sich etwa, dass Kriminelle mit hohen Werten auf der Hare-Skala, die an einer Gruppentherapie teilgenommen hatten, nach ihrer Entlassung häufiger rückfällig wurden als jene, die nicht behandelt worden waren.

Ein Team um den Neurologen Niels Birbaumer vom Universitätsklinikum Tübingen hat 2015 dennoch den Versuch unternommen, einer Gruppe von Schwerverbrechern mit hohen Psychopathie-Werten im Rahmen einer therapeutischen Studie eine bessere Kontrolle über ihr gefährliches Verhalten beizubringen.

Die Wissenschaftler verwendeten dafür das sogenannte Neurofeedback. Bei diesem Verfahren führen Probanden mentale Übungen durch und verfolgen dabei ausgewählte Parameter der eigenen Gehirnaktivität auf einem Monitor. So bekommt ihr Gehirn gewissermaßen gespiegelt, was es gerade tut – erhält Feedback. Durch diese Rückmeldung lernen die Patienten ihre Gehirnaktivität besser zu regulieren, etwa bestimmte Affekte zu unterdrücken oder zu fördern.

In Birbaumers Experiment waren die Teilnehmer aufgefordert, bestimmte neuronale Signale, die unter anderem für die Unterdrückung aggressiver Impulse typisch sind, allein durch die Kraft ihrer Gedanken zu verstärken. Jeder Proband musste dazu seine eigene Strategie entwickeln.

Auf diese Weise sollten bestimmte Hirnbereiche trainiert werden, die bei Psychopathen in der Regel nicht richtig funktionieren. Tatsächlich gelang es den Probanden nach einigem Üben, die Aufgabe zu bewältigen und somit die gleichsam brachliegenden Teile des Gehirns zu beleben – wie die Messungen ihrer Gehirnströme belegten.

Nach 25 einstündigen Sitzungen untersuchten die Forscher den Erfolg der Prozedur. Tatsächlich waren die Teilnehmer bei psychologischen Tests nun zum Beispiel besser in der Lage, ihre Impulse zu kontrollieren – was Niels Birbaumer und seine Kollegen als ersten Erfolg im Kampf gegen psychopathische Persönlichkeitsmerkmale werten.

Auch die Straftäter selbst bemerkten Veränderungen in ihrem Verhalten: In Fragebögen berichteten sie, ihre Aggressivität habe abgenommen.

Inwieweit die Forscher solchen Aussagen Glauben schenken können, ist allerdings umstritten. Denn wer mag ausschließen, dass den Kriminellen bei der Teilnahme am Experiment nicht vor allem daran gelegen war, sich bessere Haftbedingungen zu verschaffen?

Um Vorteile zu erlangen, würde ein abgebrühter Psychopath einem Forscher schließlich alles erzählen, was der von ihm hören möchte ●

UTE KEHSE, Jg. 1969, ist Wissenschaftsjournalistin in Delmenhorst und schreibt regelmäßig für GEOkompakt.

Auf einsame und hilfesuchende Menschen wirken Psychopathen anfangs oft sympathisch, gar faszinierend – wie Wilfried W., der Täter von Höxter

SCHULD
und
SÜHNE

Haftstrafen sollen potenzielle Täter abschre-

cken und verurteilte Insassen wieder auf den

rechten Weg bringen – so denken vermutlich

die meisten Menschen. Aber funktioniert das

in der Realität wirklich? Und wie geht die

Gesellschaft mit schuldunfähigen Delinquenten

um? Die Juristin Grischa Merkel über den

Sinn des Strafens

INTERVIEW: RAINER HARF UND
SEBASTIAN WITTE
FOTOS: HENNING BODE

139

Prof. Dr. Grischa Merkel lehrt Ethik
und Recht an der Universität Basel und
beschäftigt sich mit dem Einfluss
der Neurowissenschaft auf die
Beurteilung von Tätern

GEOkompakt: *Frau Professorin Merkel, was versteht ein Jurist unter Schuld?*

Prof. Dr. Grischa Merkel: Jede Gesellschaft braucht Regeln, damit das Zusammenleben funktioniert. Wer fundamentale Regeln verletzt, wer sich für eine Straftat entscheidet, macht sich grundsätzlich schuldig. Nach traditioneller Rechtsauffassung ist die Schuldfähigkeit eines Täters immer an sein Vermögen geknüpft, mit freiem Willen zu handeln.

Was genau ist der freie Wille?

Freier Wille bedeutet im Strafrecht: Der Täter hätte im konkreten Fall willentlich anders handeln können. Nur unter dieser Annahme kann einem Angeklagten ein moralischer Vorwurf hinsichtlich des Rechtsbruchs gemacht werden. Und dieser Vorwurf legitimiert die Bestrafung.

Einige Hirnforscher behaupten, es gäbe so etwas wie den freien Willen gar nicht.

Die Wissenschaftler berufen sich auf Untersuchungen, nach denen Menschen Entscheidungen in letzter Konsequenz nicht bewusst treffen, da unbewusste Areale des Gehirns zuvor wesentlichen Einfluss auf die Entscheidung nehmen. Das wird zum Teil so verstanden, dass sich niemand je für seine Taten verantworten müsste. Dann aber würde eine Gesellschaft zusammenbrechen, weil Regeln nur so lange gelten, wie ihre Einhaltung zumindest von einem Teil der Gesellschaft eingefordert wird.

Das funktioniert nur über Sanktionen?

Jedes Strafgesetz enthält ein Verbot. Und dieses Verbot kann nur dann weiterhin existieren, wenn die Verletzung der entsprechenden Norm grundsätzlich sanktioniert wird. Juristen verstehen – anders als einige Neurowissenschaftler – Willensfreiheit heute normativ.

Was ist damit gemeint?

Willensfreiheit ist etwas, das wir voraussetzen – so wie wir zum Beispiel ebenfalls juristisch voraussetzen, dass es so etwas wie Eigentum gibt. In dieser normativen Annahme der Willensfreiheit spiegelt sich unser Verhalten, Menschen zur Verantwortung zu ziehen – falls sie gesund sind, also nicht durch eine geistige Krankheit eingeschränkt. Im Übrigen regelt das Strafgesetzbuch nicht positiv, was unter Schuld zu verstehen ist, sondern befasst sich mit den sogenannten Schuldausschließungsgründen. Es fragt also, ob es Umstände gibt, die dazu geführt haben, dass jemand zum Zeitpunkt der Tat nicht in der Lage gewesen ist, anders zu handeln.

Um welche Umstände geht es da?

Schuldfähigkeit setzt im deutschen Strafrecht zweierlei voraus: Einsichtsfähigkeit und Steuerungsfähigkeit. Unter Einsichtsfähigkeit verstehen wir, dass jemand erkennen kann, was Recht und was Unrecht ist. Fehlt diese Fähigkeit, etwa bei einer schweren geistigen Behinderung, ist der Betroffene nicht schuldfähig und darf deshalb nicht bestraft werden.

Das sind allerdings die Ausnahmefälle. Viel öfter geht es um die Frage der Steuerungsfähigkeit. Gemeint ist damit die Fähigkeit, sich den Normen entsprechend zu verhalten. Stand jemand zum Zeitpunkt der Tat etwa unter starkem Alkohol- oder Drogeneinfluss, mag ein Richter zu dem Schluss kommen, dass der Täter nur vermindert schuldfähig ist.

Neben verminderter Intelligenz und Suchtmittelkonsum kommen vor allem psychiatrische Erkrankungen als Schuldausschließungs- oder Schuldminderungsgrund in Betracht, sofern die Erkrankung das Verhalten des Täters während der Tat beeinflusst hat.

Welche Erkrankungen sind das?

Fast immer anerkannt werden etwa paranoide Schizophrenien, die Betroffene im Wahn handeln lassen. Entscheidend ist auch hier die Schwere der Störung: Ein medizinischer Gutachter muss also den Krankheitswert feststellen und erörtern, wie stark der Täter dadurch zum Tatzeitpunkt beeinträchtigt wurde.

Kürzlich ging ein Fall durch die Medien, in dem ein schizophrener Mann seine im Krankenhaus liegende Mutter töten wollte, weil er davon überzeugt war, sie sei vom Teufel besessen. Als er an das Krankenbett trat, lag da plötzlich ein männlicher Patient, da seine Mutter inzwischen verlegt worden war. In der wahnhaften Vorstellung des Täters hatte sich die Mutter in ein männliches Wesen verwandelt, um ihm zu schaden. Also erstach er den Mann. Dieser Täter wurde in der forensischen Psychiatrie untergebracht, weil er eindeutig steuerungsunfähig war.

Manchmal schränken aber auch akut auftretende neurologische Defekte die Schuldfähigkeit ein.

Zum Beispiel?

In Baden-Württemberg versuchte im Jahr 2010 ein Mann, seine Ehefrau zu erwürgen. Vor Gericht kam heraus, dass der Täter einige Wochen zuvor von einer Zecke gebissen worden war und daraufhin eine kombinierte Entzündung des Gehirns und der Hirnhäute entwickelt hatte. Infolge dieser Erkrankung war der

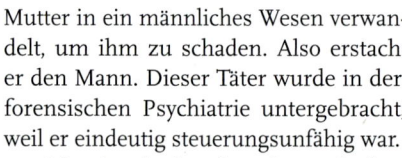

»Es ist nicht Aufgabe **DES STAATES,** seine Bürger zu rächen – auch wenn viele genau das erwarten«

140

Selbst lebenslange Haftstrafen, sagt Grischa Merkel, schrecken Täter nicht ab

Mann plötzlich sehr aggressiv geworden – Gutachter führten die Tat auf den Zeckenbiss zurück. Das Verfahren gegen ihn wurde eingestellt.

Zuweilen können auch Hirntumoren dazu führen, dass Menschen kriminell werden. So entwickelte vor einigen Jahren ein Lehrer mit unauffälligem Lebenslauf plötzlich ein ziemlich starkes sexuelles Bedürfnis: Er begann Kinderpornografie zu sammeln und sich mit Prostituierten zu treffen. Am Abend vor dem Haftantritt bekam er starke Kopfschmerzen und begab sich in ein Krankenhaus, wo Ärzte eine Wucherung in seinem Stirnhirn feststellten. Als sie die Geschwulst entfernten, verschwand das gesteigerte sexuelle Verlangen schlagartig. Nach einer Weile nahm es allerdings wieder zu, denn der Tumor war wieder gewachsen. Erst nach dessen endgültiger Entfernung konnte der Lehrer normal weiterleben.

Es ist unstrittig, dass wir in solchen Fällen zumindest eine verminderte Schuldfähigkeit anerkennen. Dennoch tut sich aus meiner Sicht eine eklatante Gerechtigkeitslücke auf.

Inwiefern?

Nehmen wir den Mann mit dem Gehirntumor. Man muss sich klarma-chen: Es ist nicht die Geschwulst, die zu gesteigerter Lust führt. Sie beeinflusst vielmehr vorhandene Hirnstrukturen, drückt womöglich auf bestimmte Areale im Gehirn, zerstört Nervenverbindungen oder führt vielleicht dazu, dass manche Synapsen nicht mehr funktionieren – mit der Folge, dass es zu einer Enthemmung kommt.

Was aber ist mit einem Menschen, der von Jugend an sexuell hyperaktiv ist? Bei ihm laufen mit großer Wahrscheinlichkeit ähnliche neurologische Prozesse im Gehirn ab: nur mit dem Unterschied, dass sie immer schon da waren und sein Verhalten von Beginn an prägten. Solch ein Betroffener gilt vor Gericht als voll verantwortlich. Kommt es zu wiederholten Delikten, muss er sogar mit noch härterer Bestrafung rechnen. Dabei hat er sich sein Gehirn ebenso wenig ausgesucht wie der Lehrer seinen Tumor.

Wie stehen Sie zur Psychopathie?

Das ist eine extreme Form der Persönlichkeitsstörung, die sich unter anderem in sozial verantwortungslosem, oft aggressivem und damit häufig kriminellem Verhalten äußert. Geht ein Psychopath geplant vor, indem er beispielsweise andere zu Gewaltdelikten animiert, wird seine Störung meist als Charakterschwäche interpretiert. Selbst eine Minderung der Schuld kann ihm so verwehrt werden. Weil er den Unterschied zwischen Recht und Unrecht kennt und geplant vorgegangen ist, geht der Strafrichter davon aus, dass der Täter seine Handlung steuern konnte, es aber nicht wollte. Also ist er schuldfähig. Dabei ist das Augenfällige an dieser Störung ja gerade, dass auch wiederholte, mehrjährige Gefängnisaufenthalte keine Veränderung des Verhaltens bewirken.

Wir wissen bislang nicht, wodurch diese Störung entsteht. Es könnten genetische Dispositionen eine Rolle spielen oder ungünstige frühkindliche Entwicklungen, die die Hirnentwicklung entsprechend beeinflussen. Ist die Störung bereits früh sichtbar, prägt sie natürlich die Persönlichkeit, weshalb spätere Straftaten schlicht als Ausdruck dieser Persönlichkeit interpretiert werden.

Tritt Gewaltverhalten dagegen plötzlich im späteren Leben auf – etwa durch einen Zeckenstich, einen Tumor oder einen Unfall –, dann erklären wir die Gewalt nicht mit der Persönlichkeit, sondern mit den externen Umständen und reduzieren die Verantwortung des Täters. Dabei können es die gleichen hirnphysiologischen Ursachen sein, die jeweils zur Tat geführt haben. Letztlich trifft das Strafrecht also solche Menschen am härtesten, die durch ihre Hirnentwicklung von Beginn an benachteiligt sind.

Lässt sich diese Gerechtigkeitslücke schließen?

Man müsste zumindest stärker darüber nachdenken. Es geht ja nicht um einen Freibrief für Psychopathen – zumal die verminderte Schuldfähigkeit meist nichts Gutes verheißt. Im Gegenteil: Betroffene erhalten zwar eine verminderte Strafe, doch persönlichkeitsgestörte Täter, von denen eine Gefahr ausgeht, kommen in den Maßregelvollzug und dort manchmal nicht wieder heraus. Das heißt: Der Strafausspruch ist zwar geringer, zum Beispiel drei Jahre Freiheitsentzug, doch die Verweildauer in der Psychiatrie ist mitunter lebenslang.

Es ist also gar nicht im Interesse eines Angeklagten, auf verminderte Schuldfähigkeit zu plädieren?

141

Bei persönlichkeitsgestörten Tätern aus dem genannten Grund in der Regel nicht. Ich kenne zwar einige Langzeitinsassen, die sich in den Maßregelvollzug überstellen ließen, weil sie hofften, es werde dort ein wenig angenehmer für sie. Im Hinblick auf die Unterbringung trifft das meist auch zu, es gibt etwa keinen 23-stündigen Einschluss wie in manchen Gefängnissen. Dennoch wechseln viele lieber wieder zurück, weil ihnen der Maßregelvollzug zu anstrengend ist. Schließlich handelt es sich um eine therapeutische Einrichtung, die Insassen müssen also darauf gefasst sein, an Therapieprogrammen teilzunehmen, sich mit ihren Taten und ihrem Leben sehr intensiv auseinanderzusetzen. Das empfinden viele als Zumutung. Und trotzdem meine ich, wir dürfen niemals Täter einfach nur wegsperren, sondern müssen viel umfassender als bislang therapeutische Angebote machen. Es muss uns ernst damit sein, Menschen aus der Kriminalität zu holen.

Manche Menschen trifft das Strafrecht härter als andere, so Grischa Merkel

Therapie anstelle von Haft?

Idealerweise müsste in jedem Fall, und zwar wirklich jedem Einzelfall, eine Therapiemöglichkeit vorhanden sein – nicht nur für Täter im Maßregelvollzug. Natürlich immer auf freiwilliger Basis. Man kann einem Verurteilten also anbieten, eine Therapie zu machen und so den Gefängnisalltag hinter sich zu lassen. Die Option, sich einer Therapie zu unterziehen, bleibt auch dann bestehen, wenn er sich zunächst dagegen entscheidet.

Was therapeutisch angeboten wird, ist natürlich immer vom individuellen Fall abhängig. Und es gibt Täter, bei denen klar ist, dass eine Therapie stationär, unter Einschluss erfolgen muss – etwa weil es sich um Gewaltverbrecher mit hohem Gefährdungspotenzial handelt.

Für viele Menschen mag die therapeutische Begleitung von Kriminellen nach einem laxen Umgang mit Straftätern klingen. Aber man muss sich schon fragen: Was erreichen wir mit simplem Freiheitsentzug? Im Zweifel wenig oder gar nichts. Wir wissen längst, dass Strafvollzug nicht läutert. Er macht oft sogar alles noch schlimmer. Die Rückfallquoten von Entlassenen sind viel zu hoch.

Aber dient die Inhaftierung nicht auch als Abschreckung?

Dagegen spricht relativ viel. Es ist ja nicht so, dass man gleich beim ersten Vergehen – sofern es sich nicht um ein wirklich schweres Verbrechen handelt – zu einer Freiheitsstrafe verurteilt wird. Dem Freiheitsentzug gehen im Regelfall Geldstrafen und meist eine Bewährungsstrafe voraus. Die Warnung ist unmissverständlich. Trotzdem landen diese Mehrfachtäter im Gefängnis. In Kalifornien wurde lange Zeit das sogenannte Three-Strikes-Law praktiziert, wonach jeder, der sich dreimal irgendetwas hat zuschulden kommen lassen, langjährig und zum Teil lebenslang inhaftiert wurde. Die Gefängnisse wurden dadurch nicht leerer, sondern überfüllten sich. Von einem Abschreckungseffekt kann keine Rede sein.

Dennoch erwartet der geschädigte Bürger, dass ihn der Staat rächt.

Das ist zwar nicht die Aufgabe des Staates, aber trotzdem gilt, dass ein Justizsystem grundsätzlich im Konsens mit der Gesellschaft agieren muss, sonst gibt es erheblichen Widerstand. Wer völlig anderes Recht spricht als das, was die Gemeinschaft akzeptiert, wird dieses Recht auf Dauer nicht durchsetzen können. Tatsächlich wird das Strafprinzip, also der Vergeltungs- und oft auch Rachegedanke, wohl immer noch von der Gesellschaft eingefordert.

Auf der anderen Seite zeigt sich aber, dass Bestrafung in der Erziehung von Kindern inzwischen verpönt ist, obwohl man sich das sogenannte Recht zur Züchtigung vor nicht allzu langer Zeit nicht hätte wegdenken können. Es gibt andere, bessere Wege, Menschen zu erreichen. Deshalb verwundert es mich nicht, dass viele Menschen zunehmend Unverständnis äußern, wenn Straftäter ohne jede Therapie wieder entlassen werden. Es ist die Einsicht entstanden, dass man mit diesen Personen etwas machen muss. Bestrafung macht niemanden zu einem besseren Menschen. Und lebenslange Verwahrung kann keine Alternative in einer freiheitlich orientierten Gesellschaft sein.

Wofür plädieren Sie?

Wir sollten das Vergeltungsprinzip hinter uns lassen und das Strafrecht wie das gesamte andere öffentliche Recht auf das Verhältnismäßigkeitsprinzip stützen.

Das bedeutet: Es ginge nicht länger um Schuldausgleich, da wir uns ohnehin schwer damit tun, genau zu definieren, was Schuld eigentlich ist und wer sich wann unter welchen Voraussetzungen und in welchem Maße schuldig macht. Wir würden uns eher fragen: Welches

Maß ist in Anbetracht der Schwere des Rechtsbruchs erforderlich – darin liegt der Aspekt gesellschaftlicher Akzeptanz.

Hinzu kommt die Frage nach der Art der Sanktion, deren Verhältnismäßigkeit sich an spezialpräventiven Gesichtspunkten orientiert. Also: Wie gliedern wir den Täter wieder in die Gesellschaft ein? Und vor allem: Wie können wir ihn am besten mit einer Sanktion erreichen? Aber auch: Müssen wir uns vorübergehend vor ihm schützen, weil er gefährlich ist?

Wie sollte man mit einem Berufskriminellen umgehen, der sich auf, sagen wir, Autodiebstähle spezialisiert hat?

Wir müssten ihm idealerweise Wege aufzeigen, wie er auf legale Weise sein Geld verdienen kann. Wer sich auf Auto-

»Was erreichen wir mit simplem FREIHEITSENTZUG? Im Zweifel wenig oder gar nichts«

diebstähle spezialisiert hat, dem fehlen meist berufliche, oft auch schon die schulischen Qualifikationen, um eine normale Arbeit aufzunehmen. Viele haben sich nie mit ihren Fähigkeiten und Zielen, aber auch den gesellschaftlichen Möglichkeiten intensiv befasst. Oft kommt die Wende mit der Familiengründung, weil das Bedürfnis nach einem geregelten und Sicherheit vermittelnden Leben steigt. Dann verändern sie auch ihr Umfeld.

Wer also, wie die meisten, einmal eine Familie gründen und seine Kinder nicht nur zu den Besuchszeiten der Justizvollzugsanstalt sehen will, dem muss klarwerden, dass ihn sein bisheriges Leben nicht an dieses Ziel bringen wird und welche anderen Wege möglich sind, um dahin zu kommen. Grundlegende Veränderungen sind natürlich immer schwierig, aber schrittweise sind sie möglich.

Und welche Maßnahmen könnten für einen Mörder geeignet sein, der ein junges Mädchen missbraucht und getötet hat?

Bei diesem Typ Täter liegen die Probleme ganz woanders, weshalb es auch merkwürdig ist, wenn beide, der gewerbsmäßig handelnde Autodieb und der Mörder, die Tage im Gefängnis zählen. Während man bei Ersterem von einer Sozialtherapie sprechen kann, die auf sozialen Hilfestellungen basiert, benötigt der Sexualtäter einen anderen therapeutischen Ansatz. Welcher das genau ist, können nur Psychologen, eventuell auch Psychiater beurteilen. Definitiv ist aber eine wesentlich intensivere Auseinandersetzung mit der Tat selbst erforderlich.

Wünschenswert wäre es, wenn es uns gelänge, dass kriminelle Karrieren, die fast zwangsläufig im Gefängnis enden, gar nicht erst entstehen, wenn wir also schon aktiv werden, bevor das Strafrecht eingreift.

Gibt es dazu Ansätze?

Für potenzielle Sexualtäter gibt es heute einige Anlaufstellen, die Hilfen anbieten, damit es gar nicht erst zu einem Übergriff kommt. Das setzt natürlich voraus, dass sich die Betroffenen überhaupt trauen, jemandem von ihren Bedürfnissen

zu erzählen. Je moralisch abwertender die Gesellschaft reagiert, desto schwieriger wird dies.

Vor allem Pädosexuelle bekommen diese Abwertung zu spüren. Dabei sollten wir alles tun, um sie darin zu unterstützen, sich Hilfe zu suchen, weil das der beste Schutz für potenzielle Opfer ist.

Ein anderer Ansatz wird in den Niederlanden verfolgt, wo jüngst ein Expertenteam 600 junge Menschen im Alter zwischen zwölf und 24 Jahren, die durch stark antisoziales Verhalten auffällig geworden waren, über mehrere Monate intensiv begleitet und betreut hat. Genau um diese Gruppe muss es uns gehen, wenn wir verhindern wollen, dass bestimmte Menschen zwangsläufig und wiederholt mit dem Gesetz in Konflikt kommen. In dem – schon jetzt Erfolg versprechenden – Pilotprojekt haben sich Dutzende Pädagogen, Mediziner und Sozialforscher genau angeschaut, welche Risikofaktoren zu Jugendkriminalität führen und wie sie Heranwachsende mit Gewaltpotenzial am ehesten erreichen können. Etwa durch Verhaltenstherapien, Freizeitprogramme, eine spezielle Schulung der Eltern, aber auch durch medikamentöse Behandlungen.

Das klingt – übertragen auf die Gesamtgesellschaft – nach einem immensen Aufwand: an Zeit, Energie, Personal und Kosten.

Ich bin mir sicher: Diese Investition würde sich auszahlen. Denn zum einen gemessen an den Kosten, welche die Langzeitinhaftierung von Straftätern verursacht, und zum anderen an den Folgen für die Opfer, wäre die rechtzeitige, präventive Betreuung von gefährdeten Jugendlichen nicht nur ethisch, sondern auch ökonomisch die bessere Alternative.

Auch können wir nicht die Hirnforschung ignorieren, die vor allem die Individualverantwortung infrage stellt und die Rolle der Gesellschaft hervorhebt: Wie sich Menschen entwickeln, liegt vor allem in unserer gemeinsamen Verantwortung.

Und der sollten wir uns – mehr noch als bisher – stellen ∙

PROF. DR. GRISCHA MERKEL, Jg. 1973, ist Autorin zahlreicher Fachpublikationen zum Thema freier Wille und Schuldfähigkeit. **HENNING BODE,** Jg. 1981, ist Porträtfotograf in Hamburg.

TEXT: MATHIAS MESENHÖLLER

EINE FRAGE DER HALTUNG

144

Lange Zeit hieß es unter Psychologen und Sozialwissenschaftlern, der Mensch sei von Natur aus egoistisch, helfe anderen nur, wenn es ihm selber nütze – und selbst Altruismus sei in Wirklichkeit ein versteckter Egoismus. Doch zunehmend zeigt sich, dass wir bis auf wenige Ausnahmen einen inneren Drang verspüren, **das moralisch Richtige** zu tun. Doch woher stammt unsere Vorstellung von Richtig und Falsch, Gut und Böse?

Viele Menschen engagieren sich ehrenamtlich, ohne eine Gegenleistung zu erwarten. Der Mainzer Sozialmediziner Prof. Dr. Gerhard Trabert etwa versorgt seit 20 Jahren mit seinem »Arztmobil« Obdachlose

145

SCHON KLEINKINDER
KÖNNEN ETHISCH RICHTIGE VON
VERWERFLICHEN
HANDLUNGEN UNTERSCHEIDEN

R und 6,3 Millionen Straftaten hat die deutsche Polizei im Jahr 2015 verzeichnet. Kriminelle brachen dieser Statistik nach mindestens 167 136 Mal in Wohnungen ein, stahlen 36 507 Autos und 335 174 Fahrräder, begingen 41 649 Betrügereien mit Bank- oder Kreditkarten. Dazu kamen 127 395 gefährliche Körperverletzungen. 7022 Menschen wurden Opfer einer (angezeigten) Vergewaltigung oder von sexueller Nötigung, 2116 kamen durch Mord und Totschlag ums Leben.

Und dann ist da noch eine weitere Statistik: die der Aufklärungsquote.

Während die Polizei fast alle Mörder dingfest machen konnte, wurde nur jeder zehnte Fahrraddieb ermittelt, blieben 85 Prozent der Wohnungseinbrecher unbehelligt, fast drei Viertel der Auto- und nahezu alle Taschendiebe.

Mit anderen Worten: Wer das Gesetz bricht, riskiert offenbar nur wenig.

Und dennoch hält sich die überwältigende Mehrheit der Deutschen ans Recht. Sicherlich: Die Furcht vor Strafe, die Scham, entdeckt zu werden, und der damit verbundene Verlust an Ansehen spielen ihre Rolle.

Aber zweifellos gibt es noch einen weiteren gewichtigen Faktor.

Offenkundig wollen die meisten Menschen ihre Mitbürger schlicht nicht schädigen. Sie achten deren Besitz und Unversehrtheit freiwillig.

Damit folgen sie einem der stärksten und komplexesten Antriebe, die *Homo sapiens* ausgebildet hat: der Moral.

Sie ist gleichsam unser Kompass für Gut und Böse, sie ist unser Gespür dafür, was richtig ist und was falsch. Moralische Vorstellungen lenken uns durch unseren Alltag, sie durchziehen unser Verhältnis zu anderen Menschen, bestimmen unser politisches Denken, stehen hinter den Gesetzen, die wir uns geben. Wenn wir Alte und Kranke pflegen, ein gefundenes Portemonnaie zurückgeben oder es bereuen, im Affekt ein Kind geschlagen zu haben, folgen wir weniger einer nüchtern-rationalen Überlegung als vielmehr einem tiefen moralischen Empfinden.

Effektiver als Angst vor Entdeckung und Strafe hält es uns davon ab, unseren Partner anzulügen, an fremden Orten die Zeche zu prellen, in der Drogerie den teuren Lippenstift einzustecken oder gar den Erbonkel die Kellertreppe hinabzustoßen.

Woher aber rührt die Moral, woher kommt jenes so fest verankerte Gespür, das uns befähigt, die Welt um uns herum und auch uns selbst – unsere Wünsche, Ideen und Handlungen – dem Guten oder dem Bösen zuzuordnen? Immerhin ist einem uralten Sprichwort zufolge ja „der Mensch dem Menschen ein Wolf".

Lange standen sich in dieser Frage zwei philosophische Schulen gegenüber. Der einen galt die Moral als eine mühevolle Bändigung unserer rohen, „tierischen" Natur. Die andere hielt dagegen, der Mensch sei von Natur aus gut – aber verdorben durch die Zivilisation, durch Privateigentum, durch die Herrschaft weniger über viele.

Jüngere Forschungen zeigen, dass die Dinge weitaus komplizierter liegen. Dass ein genuiner Altruismus, die aufrichtige Sorge um andere sowie das Streben nach einer moralischen Haltung, ebenso tief im Menschen verwurzelt sind wie seine dunkle Seite. Dass nicht Zivilisation und Natur gegeneinanderstehen, sondern wohlwollende und aggressive Instinkte. Böse Ideen und gute.

Kurz gesagt: dass der Mensch wählen kann. Und muss.

U m diese Wahl zu verstehen, ist es sinnvoll, sich mit der menschlichen Evolution zu beschäftigen, mit dem Gehirn des *Homo sapiens* und den Facetten unserer Psyche. Und sich folgende Fragen zu stellen:

• Welche stammesgeschichtlichen Prägungen und uralten Instinkte lassen uns zum Guten neigen, welche zum Bösen?

• Welche Faktoren spielen bei der konkreten, individuellen Entscheidung für diese oder jene Option eine Rolle?

• Welchen Einfluss hat das Elternhaus auf den inneren Kompass für Richtig und Falsch?

• Und was ist, jenseits unserer Instinkte, überhaupt „gut" und „böse"? Lässt sich ein allgemeiner Maßstab finden?

So allgegenwärtig die Moral unser Leben bestimmt, so faszinierend kompliziert ist sie bei näherer Betrachtung.

In den vergangenen Jahren haben sich die Hinweise gemehrt, dass die Fähigkeit, moralisch zu handeln, zur Natur des Menschen gehört, zu seiner biologischen Grundausstattung.

Im Gegensatz zu dem bei Forschern lange Zeit verbreiteten Bild ist *Homo sapiens* seinem Wesen nach kein skrupelloser Egoist, der allenfalls aus taktischen Gründen Rücksicht auf andere nimmt.

Dafür sprechen Befunde vor allem aus der Forschung mit Kleinkindern und

Spendengelder für soziale Projekte: Seit 2008 organisiert der Hamburger Torsten Statz den alljährlichen Indoor-Cycling-Marathon »Wir fahren fürs Leben« und unterstützt so Menschen, die Hilfe benötigen

In dieser Hamburger Fahrradwerkstatt helfen Freiwillige nach Deutschland Geflüchteten bei der Reparatur ihres Gefährts. Zudem setzen sie gespendete Fahrräder wieder instand, um sie günstig an Bedürftige abzugeben

der mit Menschenaffen: Beide Gruppen liefern wertvolle Hinweise, wenn es darum geht, unserer unverstellten Natur und ihrer Evolution auf die Spur zu kommen.

So bestrafen schon einjährige Kinder diejenige Figur, die sich in einem simplen Puppenspiel unfair zeigt, während sie leidende Mitmenschen spontan trösten.

Und viele Kleinkinder kennen bereits den Unterschied zwischen kulturellen Konventionen („Man soll nicht im Schlafanzug in die Schule gehen") und moralischen Prinzipien („Du sollst anderen nicht wehtun") – also zwischen Verstößen, die andere lediglich ärgern, und solchen, die ihnen Schaden zufügen.

Diese Intuition wurzelt offenbar in unserer Evolution.

Die Forschung hat herausgefunden, dass unter sozialen Lebewesen eine Art emotionale Ansteckung verbreitet ist, die Übernahme von Empfindungen eines Artgenossen. Das ist nützlich, wenn etwa ein Vogel von einem Raubtier aufgeschreckt wird und prompt der ganze

Schwarm abhebt: Ein Vogel, der die Angst der anderen nicht reflexhaft teilt, wird schneller gefressen.

Bei höheren Tieren hat sich aus emotionaler Ansteckung die Empathie entwickelt – also das Vermögen und die Bereitschaft, sich in die Gedanken und Empfindungen eines anderen hineinzuversetzen. Bei manchen Tierarten geht diese Gabe so weit, dass sich Individuen in Nöte oder Bedürfnisse anderer einfühlen können – selbst wenn sich die fundamental von den eigenen unterscheiden.

Der Zoologe und Verhaltensforscher Frans de Waal führt dafür das Beispiel des Bonobo-Weibchens Kuni aus dem Twycross-Zoo in der Nähe von Birmingham an, das eines Tages einen Star gefangen hatte. Als es den Vogel wieder freigab, blieb der in Schockstarre sitzen – selbst nachdem Kuni ihn mehrfach angestupst hatte.

Daraufhin nahm sie den Star, kletterte auf die Spitze eines hohen Baumes, breitete seine Flügel aus und schleuderte

HAT DIE KOMMUNIKATION MITTELS SPRACHE DEN MORALISCHEN AUFSTIEG DES MENSCHEN BEFÖRDERT?

das Tier mit aller Kraft in die Luft. Kuni hatte aus früherer Beobachtung gefolgert, was für Vögel gut zu sein schien, und wollte dem Star dazu verhelfen.

Obwohl das Prinzip Fliegen der Äffin völlig fremd gewesen sein musste, hatte sie sich in den Vogel hineinversetzt.

Der Mensch hat das Vermögen, sich in andere einzufühlen, in einzigartiger Weise weiterentwickelt (möglicherweise im Zusammenhang mit der Entwicklung von Sprache). Wir benutzen diese Fähigkeit so selbstverständlich, dass wir sie kaum bemerken: wenn wir einem Frierenden die Jacke reichen, wenn wir einen Verlierer trösten oder einen Sieger beglückwünschen, wenn wir für ein Eichhörnchen bremsen.

148 Die gesteigerte Neigung zur Anteilnahme bietet den Menschen enorme Vorteile, weil sie den Zusammenhalt einer Gruppe stärkt, damit die Kooperation und die Überlebenschancen aller erhöht.

Ob bei der Jagd, der Kinderaufzucht, der Arbeitsteilung am Lagerplatz, nach Unfällen, in Krankheit oder der Konkurrenz mit Dritten: Stets ist *Homo sapiens* auf eine Gemeinschaft angewiesen, profitiert der Einzelne von der Horde. Der Mensch ist also nicht *auch* gesellig – er ist *zuerst* und vor allem ein soziales Wesen.

D

Dennoch wurde der Altruismus, ein Handeln also, das nicht unmittelbar den egoistischen Zielen des Individuums, sondern dem Wohle anderer dient, von Sozialwissenschaftlern lange als (oft unterbewusste) Strategie interpretiert, um die eigene Reputation und damit den Status in der Gruppe zu steigern. Als getarnte Taktik zum Aufbau von Allianzen im Durchsetzungsstreben.

Doch die Vorstellung vom steten Kampf ums Dasein ließ manchen Wissenschaftler eine simple Wahrheit der Evolution übersehen: Sie belohnt nicht Härte, sondern Effizienz.

Der Einzelne mag seine Reproduktionschancen verbessern, indem er besonders egoistisch agiert (und anderen nur beisteht, wenn er sich davon indirekt Nutzen erhofft). Aber dem Fortbestand der Gruppe hilft es eben auch, wenn viele ihrer Mitglieder fürsorglich sind, wohlwollend, den anderen zugetan – und das ohne Hintersinn und versteckte Absichten, ohne Erwartung einer Gegenleistung, sondern aus ihrem spontanen Empfinden heraus. Es überleben nicht die Rücksichtslosesten, sondern die Fittesten.

So lässt sich erklären, dass es unter Menschen eine Art moralische Intuition gibt, die nahezu universal gilt: Fast jeder von uns empfindet Stress und Entsetzen, wenn er einen anderen körperlich schädigt oder gar tötet.

Fast überall auf der Erde gilt es zudem als verwerflich, zu betrügen oder zu stehlen. Kinder teilen im Experiment einen geschenkten Geldbetrag umstandslos mit anderen, und schon Anderthalbjährige helfen unaufgefordert Erwachsenen, etwa beim Öffnen einer Schranktür.

Und in nahezu jeder Kultur wird folgender Leitspruch geschätzt: Was du nicht willst, dass es dir geschieht, das füge auch deinem Nächsten nicht zu.

Und doch hat die Evolution uns allen außer kooperativen und altruistischen Instinkten auch egoistische und aggressive Neigungen mitgegeben. Offenbar hatten im Verlauf der Evolution diejenigen Menschen tatsächlich einen gewissen Vorteil, die sich innerhalb einer Gruppe durchsetzen konnten. Die im Vergleich weniger Skrupel zeigten, die befähigt und bereit waren, hin und wieder geschickt zu lügen, andere zu ihrem Vorteil gegeneinander auszuspielen.

Gepaart mit egoistischem Antrieb, macht uns die Fähigkeit, sich in andere hineinzuversetzen, zu Meistern der Manipulation, des Bluffs und Betrugs.

Die Entwicklung zum Menschen hat also beides begünstigt: Miteinander und Gegeneinander. So kommt es, dass wir die genetische Grundlage für beide Verhaltensweisen in uns tragen, in einer großen Bandbreite individueller Variationen.

Zudem hat die Evolution der Moral eine empfindliche Grenze gezogen: Unsere sozialen Instinkte gelten zunächst einmal der eigenen Gemeinschaft – der Familie oder der Gruppe, der wir uns zugehörig fühlen.

A

Auch das war einst im Sinne des Überlebens: Um den Fortbestand der eigenen Gruppe zu wahren, bedurfte es der Abgrenzung gegenüber anderen. Wer nicht zu ihrem Verband gehörte, dem begegneten die frühen Menschen wohl zwangsläufig mit Misstrauen und einem Gefühl des Bedrohtseins – statt mit Empathie und Hilfsbereitschaft.

Solche Rivalitäten brachten wiederum die soziale Moral innerhalb der Gruppe voran: Weniges fördert Kooperation und Zusammenhalt ähnlich effektiv wie ein gemeinsamer Gegner. *Homo sapiens*, unter allen Spezies die einfühlsamste, ist deshalb nach Meinung vieler Wissenschaftler von Natur ein Fremdenfeind.

Mithin hat auch der heutige Mensch ein ausgeprägtes Bedürfnis, sich mit einer Gruppe zu identifizieren – und sich zugleich von anderen abzugrenzen. Diesem Impuls folgen wir, wenn wir Nationalhymnen singen, einer Religionsgemeinschaft beitreten, uns zu einer Partei bekennen – oder zu einem Fußballverein.

Die Stadt Hamburg bietet vielen Obdachlosen Betten für die Nacht an – aber kein Essen. Deshalb bereiten die Mitglieder des Fördervereins Winternotprogramm ein kostenloses Abendbrot in den Unterkünften zu

An 365 Tagen im Jahr
fährt der »Mitternachtsbus«
der Diakonie in Hamburg
zu den Schlafplätzen der
Obdachlosen. Ehrenamt-
liche sprechen mit den Menschen, hören ihnen zu und
versorgen sie mit Essen,
heißen Getränken, warmer
Kleidung und Decken

Und offenbar sind wir in der Auswahl unserer Gemeinschaft oft willkürlich, geht es uns in vielen Fällen eher um
das Gruppenerlebnis an sich.

Wie stark die Zugehörigkeit gleichwohl in uns wirkt, haben Sozialpsycholo-
gen bei etlichen Experimenten herausgefunden. Dafür ordneten sie Probanden
nach dem Zufallsprinzip verschiedenen
Gruppen zu und ließen sie Aufgaben lösen, belanglose Spiele ausführen, kleine
Geldbeträge verteilen.

Dabei stellte sich heraus, dass Teilnehmer stets die Mitglieder der eigenen
Gruppe bevorzugten – und schon bald
begannen, die der anderen herabzusetzen,
sie als weniger liebenswert, weniger ver-
trauenerweckend, weniger kompetent, als
unfair zu empfinden. Selbst wenn alle
Probanden wussten, dass die Einteilung
willkürlich war, kam es zu diesen Prozes-
sen von Identifikation und Abgrenzung.

Eben weil *Homo sapiens* extrem gesellig ist, tun Menschen aus der Gemeinschaft heraus manchmal Dinge, die ihrer

moralischen Intuition ebenso zuwiderlau-
fen wie geltenden Gesetzen – fühlen sich
dabei aber moralisch gerechtfertigt, ja zu
ihrer Tat verpflichtet.

Das klassische Beispiel einer solchen
Gruppenmoral bietet die Mafia, eine
verbrecherische Vereinigung, deren Mitglieder eigenen Regeln folgen wie dem
berüchtigten Schweigegebot, striktem Ge-
horsam, unbedingter Loyalität. Die erbarmungslos, aber diszipliniert Gewalt gegen Außenstehende üben. Und die sich
dabei als den „Normalmenschen" ethisch
überlegene „Ehrenmänner" betrachten.

Religiöse und ideologische Fanatiker
morden sogar ausdrücklich im Namen
der Moral. Insbesondere wenn die Täter
sich einbilden oder ihnen eingeredet wurde, dass die Existenz der eigenen Gruppe
bedroht sei, fallen alle Hemmungen –
dies ist nach Ansicht vieler Wissenschaftler die Logik von Völkermorden.

Denn so verquer es scheint: Hinter
dem Menschheitsverbrechen der Nationalsozialisten stand nicht zuletzt der

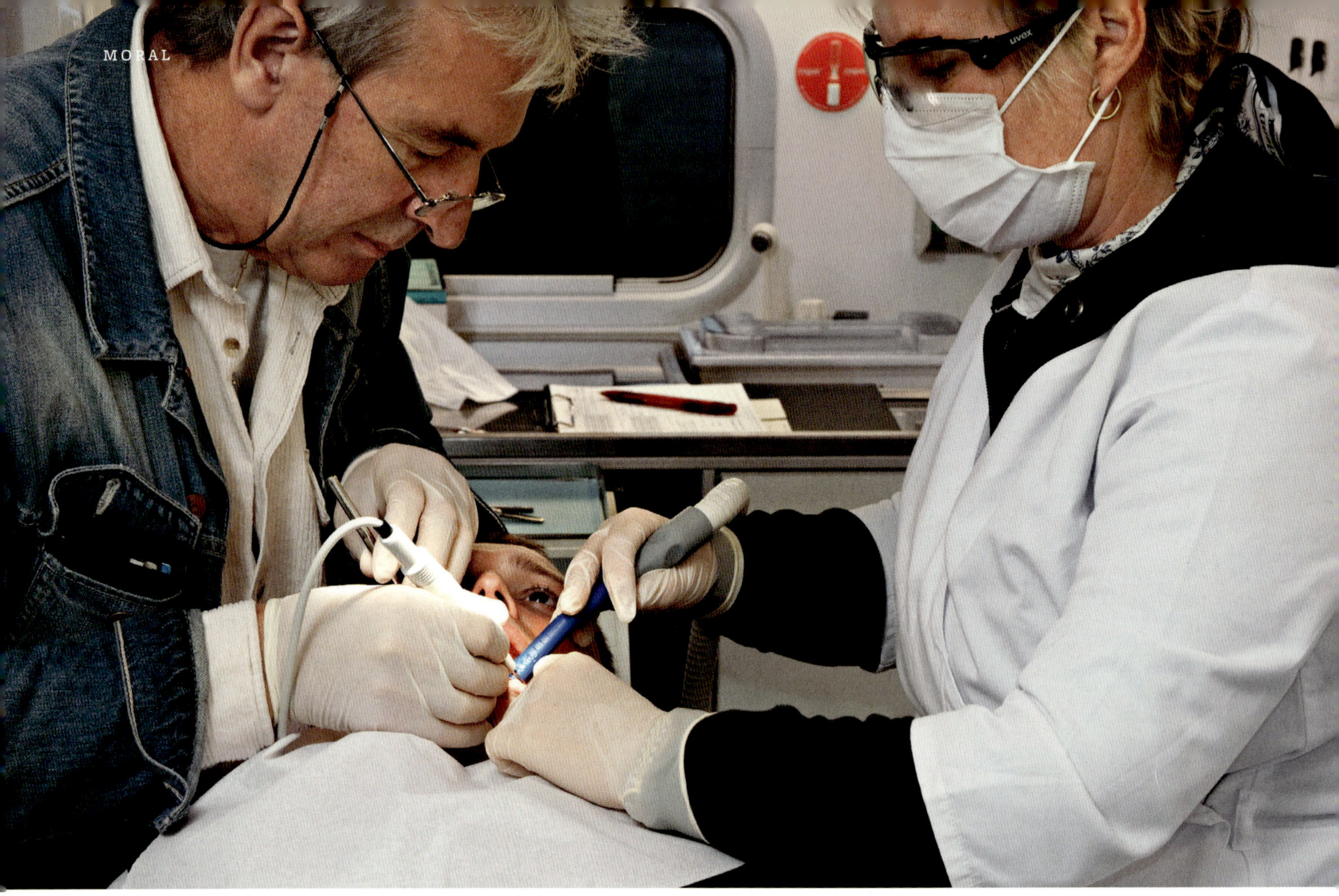

150 Einmal im Jahr werden Mittellose beim »Hamburger Wohlfühlmorgen« gratis umsorgt: mit einem Frühstück, einem Haarschnitt und anderen Dienstleistungen. Der Zahnarzt Dr. Wolfgang Kaiser etwa hilft jenen, die sonst keine Behandlung erhalten

Menschen, die auf der Straße wohnen, gehen oft aus Scham nicht zum Arzt, oder weil sie nicht versichert sind. Der Mainzer Gerhard Trabert bietet Beistand an, behandelt Krankheiten auch ohne Vergütung – und rettet mitunter Leben

Meltem Demirel stammt selbst aus Istanbul. Als ehrenamtliche »Stadtteilmutter« der Diakonie in Hamburg berät sie Zuwandererfamilien auf Türkisch, etwa zu Kinderbetreuung und Schule oder bei Behördengängen. Auf diese Weise kann sie eigene Erfahrungen mit der Integration in Deutschland an andere weitergeben

Wahn, die Juden hätten es auf die Aus-
löschung der Deutschen und ihrer Kultur
abgesehen.

Wie aber kommt es nun im konkreten Einzelfall zur Entscheidung für den
ethischen Impuls oder dagegen, wie
kommt es zu moralischem oder amorali-
schem Verhalten?

Der vielleicht bedrückendste unter
den vielen Faktoren, die dabei eine Rolle
spielen, ist die dem Bösen innewohnende
Kraft, immer wieder aufs Neue destruktive Handlungen zu provozieren: Einmal
begangen, kann die böse Tat einen regelrechten Teufelskreis begründen. Sie ruft
Vergeltung hervor, der Geschädigte sinnt
nicht selten nach Rache. Und setzt seiner-
seits auf zerstörerische Energien.

Mehr noch: Es klingt nach einem
Klischee, doch tatsächlich erweisen sich
Gewalttäter vielfach selbst als Opfer von
Verletzungen, häufig in der Kindheit. Das
Erleben des Bösen in jungen Jahren, etwa
Demütigung und Kränkung, macht nicht
nur seelisch krank, sondern oft auch
kriminell.

Nicht zufällig wählen jugendliche
Amokläufer in so vielen Fällen die Schule
als Tatort: weil sie die als Ort ihrer größten Kränkungen empfinden. Hier haben
sie vermeintliche oder reale Zurückwei-
sungen, Niederlagen und Demütigungen
eingesteckt, die ihre labile Psyche nicht
verkraftete (siehe Seite 54).

Kränkungen können das moralische
Bewusstsein gar über Generationen hinweg prägen. Ein berühmtes Beispiel dafür
ist John F. Kennedy. Der rücksichtslose
Siegeswille des 35. Präsidenten der USA,
sein laxes Verhältnis zum Recht, seine
frauenverachtende Schürzenjägerei: All
das wurde ihm von seinem Vater vorge-
lebt. Mehr noch: gezielt antrainiert.

Auch hier findet sich im Hintergrund eine Kränkung: Der ökonomische
und soziale Aufsteiger Joseph P. Kennedy
fühlte sich in seinem Leben zu oft von der
alten US-Elite zurückgesetzt und gedemütigt, um noch an faire Regeln zu glauben. Für ihn zählte allein Familienloyali-
tät, der Clan. Also die Moral der Horde.

Auf die eine oder andere Weise sind
alle Menschen vorgeprägt – und doch
bleiben sie nicht notwendig Gefangene
ihrer Geschichte: Mal überwältigt simple
Habgier anerzogene Rechtschaffenheit,
in einem anderen Fall dagegen geht der
Sohn eines Mafiabosses zur Polizei und
sagt aus.

Indes lässt sich praktisch nicht ab-
schätzen, wer ausbricht und wie, wer er-
littenes Leid oder Unrecht auszugleichen
vermag und wem das nicht gelingt. Es
gibt Risikofaktoren. Aber für eine indivi-
duelle Prognose wirken biologische Anlage, prägendes Milieu und biografischer
Zufall viel zu kompliziert ineinander.

Von wenigen pathologischen Ausnahmen abgesehen, ist der Mensch grundsätzlich frei, zwischen seinen Taten und
Untaten zu wählen. Über solche moralische Entscheidungen wiederum ist seit
einiger Zeit bekannt, dass sie auch
bei ausgeprägt rationalen Menschen zu
einem nicht unerheblichen Teil Bauch-
entscheidungen sind: Die für unsere Gefühle zuständigen Hirnareale sind dabei
ebenso aktiv wie diejenigen, mit denen
wir nüchtern kalkulieren, wägen. Emotionen und Intelligenz gehen Hand in Hand.
Gerade auch in ethischen Fragen.

Kaum verwunderlich, dass wir von
„moralischen Empfindungen" sprechen,
wenn wir beurteilen, ob etwas gut oder
schlecht ist, erstrebenswert oder verwerflich. Das Problem daran: Dieses Gespür
ist naturgemäß sehr individuell – was
dem einen widerstrebt, empfindet der
andere als gangbar.

Deshalb braucht es mehr als Emotionen,
um in einer komplexen Welt Antworten
auf die existenzielle Frage zu geben: Was
ist gut, was böse? Und mithin: Was soll
ich tun und was nicht?

Eine Lösung hat der preußische Philosoph Immanuel Kant schon vor mehr
als 200 Jahren formuliert. Und damit
einen zeitlosen Vorschlag gemacht, auf
den sich eine Moral gründen lässt, die
das Horden- und Stammesdenken überschreitet, die überall und für jeden gilt.

Kant begriff die Vernunftbegabung
als diejenige Eigenschaft, die alle Men-

schen teilen. Hieraus folgerte er zwei
Maßgaben. Die eine besagt, dass kein
Mensch einen anderen (und ebenso sich
selbst) allein als Mittel benutzen dürfe;
vielmehr sei jeder Mensch als ein Wesen
zu respektieren, das seinen eigenen
Zweck in sich trägt. Die andere lautet:
Handele stets so, dass die Maxime deines
Handelns als allgemein gültiges Gesetz
dienen könnte. Wenn du stiehlst, musst
du wollen, dass alle stehlen – auch von dir.

Dieser Gedanke wirkt sehr abstrakt.
Kant sah darin aber die einzige Möglichkeit, eine universelle Moral zu entwickeln.
Seither ist sein Ansatz immer neu kritisiert, fortentwickelt, erweitert worden.

Die Grundannahme dieser fortdau-
ernden Debatten lautet: Eine allgemeine
Moral für eine kooperierende Menschheit
ist vernunftgemäß und möglich.

Konservative Denker, vor allem in
den USA, haben dagegen eingewandt, das
seien Träume, naiver Idealismus. Denn
Kant und seine Jünger würden die Natur
des Menschen verkennen: Der sei und
bleibe seines Nächsten Wolf.

Dem nun wiederspricht die deutsche
Kriminalstatistik ebenso wie die jüngere
Evolutionsbiologie. Gewiss, kein anderes
Tier quält und mordet seinesgleichen so
wie wir. Aber wir sind auch die einzige
Spezies, die sich in einem solchen Aus-
maß um Kranke und Bedürftige küm-
mert, Güter teilt, bewusst Nachteile in
Kauf nimmt, um Fremden zu helfen –
und sogar Verantwortung über die eigene
Gattung hinaus empfinden kann.

Nicht zufällig fühlen sich viele von
uns verpflichtet, in Notfallsituationen be-
herzt zur Hilfe zu eilen, Benachteiligte zu
unterstützen, selbstlos Zeit und Ressourcen für die gute Tat zu investieren.

Der Mensch ist von Natur aus weder
gut noch böse. Sondern frei ●

DR. MATHIAS MESENHÖLLER, Jg. 1969,
ist Autor im Team von GEOEPOCHE.

KEINE ANDERE
SPEZIES VERHÄLT SICH DERART
ALTRUISTISCH
WIE DER MENSCH

VOM GEMEIN-SAMEN GLÜCK

Wie Paare sich finden und trennen, einander begehren und mitunter betrügen

GEO WISSEN über die Liebe im digitalen Zeitalter: Welche Risiken birgt die schier unüberschaubare Vielfalt von Möglichkeiten, im Internet einen potenziellen Partner kennenzulernen – und welche Chancen bietet sie?

152

Nichts bewegt uns so sehr wie die Liebe: Nichts gleicht der Euphorie ihrer ersten Monate, kaum etwas dem Schmerz nach ihrem Ende. Als soziale Wesen sehnen wir uns nach der Zuwendung eines Partners, möchten angenommen werden, Geborgenheit, Vertrauen und Sicherheit spüren. Und nirgends erleben wir diese Empfindungen so erfüllend wie in einer Liebesbeziehung.

Für viele Menschen zählt die Partnerschaft deshalb zu den wichtigsten Quellen des Lebensglücks – auch und gerade in Zeiten wie heute, die neue Formen des Kennenlernens und Miteinanders ermöglichen. Doch wie finden wir einen passenden Partner? Und was ist das Geheimnis einer guten, lange anhaltenden Beziehung? In der aktuellen Ausgabe bietet GEO WISSEN Antworten – und neue Erkenntnisse über die mächtigste aller Emotionen.

GEO WISSEN »Liebe« kostet 9,50 Euro, mit DVD (»Paare erzählen von der Liebe«) 16,50 Euro. Weitere Themen: Sexualität: Was tun, wenn sie nachlässt? • Partnersuche: Warum manche immer den Falschen wählen • Polyamorie: Kann die Liebe mit mehreren Partnern funktionieren?

DAS ERSCHÖPFTE ICH

Stressbedingte Belastungen, die oft zu Burnout und Depression führen, haben stark zugenommen. Umso wichtiger ist es für jeden Einzelnen, seine Psyche vor den Zumutungen der modernen Lebens- und Arbeitswelt zu schützen. Dafür gibt es von Ärzten und Psychologen empfohlene Methoden der Prävention; die hilfreichsten werden in der aktuellen Ausgabe von GEO WISSEN GESUNDHEIT vorgestellt.

Wissenschaftliche Tests geben zudem Auskunft über das persönliche Erkrankungsrisiko und die individuellen psychischen Ressourcen.

Antworten enthält die neue Ausgabe auch auf Fragen wie: Wodurch zeichnet sich ein guter Psychotherapeut aus? Wie lässt er sich finden? Und welche Behandlungsmethoden sind wirklich sinnvoll?

GEO WISSEN GESUNDHEIT »Was die Seele stark macht« kostet 11,50 Euro, mit DVD (»Yoga und Meditation«) 16,50 Euro. Weitere Themen: Antidepressiva • Wie Angehörige helfen • Online-Therapien

GESUND OHNE FLEISCH

ABENTEUER IN SAND UND EIS

Mit Michael Martin durch die Wüsten der Erde

Seltener Anblick: Regen in der Namib

L ange schien es vielen ein abwegiger Gedanke zu sein, auf Steak, Salami und Würstchen zu verzichten. Doch längst ist die vegetarische Ernährungsweise in der Mitte der Gesellschaft angekommen, stellen sogar Wursthersteller einen Teil ihrer Produktion auf Fleischersatz um. Ob der tatsächlich schmackhaft und gesund ist, das erläutert die neue Ausgabe von GEO WISSEN ERNÄHRUNG. Ebenso, in welchen Lebensmitteln sich tierische Inhaltsstoffe verstecken, in denen niemand sie erwartet. Vor allem aber wird deutlich, dass vegetarische Kost uns mit allen wichtigen Nährstoffen zu versorgen vermag – und dass sich auch die vegane Küche durch vorzügliche Rezepte auszeichnet. Ein weiterer Grund dafür, dass viele Menschen fleischlose Ernährung längst nicht mehr als Verzicht erleben.

GEO WISSEN ERNÄHRUNG »Vegetarische Vielfalt« kostet 9,50 Euro, mit DVD (»Besser leben ohne Fleisch«) 16,50 Euro. Weitere Themen: Wildpflanzen • Müslis • Tierethik

S ie faszinieren uns mit ihrer monotonen Anmut und ihren Extremen, denen sich jeder zu stellen hat, der sie bereist: die Wüsten der Erde. Der bayerische Fotograf Michael Martin, 53, hat sie alle erkundet – und sämtliche Einöden des Planeten auf spektakuläre Weise porträtiert. Vom unwirtlichen Gletscherschild Grönlands über die gleißenden Salzebenen Boliviens bis zu den Millionen Jahre alten Dünen der Namib.

Das Sonderheft GEOextra begibt sich auf die Spuren des Abenteurers zwischen Arktis und Antarktis und präsentiert die Essenz seiner Reisen aus fast vier Jahrzehnten. Gemeinsam mit Martin hat die Redaktion aus Zehntausenden von Fotos die besten herausgesucht und daraus Bildessays komponiert, ergänzt durch erläuternde Texte. In zwei sehr persönlichen Interviews erzählt der studierte Geograf von den großen Wendepunkten in seinem Leben, von seinem wilden Fahrstil und seinen neuen Projekten.

GEOextra begleitet den Vortragsreferenten auf seiner stressvollen Tournee durch Deutschland. Eine detailreiche Illustration zeigt, welche überlebenswichtige Ausrüstung er mit in die Extremzonen der Welt nimmt. In Kolumnen berichtet der Wüstenreisende vom Zauber seiner Nächte unterm Sternenzelt, von seinen Ängsten und Leiden unterwegs. Und darüber, was er in seiner Outdoorküche seit gut 30 Jahren hauptsächlich zustande bringt: "Spaghetti solo", Pasta pur.

GEO EXTRA »Michael Martin – Abenteuer Wüste. Der Mann, der die Weite sucht: Seine Reisen. Die besten Bilder. Sein Weg« hat 132 Seiten und kostet 10 Euro

WAS MACHT UNS SO, WIE WIR SIND?

Lebenslaufforschung: Was unsere Persönlichkeit prägt

Keine Frage stellen wir uns wohl häufiger als die: Wer bin ich? Wir möchten verstehen, weshalb wir zu dem Menschen wurden, der wir sind, und warum wir in bestimmten Lebenslagen so und nicht anders handeln. Nicht zufällig beschäftigen sich Tausende Wissenschaftler weltweit mit der Lebenslaufforschung. Sie versuchen Antworten darauf zu finden, warum der eine eher schüchtern und gewissenhaft, der andere forsch, ex- trovertiert oder nachlässig ist – und inwieweit Menschen ihre Persönlichkeit auch als Erwachsene noch verändern können. Sie untersuchen, wie sich Begabungen entwickeln, warum jeder von uns bestimmte Abneigungen verspürt, wer besonders viel Zufriedenheit, vielleicht gar Glück emp- findet. Und mit welcher Macht uns das Unbewusste durchs Leben lenkt. Wie Forscher das Ich entschlüsseln: davon er- zählen Reporter und Experten im nächsten GEOkompakt.

GEOkompakt

NR. 50

ERSCHEINT AM

1. MÄRZ 2017